映画プロデューサー入門

So You Want To Be
An Independent Film Producer?

目　次

Contents

01

前書きにかえて、学生諸君へ

桝井省志

表紙に大きく「映画プロデューサー入門」と掲げておいて、いきなり冒頭このようなことを言っては、殊勝《しゅしょう》にも本書を手にしてくれた諸君に肩透かしを食らわせるようではなはだ申し訳ないのだが……。

映画プロデューサーを志《こころざ》す者に入門書は不要だ！

いや、役に立たない。もし手にしていたら今すぐ捨てるに限る、燃やすに限る、川に流せ。なあ～んて偉そうに言って、実は私がそんな入門書の類《たぐい》を頗《すこぶ》る愛好する者で、これまで本屋の店先でそんな入門書を見つけるとつい手に取ってしまい、合気道入門、編み物入門、哲学入門と、あらゆる入門書と名のつく物を懲りずに買い漁《あさ》る習性があった。だが、そのような入門書で入門できた例はない。こと、『映画プロデューサー入門』となると、それが尚更《なおさら》のような気がしてならないのだ。

だからと言って、ここで本書を即座に放擲《ほうてき》されては元も子もないのではあるが……。

もちろん、第1章「映画企画の早技」とか、第2章「サルでもできる予算のツボ」とか、第3章「安くてウマイ、スタッフとキャスト選びのコツ」などと章を重ねて、多少なりとも入門書のような物の体裁を整えることはできそうだ。ましてや最終章に「㊙大ヒット映画の作り方」なんていう出血大サービスができたら、有り難いことこの上ないし、まず真っ先に私が読んで誰にも教えない。が、残念ながらそんな早技もツボもコツも、そんな物は何処《どこ》にも無いのだ。あるとしたら、入門書の類や机上《きじょう》の映画プロデューサー論などはかなぐり捨てて、ともかく映画の制作現場に身一つで飛びこんで行くべきじゃないだろうか？

実際の現場にひとたび出れば、プロデューサーが学ぶべきことがゴロゴロ転がっている。次から次へと解かねばならない難題が襲いかかってくる。

浅学非才《せんがくひさい》な私が今こうして曲がりなりにもプロデューサー稼業を続けていられるのも、何の経験も無い青二才を映画会社が採用してくれ、映画制作というものに確たる知識も無いまま いきなり撮影現場に放り込まれたことに始まる。私が持ち合わせていたのは怖いもの知らずの若さだけ、あとは多くの先輩や仲間やたまさかの出会いに助けられて、現場での弁当の手配や車止め等々の雑事に明け暮れながら、襲ってくる難題の一つ一つを解決していくという試行錯誤の現場体験から全てを学んだ。

プロデューサーという仕事ほど、ケースバイケースで、そこに原則や一般論を見出すことが難しいものはない。現場では、もしかしたら、今日は君が苦心惨憺《くしんさんたん》して作った予算表を大幅に超える要求を監督が涼し気な顔で言ってきたり、明日は一番頼りにしていた助監督が行方を晦《くら》ましたり、数日後にはやっとスケジュールを押さえた主演女優がインフルエンザに罹《かか》って倒れるかもしれない。そういうことの全てにプロデューサーである君は対処しなくてはならないのだ。

唯一、現場がプロデューサーを育てる!

この平和な日本、きっと何処かの大学で日夜ラーメンを研究し、「日本におけるラーメンの醬油系と豚骨系の弁証法的考察」なんていう論文を書いている奇特な研究者がいるに違いない。が、それをラーメン屋の親父がいくら読んでも、旨《うま》いラーメンは作れない(いや、読まされるのが災難)。毎日ひたすら汗水流して、麺をゆでスープを調味し続ける中で会得《えとく》したちょっとした匙《さじ》加減でラーメンは旨くなる。その〝ちょっとした匙加減〟というものがプロデューサーという仕事にもあるのだ。それをラーメン屋の親父が日々の厨房で会得するように、プロデューサーも制作現場で会得していくしかない。

だが、どんなに「現場から学べ」と声高らかに言っても、大学という囲いの中では、学生諸君が体験する制作現場は矮小《わいしょう》な擬似現場でしかない。そこから、微妙な匙加減を学ぶというのはなかなか難しい。シナリオライティングや撮影、照明、美術、録音、編集などの領域においてなら、技術論、方法論として具体的に日々学ぶことは多々あるだろう。監督でさえそれはある。しかし、プロデューサーとなると、大学が提供するに過ぎない敢えて言えばリスクを負わない擬似現場で、真に映画プロデューサーが何たるかを学ぶのは不可能に近い。

なぜなら、大学で学ぶ映画制作では、本来プロデューサーが決めるべきはずの予算もスタッフも機材もスタジオもスケジュールも、すでに学校側が決め管理している。リスクを負っているのは、むしろ学校側。極端を言えば、学生プロデューサーは、いわば大学がプロデュースした制作現場で作業をしていることになる。

となると畢竟《ひっきょう》、この擬似現場でのプロデューサー達は、制作現場での雑事に追われるだけになりかねない。ロケ現場ではカメラから遠く離れた路上で車止め、一円でも安い弁当を買いに走る、撮影後の片付け清掃……。もちろん、こういう雑事はプロの現場でもプロデューサーが疎《おろそ》かにできない大事な仕事ではある。私自身が、こういう一見卑近な雑事や肉体労働を通して様々なことを学んだ。

しかし、監督や技術領域の学生スタッフ達が一人残らず帰った静まり返る撮影現場で黙々と後片付けをしているプロデューサーを志す学生諸君を見ているうちに、親心か、私にも憐憫《れんびん》に似た情《じょう》が起こってくる。そして、「現場から学んで欲しい」という私の気持ちを学生諸君が果たして正しく理解してくれているのだろうか？　中にはこんなはずじゃなかったと燻《くす》ぶる不満を内心に抱えている学生もいるのではないか？　そんなことをふと思うようになった。

そんなある日だ。ぴあのトークイベントに呼ばれて、藝大の学生プロデューサー達が安い弁当を買いに走っているという話をしたら、同席した東宝の川村氏に、「それじゃ、あまりに夢がないですね」と言われた。それは、実に言い得て妙だと素直に思った。

私は、学生諸君から夢を奪いすぎていやしないか？　自戒の念が頭をもたげた。


ところで、諸君は、映画プロデューサーに如何なるイメージをお持ちであろうか？　学生諸君と話をしていると、映画プロデューサーという職種に大きな誤解があると感じることが少なくないのだ。何やら、プロデューサーはみんなスピルバーグみたいになれるみたいな……。誰もいない現場の後片付けをしたり弁当を買いに走ったりするのは若い下積み時代のことだけであって、成功すればモダンな事務所のデスクから優雅に指揮命令、左腕には高級腕時計なんていうのがプロデューサーだと……。

ところが、残念ながら（ま、スピルバーグはともかくとして）、映画プロデューサーはそんな羨《うらや》むべき稼業ではない。と言うより、少なくとも私が真の意味で映画プロデューサーと考える者に、そんなプロデューサーはいないのである。

だが、本当に弁当を買いに走る毎日に夢はないのか？

映画プロデューサーという仕事に夢はないのか？

答えは簡単だ、そんなことがあってたまるか！　である。今この本を手にした君にも、こんな映画を自分の力で作ってみたいという夢が、どんな映画を作ってみたいのかはまだ漠然としていたとしても自分の力で映画を作ってみたいという夢がまずあるはずだ。一円でも安い弁当を買うのはプロデューサーの至上命題ではあるが、銭金《ぜにかね》のことばかり考えて夢を持たないプロデューサーに面白い映画や美しい映画が作れるはずがない。銭金のことばかり考えているラーメン屋のラーメンもまずいと相場が決まっている。

だが、逆説めくが、プロデューサーを志す者はまず最初に、「自分だけは夢を持てない存在なのだ」ということをどうしても胸にしっかり刻みこまねばならない。映画制作の現場にあって、唯一プロデューサーだけは常にリアリストでなければならないのだ。

映画は、創造行為という点じゃ〝芸術〟の仲間とは言える。いや、映画は立派な映像芸術だ！　と声高らかに言う人達だっている。だが、勘違いしないで欲しい。悲しいかな、画家や詩人が一枚の紙とペンさえあれば一人で自由に思うがままの世界を描けるような芸術ではない。監督を筆頭に複数の個性がぶつかり合う集団作業であることは言うまでもなく、常に経済的、時間的、物理的な様々な制約でがんじがらめにされている。そんな中で、一人残らず夢見がちでいたら、映画など最後まで完成しないだろう。プロデューサーがリアリストに徹することで、卑近《ひきん》な現実を一身に引き受けて現場の舵《かじ》を取り続けることで、時には出資者に下げたくもない頭を下げることで、一円でも安い弁当を買わなければならない現実を知っていることで、映画は完成しているのである。

そして、何より映画には金がかかる。金を集めなければならない、集めた金で作ったら、次は利益をあげて回収しなくてはならない。映画には常にビジネスという側面がつきまとう。

「え〜、いわゆる芸術映画もそうなの？」なんて声も聞こえてきそうだが、娯楽映画だろうが、社会派映画だろうが、ドキュメンタリー映画だろうが、観客を度外視したような芸術映画だろうが、それが映画である以上、大小の差はあれ、ビジネスという側面がつきまとうのが映画だと私は思っている。

おそらく、監督も役者もその他スタッフも誰一人として、君がいつも一円でも安い弁当を買いに走っていることなど知らないだろう。

それでもいいじゃないか……。

なんて思える人格者になるのは楽ではないが、プロデューサーというリアリストがいなければ映画は完成しないのだ。だから、まず、弁当を買いに走ることに誇りを持てるプロデューサーになって欲しい。安くて旨《うま》い弁当の出る現場は、総じてうまくいくものなのだ。

では、プロデューサーの夢とは何だろうか？

自分が作りたいと思う映画を作る、作りたいと思える映画だけを作る。それが娯楽作品だろうが、いわゆる芸術作品だろうが……。

と、ここまで考えた時、ある言葉を思い出した。

それは、親しく仕事を共にしたカメラマン長田勇市《ながたゆういち》氏が、自身の作品履歴にいつもホチキスで留めていた小さな紙片に書かれてあった言葉だ。

"Un film, ça n'a pas d'auteur.
Si, beaucoup de travail et quelques miracles"

「映画には作者はいない　ただ重労働と多少の奇跡があるだけ」

Pascal JARDIN
パスカル・ジャルダン

映画制作というものを端的に言い得た言葉だ。

映画に作者はいない。もちろん、監督という作者の代表者はいるのかもしれない。しかし、監督一人で映画を作ることはできないのは知っての通りだ。そこには、脚本家がいてカメラマンがいて、助監督がいて、照明、美術、録音、編集、多くのその他のスタッフや関係者、そしてプロデューサーがいる。そういう多くの人間の労働が映画を作り、出来上がった映画は完成と同時に我々作り手のもとを遠く離れて、観客が自由に楽しむものとなるのだ。

そして、この言葉の〝重労働〟を多くの〝肉体労働〟と言い換えてもいい。いや、むしろ、そう言い換えたい。映画制作の現場に出れば、そこは熱風が凝《こご》るビルの谷間の工事現場と寸分違《たが》わない。そこじゃ、プロデューサーだって肉体労働者だ。汗を流して働くのだ。弁当を買いに走るのだ！ 何故《なぜ》なら、それが労働の基本！ 人間の基本！

だが、そこに、偶《たま》さかの多少の奇跡が起こると言うのだ。

映画の奇跡とは何だろう？

スクリーンの上に起こった役者と映像の思いもかけない化学反応を奇跡と感じるかもしれないし、あの土砂降りの雨の夜にかけた一本の電話が作品のきっかけになったことを思い出して、そこに奇跡を感じたりするかもしれない。そもそも様々な奇跡が積み重なってできるのが映画なのだ。

だが何よりも、映画が完成したことが奇跡だ。数えきれないくらいのアクシデントや困難、意見の相違を乗り越えて、これだけの多くの人間が動いて、一本の映画が完成したこと自体が奇跡だ。

そして、全ての創造的行為がそうであるように、映画も紛れもない〝無からの創造〟である。何も無かった所から、ひとつの〝思いつき〟が生まれて、そんなふとした思いつきから、目に見える形を持ったひとつのモノが生まれる奇跡。これは、言葉で言うのは容易《たやす》いが、経験した者にしか実感できない。しかも、この全くの無の段階から立ち会っているのが、まさしくプロデューサーなのだ。企画立案の段階から、シナリオライティング、ロケハン、撮影、編集、ダビングまで。もちろん、一本の映画が完成した時、監督はじめその映画に携わった全ての人間が、それぞれの違った奇跡を見ているに違いない。しかし、プロデューサーが垣間《かいま》見る奇跡は、監督が見る奇跡ともカメラマンが見る奇跡とも少し違う。この奇跡を垣間見ることこそ、プロデューサーの夢ではないだろうか？
その夢と奇跡は百人百態だ。どんな色の、どんな形の、どんな音色《ねいろ》のする奇跡があるのだろうか？

だから、私は、この映画プロデューサーだけが知る「重労働と多少の奇跡」というものを学生諸君に、理屈ではなく、現場から響く生の声として伝えたいと思った。それには、どうすればいいだろう？　そこで私は、現場で自ら労働し、多くの奇跡を垣間見てきた映画プロデューサー達にこれまでの経験を語ってもらい、それを撮りためていった。多忙の中、快く応じてくれた総勢20名。それが、『プロデューサーズ』という一本の映画となった経緯は別ページで説明したので割愛するが、本書はそのプロデューサー達の生の声が土台となって構成されている。映画『プロデューサーズ』の完成台本に加えて、特に伊地智啓、岡田裕、佐々木史朗、三氏のインタビューは、映画で紹介できなかった部分も含むフルバージョンで載せてある。そして計らずも、ここに登場するプロデューサー諸氏は、皆、いわゆる独立プロの我が道をゆくインディペンデントのプロデューサーばかりとなった。何故か？　それは、やはり、理由あってのことなのだ。

見渡せば、世間にはプロデューサーという肩書を持つ人間が溢れている。それだけ曖昧で、名刺の片隅に添えるには好都合な職種なのかもしれない。映画業界も百花繚乱、映画の製作会社、配給会社、テレビ局、広告代理店、映画出資者と様々なフィールドで映画プロデューサーは存在する。もちろん、彼らも、映画製作の中で重要な役割を果たしている。彼らがいなければ、現代の映画作りは成り立たないと言っても差し支えないだろう。しかし、彼らは会社という組織の人間で、時にはプロデューサーであった人が他の部署に異動することだってある。

では、真の意味で映画プロデューサーと呼べるのは、何処の何者なのか?

それが、日本においては、本書に登場を願ったインディペンデントプロデューサーなのである。少なくとも、私はそう考える。

彼らインディペンデントプロデューサーは、皆、既存の日本映画に反旗を翻し、問いを投げかけ、新しい才能を見出し、自分が作りたいと思える映画を、自分が面白いと思える映画だけを作り続けてきた。企画立案から劇場公開、その後始末まで、映画プロデューサーとしてのあらゆる仕事とそれに伴うリスクを自分一人の責任で負い、もちろん、一円でも安い弁当だって自ら買いに走る。

そして同時に彼らは、皆、独立プロダクションの経営者でもあって、自分の製作した映画で大きな失敗をすれば、会社をたたんで夜逃げするしかない。そんなリスクといつも隣合わせで仕事をしている。自分の作りたいものを作る、自分が面白いと思えるものだけを作るとはこういうことなのだ。だから、映画製作は、彼らにとって、毎作、賭けのようなもの。彼らは、何の因果か、映画プロデューサーを稼業としてしまった渡世人なのだ。

それなのに、何故、そんな渡世からいつまでたっても足を洗えないのか?

答えは一つ、映画の奇跡を垣間見てしまったから。そして、自分が面白いと思える映画だけを作り続けていたら、偶さかそれがヒット！　……なんてこともあるとなれば、やっぱりやめるわけにはいかない！

だから学生諸君には、今日も何処《どこ》かの現場で悪戦苦闘して冷や汗を流している彼らインディペンデントプロデューサー達の生の声から、「映画プロデューサーの労働と奇跡」が何であるかを具体的に掴み取って欲しい。そして、そこから、自分がどのような映画プロデューサーになりたいかを朧《おぼろ》げながらにも掴むことができたなら、私のように何も知らずに現場に飛び込むよりは何かの一助になるのではないか。そういった意味で、本書も、『映画プロデューサー入門』足りうるのかもしれないのだ。

そして最後に一言、映画プロデューサーという渡世人にもやはり大事なのは、誠実に仕事をし続けるということ。それが、出会いと奇跡を連れてきてくれる。

I said I know it's only a movie but...

02

日本の「独立プロ」について
映画史的視点から

佐伯知紀

「独立プロ」

製作・配給・興行の流通機構を統御する大会社に所属せず、プロデューサー、監督、俳優などの製作者主体に映画作りを行うプロダクションをさす。略して独立プロということが多い。メジャーmajor company（大会社）とインディペンダント independent production（独立プロ）とも対応させるが、時代や国、また集団によってその内実には大きな幅がある。（日本百科全書）

1

独立プロの起源をどこに求めるか？　この問いを立てることは、ある意味で映画史をたどることである。たとえば、ハリウッドの創設者たちが、当時の一大トラストであるＭＰＰＣ（発明王エジソンが率いたモーション・ピクチャー・パテント・カンパニーの略）に反旗を翻した独立系製作会社（反トラスト派、後にメジャーとなるユニバーサル、ＦＯＸ、パラマウント、ＭＧＭ、ワーナーなど）であった事実を思い出してみよう。アメリカ映画の歴史はそこから始まるのだから。

日本においても、１９１０年代半ばから20年代にかけて活動写真業界大手の日活、天活の二大勢力図のなかから、帰山教正の「映画芸術協会」が誕生し、あるいは新規参入を果たした松竹からは小山内薫の「松竹キネマ研究所」が産声をあげるなど、なかば独立プロ的性格をもった集団が日本映画近代化の先駆けを果たした歴史を考慮すれば、映画製作と独立プロは本来的に近しい関係だということもできる。それらはともに「映画劇」（現在私たちが鑑賞している映画の形式）を志向した革新勢力だったのである。

その「映画芸術協会」や「松竹キネマ研究所」からは、村田実（日本映画監督協会初代会長）や牛原虚彦、島津保次郎、伊藤大輔など錚々たる監督が育ち、そして、これらの人たちの下から五所平之助（同4代目理事長）、豊田四郎、吉村公三郎、木下恵介、加藤泰など後に日本映画を牽引する映画人が登場してくるのである。さらにその木下恵介の門下から小林正樹、松山善三、吉田喜重が現われてくることを思えば、まさに人材供給の場であった。

サイレント期の1920年代には他にもさまざまな独立プロが輩出している。日活に反旗を翻したプロデューサー牧野省三の「マキノプロダクション」は、今につながる独立プロの嚆矢《こうし》と言うこともできよう。他にも衣笠貞之助の「衣笠映画連盟」、時代劇スター阪東妻三郎の「阪妻プロ」、市川右太衛門の「右太プロ」、片岡千恵蔵の「千恵プロ」、嵐寛寿郎の「寛プロ」、あるいはスター女優入江たか子の「入江プロ」などがあげられる。これらのスタープロを支援するべく自由配給映画館館主により、京都の双ヶ丘にスタジオが建設され、日本映画プロダクション連盟なるものが結成されたエピソードも残されている。独立プロと配給の課題は、わが映画史の当初からのものなのである。それに広い意味では、プロキノ（日本プロレタリア映画同盟）の創設なども含められるだろう。

しかし、1930年代半ばから本格化するトーキー時代の到来によって、これらは大会社のなかに吸収されていった。トーキー映画の製作には、より大きな設備と資本が必要とされたからだ。そのなかで、トーキー技術に特化し、各社のトーキー作品を受託しようと設立された技術会社P・C・Lは、種々の事情により製作にシフトせざるを得ず、やがて東宝の誕生を準備することになるのである。

さらに第二次世界大戦真っただ中の1942年、当局からの戦時態勢確立の要請により、映画製作事業は松竹、東宝、大映（日活は解体吸収された）の大手三社に統合されることになったのである。この期には独立プロなど存在できるはずもなかった。

さて、一般に、この独立プロなることばが特有の意味を定着させたのは、敗北に終わったその戦争の後、東宝争議とレッド・パージで撮影所を追われた左翼的映画人やその周辺の人々が、1950年から1953年にかけて展開した映画運動のためである。その文脈における「独立」は大企業からの独立を意味し、自主製作はもちろん、もっとも困難とされる自主配給や自主上映の回路までもが模索されたのである。新星、キヌタ、近代映画協会などの独立プロがそれで、『暴力の街』（50）の山本薩夫、『どっこい生きてる』（51）の今井正（ともに東宝出身）、『原爆の子』（52）の新藤兼人（松竹出身）らが活躍し、イデオロギーに濃淡はあるものの、焼け跡の日本で息づいていた国民的ヒューマニズムを喚起した。ある時期まで新藤と行動を共にした吉村公三郎の名前も記しておくべきだろう。個々のスタッフの生活は苦しかったようだが、みんな撮影所育ちの映画人であるために、独立プロとは言いながらも、大勢のスタッフ、キャストが集まり大掛かりな撮影が行われていた。この時期のプロデューサーとしては、伊藤武郎、絲屋寿雄、山田典吾、岩崎昶などが挙げられよう。

またこの時期には、人気俳優を抱えた俳優プロダクションの存在も大きかったことも指摘しておきたい。彼らはしばしば企画製作にも関与し、代表的な人物である（質屋出身の）星野和平は後に新東宝の撮影所長を務めたのである。ともあれ、この独立プロ運動は、大手が量産体制を整え態勢を整備する1954年ごろから徐々に衰退していくのだが、シナリオライターとしても活躍し、後に文化勲章を受章した新藤兼人（没後には従三位に叙せられた）の近代映画協会は、かつてそのような運動があった証のごとく、新藤次郎が引き継ぎ現在も活動を続けている。

2

さて、1950年代半ばから60年代半ばにかけて、映画産業は黄金時代の輝きとその残照を浴びていた。全盛期は映画観客数11億2700万人（58年）、映画館数7457館（60年）を誇る一大エンタメ産業だったのだ。松竹、東宝、大映、東映、日活のメジャー各社が専用のスタジオを構えて、監督、脚本、撮影、照明、録音、美術以下多くのスタッフたちを雇用、スターから大部屋までの俳優たちも専属で抱えこみ製作に邁進、ローテーションで次々に作品を提供、配給や興行も自社でマネジメントし収益の最大化を図り、それを循環させていくという、今にして思えば夢のような現実があった。撮影所が夢の工場であり、スターが明星であり、スクリーンが銀幕であった時代である。このときプロデューサーのほとんどは社員プロデューサーだったのだ。

だが、ご存知のようにこの栄華はいつまでも続かない。60年代に加速していく経済の高度成長がもたらした国民レジャーの多様化、テレビの家庭への普及などのために、映像娯楽を一手に独占していた映画産業は急激な地盤沈下に直面する。そして、とどまることを知らない観客数の減少によって、メジャー各社は自ら構築した製作、配給、興行というコストのかかるシステム＝ブロック・ブッキング・システムを維持することが困難になったのである。その間隙を縫うように小さなプロダクションが誕生してくるのは、東京オリンピックが終了した翌年の、65年ごろからである。

以下のことは以前にも記したことがあるのだが、映画関係の各種の統計が掲載されている『映画年鑑』を調べてみると、松竹、東宝、大映、東映、日活の大手映画会社、いわゆるメジャー五社以外の作品が増えてくるのがこの時期なのである。64年にはメジャー公開本数が274本、「その他」の本数が69本。翌65年には、メジャー265本、「その他」218本。「その他」の数が激増していることがよく分かる。以降も176本（66年）、169本（67年）、245本（68年）、256本（69年）、202本（70年）と相当数をキープしている。

ここで「その他」に分類されたのは、先に触れた左翼系独立プロ、後述する監督主体の独立プロ、有名スターが発足させた独立プロなどとともに、多くは当時「エロダクション」と呼ばれていた成人映画を専門に製作する小プロダクションであった。この勢力が、この後「ピンク映画」と呼ばれるセックス描写を中心においたジャンルを形成し、邦画のなかに独自のポジションを獲得していくことはご存知の通りである。

そして、このことを誘引したのは、ほかでもない、メジャーによる製作本数の削減であった。60年には年間545本を数えた作品数が、上述のように265本、つまり半分以下まで減少しているのである。一方、映画館数はといえば7400館から4600館（65年）への減少にとどまり、製作本数と同じレベルまでには達していない。簡略化していえば、この落差、ミスマッチのなかに、ピンク映画の需要（上映館側）と供給（プロダクション）の利害が一致する市場が存在したのである。映画館経営者が自らピンク映画の製作に乗り出した例もある。

換言すれば、ブロック・ブッキングを前提にしたスタジオ・システムこそが、製作削減のプロセスにおいて、このようなニッチな市場を生み出したともいえるだろう。ここにおいて、「その他」が一気に顕在化する。大蔵映画、国映の本格化は62、63年頃。若松孝二の「若松プロダクション」も65年に設立されている。

このような状況下で著名監督、有名スターなども専属会社を離れ、自分たちのプロダクションを興していく。早くには黒澤明の「黒澤プロダクション」(59)が挙げられるが、これは製作費が嵩んでしまう黒澤作品に要因があった。また、自らの主張を大きく掲げた大島渚(松竹)による「創造社」(61)の設立も挙げられよう。

だが、むしろ、一般に注目されたのは、三船敏郎(東宝)の三船プロダクション(62)、石原裕次郎(日活)の石原プローモーション(63)、勝新太郎(大映)の勝プロダクション(67)、中村錦之助(東映、後に萬屋錦之介)の中村プロダクション(68)の設立である。各社を代表しそのカラーを象徴した銀幕の大スターたちが、従来の枠組を超えた共演を果たし話題を呼び、衰退期の邦画界にカンフル剤的な役割を果たしたのは事実である。『黒部の太陽』(熊井啓 68)、『風林火山』(稲垣浩 69)や『祇園祭』(山内鉄也 70 日本映画復興会議)などの大作が生み出された。忘れてはいけない。独立プロではないのだが、スター監督たち、黒澤明、木下恵介、市川崑、小林正樹の「四騎の会」(70)の結成もこの時期である。

日没前のまばゆい夕映えであった。監督個人のプロダクションとしては、勅使河原プロ(勅使河原宏 64)、今村プロ(今村昌平 65)、現代映画社(吉田喜重 66)、表現社(篠田正浩 67)なども設立されていった。当初はアート系外国映画の配給上映を行っていたATGが、監督プロダクションと組んで製作に乗り出すのもこの時期である。

この場合の独立プロの輩出は、映画界の既存システムの弛緩が生み出したものである。この間、71年に大手会社の東宝はリスクの高い製作部門を子会社化し、経営資源を配給、興行部門に集中していった。スタジオをレンタル可能にし、外部作品の配給受け入れ、共同製作の道も探った。それらの経営判断が今日の東宝隆昌の遠因であると記すのは容易だが、当時の報道を読んでみると事態は相当に切迫しており、対症療法の観も否めない。

「東宝が二大改革・映画製作は別会社化・篠田作品（『沈黙』）を洋画系で上映・外部プロ作品増やす・配給興行の体制に転機」（朝日新聞74年10月11日付夕刊）の見出しを認めることができるのだ。

なにしろすぐ隣では、大手の一角、（旧日活のDNAを継承した）大映が倒産してしまうのだ。倒産が報じられるのは74年10月22日、「大映事実上の解散へ・人員整理し資産処分」「消灯ラッパ大映・大福帳経営たたる・配給収入は毎月ダウン・野球も本業も撤収」の見出しが各新聞の一面に躍ったのだ。ちなみに、同じ一面には、「10・21沖縄反戦デー・昨年上回る盛り上がり」が掲載されており、当時の世相がうかがわれる。

映画産業が衰退に向かう時期は、フランスの五月革命（68年）、中国の文化大革命（66～76年）が世界を揺るがし、この国では学生運動、全共闘運動が盛り上がり社会を大きく軋ませた時期と重なっているのである。

3

もっとも、産業としては後退戦を戦いつつも、１９７０年代から１９８０年代なかばまでは、ジャンルと観客を限定することで、東映やくざ映画、日活ロマンポルノなど、おもに男性観客を対象とした一連の映画がプログラムピクチャーとして量産されていた事実も見落とせない。補っておきたい。今の感覚では理解しにくいかもしれないが、当時、大手映画会社が成人映画の製作に特化するのは衝撃的な事態だった。映画産業の土壌が痩せて、そこまで追い込まれてしまったのか――というのが、一般の受け取り方だった。スタジオを去った人も多いのだ。

余談だが、そのなかで映画と大衆（老若男女の観客）という主題を担った唯一の例外が、松竹の『男はつらいよ』シリーズ（69～95）だったともいえるだろう。いずれにしても、配給、興行に経営の中心を置き直し事業の多角化を図ることで大手映画会社は企業としての延命を図っていく。

ところで、この80年代なかば辺りから「独立プロ」と「インディーズ」ということばが混交して用いられるようになっていく。というのも「独立プロ」の語には、先にも触れたように歴史的経緯のなかで、左翼運動的な意味合いが含まれており、また、スタープロ、監督プロの場合においても、そこには既存のスタジオ・システムが対抗概念として前提とされていたからである。「インディーズ」は、それらとの区別において用いられたものでもある。元来は欧米のミュージック・シーンで使用されたことばであったが、基本的には自主製作映画、自主上映から出発した人材が多く、かならずしもスタジオを前提としない映画製作に特徴をもっていた。

とはいえ、PFF（ぴあフィルムフェスティバル）のような自主映画のフィールドからスタジオ製作の長編劇映画に進出する監督、プロデューサーが現れると、当初の意味は曖昧化していった。そのような流動化した状況の下で、既存の映画人枠とは異なる、さまざまなキャリアをもつプロデューサーが登場し、産業的には長期衰退期から停滞期のなかにあっても、映画製作者のゲートは確実に広がっていったのである。この辺りのことは、映画『プロデューサーズ』を見ると実感できるはずである。

いずれにしても、独立プロ、インディーズを概括するのは容易ではない。現状では、当初の意味合いを保持した個人プロダクションの規模から、レコード会社などの映像部門までも含んでおり、その内実には相当の開きがあるからである。個性豊かな作品を製作しミニシアターで公開し、順次上映を広げてリクープしていくビジネスモデルが成立した時期を経て、3437スクリーンを数えるシネコンでの映画鑑賞が常態となった現状のなかでは、小プロダクション、インディーズは独力で企画製作を図りながらも、積極的に製作委員会の一員に名前を連ね、製作担当として参加するなど多様な展開を行っている。メイン・ストリームに対するオルタナテイヴという位置づけを越えた活動が期待される。

佐伯知紀（さいきとものり）

映画映像研究者。1954年、愛媛県生まれ。東京国立近代美術館フィルムセンター研究員を経て、2008年から文化庁（文化部芸術文化課）に映画映像分野を専門とする初めての調査官として勤務。15年に定年退職し、青山学院大学、上智大学の非常勤講師を務める。

03

インタビュー　その1

伊地智　啓

伊地智啓（いじちけい）　映画プロデューサー。１９３６年、兵庫県生まれ。60年、早稲田大学第一文学部卒業後、日活撮影所助監督部入社。71年、日活がロマンポルノに路線変更をしたのを機にプロデューサーに転身。同年、『花芯の誘い』（小沼勝監督）で初めて「企画」としてクレジットされる。77年、日活退社後はセントラル・アーツ立ち上げの第1作『最も危険な遊戯』をプロデュース。78年にキティ・フィルム設立に参加。80年、相米慎二の監督デビュー作『翔んだカップル』を製作。以降、『セーラー服と機関銃』等の相米慎二監督作品を数多く手掛ける。89年、岡田裕、佐々木史朗らとともにアルゴ・プロジェクト設立に参加し社長に就任。95年、キティ・フィルムを退社後、ケイファクトリーを設立し社長に就任。同年、『居酒屋ゆうれい』で藤本賞奨励賞受賞。２００２年にケイファクトリーを退社。05年、『69　sixty nine』で第28回日本アカデミー賞協会特別賞受賞。20年、死去。著書に「映画の荒野を走れ―プロデューサー始末半世紀」（インスクリプト）がある。

【代表作】

『太陽を盗んだ男』（１９７９年　長谷川和彦監督）
『翔んだカップル』（１９８０年　相米慎二監督）
『セーラー服と機関銃』（１９８１年　相米慎二監督）
『ションベン・ライダー』（１９８３年　相米慎二監督）
『あぶない刑事』（１９８７年　長谷部安春監督）
『居酒屋ゆうれい』（１９９４年　渡邊孝好監督）
『69　sixty nine』（２００４年　李相日監督）

――どんな流れでプロデューサーになったのかお聞かせ下さい。

伊地智　私が日活の助監督になったのが1960年です。安保反対で全学連を先頭に大きな渦《うず》が議事堂を取り巻いた年です。その頃全国の映画館は7000館を切って久しく、ぼつぼつ大きな変わり目がくるんだという状況。なんか世間がどこか際どいものに興味を奪われる、あるいは自由だったものへやんわり規制がかかる、そんな時代だったような気がします。私が日活に入った時は助監督が50名ぐらいいて、新規採用が7人。「七人の侍」だとか言って勝手に高揚しましたね。製作部長から「君たちは将来の日本映画を背負って立つ幹部候補生である」って言われて現場にぱっと入っていった。日活は年間50本くらいの映画を生みだしていましたね。2本立てで1週間の興行だから月に8本作る。今みたいに映画を完成させて公開まで相当な時間を宣伝展開にかけるなんていうことは一切なくて、クランクアップ次第直《ただ》ちにダビング（＊1）、終わるのを待ち構え、現像所行きの車両が走る、その2日後には一般公開。そういう作業が日常的にあった。助監督の新人というのは1本終わってすぐ次の現場に回されてしまうから最後の一番大切な仕上げ、ダビングにはつけてもらえない。フル稼働時代でした。石原裕次郎（＊2）華やかなりし頃、日本映画の黄金期ですね。絶え間なく作り続ける中で人材が自然に育っていくという環境が撮影所の中にあった。ただ、助監督としてフル活動するうちに会社の映画作りのシステムはこういうことでいいのかなと思うようになった。どこへ向かってこの映画を作っているのだろうかってね。ルーティンみたいなのはある、これだけは守らなきゃいけないというのはあるけども、とにかく多忙。そんな中でローテーションに組み込まれて作る不安というのはありましたね。黒澤明（＊3）の助監督時代は仕事がきついのは当たり前、仕事が終われば寝る時間も惜しんでホンを書いたって話が有名だが、こっちはそんなこと言ったって、と酒かっ喰らって寝につく日々。苦節10年という言葉が当時あって、助監督10年やって監督になれるという中で、どんどん映画は斜陽化して観客は減る一方。日活は本社ビルや映画館を手放し、果ては撮影所まで売り飛ばす。1970年代に入って量産体制を支えてきた撮影所のシステムでは立ち行かない現実に各社が突き当たるわけです。撮影所という製作部門の徹底合理化で倒産を切り抜けようってわけです。日活は労組が強く映画労働者が路頭に迷うことは断固許されない、「小型映画」で頑張ろう！　と。日活ロマンポルノ（＊4）と名乗りを上げるのはもう少し後です。だけどそれでどういうことが起きたかというと、監督やカメラマン、たくさんのスタッフそれから俳優さんのすべてが日活を去っていった。ロマンポルノを作るために新しい監督、新しいプロデューサーを調達せねばならぬ。そこで白羽の矢が立つのが助監督室。私、『八月の濡れた砂』（＊5）って映画をやって、終わるとすぐに胃潰瘍《いかいよう》で入院してしまうんですけど、入れ替わり立ち替わりお見舞いの先輩助監督が現れる。「お前こんなことしてる場合じゃないぞ」「でも考えてみれば看護婦ポルノが撮れるな、今のうちに勉強しておけよ」みたいなね。退院して撮影所に顔出すと、待っていたのは監督かプロデューサーかの二者択一。「お前はどうする、監督やるか？　監督はできるよ。でも監督が嫌ならプロデューサーという道があるよ」と、上司から迫られる。映画監督になるためには撮影所に入るしかなかった時代です。監督になりたくて助監督になったんでプロデューサーという選択肢はなかった。他の仲間は先輩に相談したりしてたみたいだけど私は悩まなかった。何かふっ切れたんですね。ロマンポルノで監督になっても2

本か3本撮ったらオレはもうネタ切れで終わるしかない、だったらプロデューサーやるしかない。

――同期の助監督だった「七人の侍」の皆さんは、今はどうされてますか。

伊地智　監督をやっているのが村川透（＊6）だけ。すぐに辞めたのが一人、脚本をやると鞍替《くらが》えしたのが一人、後はもう居なくなりました。

――ロマンポルノに移行するというのは、現場の皆さんとしてはショッキングなでき事でしたか。

伊地智　そうですねえ、それは確かにあったようで。まあ端的に迷いもなく辞めていく人はね、勿論いました。自分の将来を考えた上で結論出すことはできるでしょ。でも辞められない人も多くいました。

――家族のためにですかね。

伊地智　クレジットの名前を変える人が多かった、意外と多くて驚いた。名前変えなかったのはプロデューサーと監督だけだったかな。脚本もスクリプターもみんな名前変えていましたね。やっぱりそれまでの映画のイメージが強くあったわけで。それぐらいショッキングな現場の変わりようではあった。ただ、変えてどうなんだというのはね、正直あった。突然思い出したけど、「杉田二郎」なんてのがあって、これ相米（＊7）。ふざけてるのか、何か別のわけがあるのか……。

――ロマンポルノをやろうと発案したのは誰ですか。

伊地智　会社を続けるにはどうやりゃいいんだという委員会が二つあったんです、経営と映像という。労組と会社側と半々ぐらいの構成だったのかな。そこで再三議論を重ねる中で、会社側の営業担当の重役から、日活がクオリティの高いポルノを作ればそこそこ採算ベースに乗っけるくらいのマーケットは確保できるという提案が飛び出したんです。労組を刺激しないための配慮に満ちた発言だったようで、小型映画などという労使間協調の賜物《たまもの》のようなネーミングもロマンポルノ誕生前夜であればこそでした。それまで平均で3000万かけていた製作費を750万に圧縮する製作サイドの試算が出て、日活ロマンポルノはスタートです。本来エログロナンセンス路線には否定的立場の労組側からは大作映画と児童映画も作るんだという主張もありました。企業体とすればそれなりの選択をしてみせたんだけど、やはり矛盾を抱え込んでしまうのがロマンポルノです。どっか公序良俗に反する作品群を年がら年中供給することの物凄い圧迫感。我々も半分面白がりながら半分これでいいのかなとも思ってしまう。作り続けるうちに女優さんや監督陣がそこそこ充実してくると私たちプロデューサーの意識も変わってくる。ロマンポルノの原則は措《お》くにしてもどこか枠組みを超えた映画の模索です。当時『ダーティハリー』（＊8）は私のお気に入りでした。権力の腐敗なんてテーマがあってもいいんじゃないかと会議で話したこともありました。社会に背を向けたロマンポルノと言いながらも、朝日新聞の映画評が取り上げるようなことを目指す必要もあるんじゃないか、そうして市民権を得るのがロマンポルノの未来に繋がってくんじゃないかとか。ところが一方で大きな矛盾も抱えることでもあったんですね。偽装した警官が教会を襲って募金を強奪する話をやろうとしたことがあったんです。脚本が長谷川和彦（＊9）で、その頃はもう黒澤さん（＊10）が撮影所長でしたが、黒澤さんが長谷川の監督でいいじゃねぇかと言い出したんです。そこからがタイヘンでした。労組から横ヤリが入ったんです。予想できなかった事態ではなかったけれど、長谷川がスタッフ間の信頼度抜群の助監督でしたから黒澤さんは突破できると確信持っていたんですね。結果、もつれて延期でした、その企画は。でも延期理由はほとんど説明不能なでっち上げでしたから、私は1年後再び澤田幸弘（＊11）監督で企画会議に提出しました。クレームは覚悟の上でしたが労組が言ってきたのは「どうしても強行するならスタッフをつけません」。そこは流石に黒澤所長が抑え込んでくれました。『濡れた荒野を走れ』（＊12）です。何か居場所がなくなってきたように思いました。

――そのあとセントラル・アーツの立ち上げに参加された経緯は。

伊地智　ロマンポルノは1時間10分に限られた特殊な映画ではあるけれども、5年6年とやっていくうちに作り方に窮屈さを感じるようになってきた。そんな時、日本映画全体を眺めてみると外では変化が起きている。長くプログラムピクチャー（＊13）としてアクションものの助監督やって身につけてきたもの、そのノウハウみたいなものを存分に活かす映画を作ってみたくなった。そうするとロマンポルノという枠組みが自分の中ではどっか不釣り合いになってきた。で、もういいだろうって外へ出ようと思った。77年の10月でした、日活辞めたのは。私より2か月ほど早く辞められた黒澤さんから突然電話が来たんです。「東映の撮影所長が会いたいと言ってきたからこれから行くんだが、どうだ一緒に来ないか」と声が掛かって、黒澤さんと待ち合わせして東映の大泉撮影所の門をくぐったんです。足がなんか凄く重くってね、黒澤さんの顔見たらやっぱり憂鬱そうな顔してた、そんな記憶があります。幸田さんという所長（＊14）でした。予算は3000万、今まで日活でやってこられたものでもいい、とにかく東映には無かったものを作ってください。何ができるんだろうと黒澤さんとアイディアを重ねていくうちに、たまたま松田優作（＊15）が拳銃が重くなってきたとか何とかいって評判のテレビドラマのシリーズ（＊16）から外れた。当時からすでにアクションドラマでは主要なローテーション監督のひとり村川透がたまたま体が空いてるという。松田優作と村川透、アクションにはあってほしい大きな仕掛けは望めない、拳銃の弾丸だってそんなに使えない、となれば松田優作って肉体しかないな、できるだけ単純な図式を置いて日活でもやれなかったような新鮮で身軽な語り口が果たして持てるのかなと探った結果が『最も危険な遊戯』（＊17）。セントラル・アーツという東映の中にあって独特の流れを生むきっかけは、実はそこにあった。これは大変幸運といえば幸運だけど、あとで思うと必然的なファクターがそこに集まっていた。そんな幸運があるんだなと、今実感するんですけどね。

――黒澤さんが一緒に映画をやろうと、伊地智さんを指名したんですか。

伊地智　指名したというよりは、どうせアイツもブラブラしてるんだから仲間に入れておけば即戦力になると考えただけ。黒澤さんも自分でなんかやろうとしてたんでしょうけど、映画の現場のノウハウは黒澤さん自身にはないですから、どうしたって助っ人が誰か必要だったんですよ。以後私はキティ・フィルムが活動拠点となるのですが、テレビのシリーズものや2時間ドラマはずーっとセントラル・アーツでやることになります。

――キティ・フィルムはどんな経緯でスタートされたんですか。

伊地智　キティレコードの多賀英典（＊18）といえば、ポリドールという会社で井上陽水とか小椋佳とかのディレクターとして実績を積み、独立後ニューミュージック時代を牽引《けんいん》してきたカリスマです。自分の事業を展開していくにはどうしても映画が必要なんだという目論見があった。実際、当時の音楽業界も再編成が急務で映像展開を視野に入れる動きを始めた人は沢山いたと思う。多賀さんから会いたいと言われて、行った先の多賀さんの梁山泊《りょうざんぱく》には長谷川和彦と村上龍（＊19）、その脇に山本又一朗（＊20）が控えるといったところ。連絡係が相米慎二で、すでに長谷川の助監督でもあったわけです。そんな集まりで、こんな面子で新しい映画作りができると思うわけがない、ヤバイところに来てしまったなって、あとで聞いてみると長谷川がＡＴＧ（＊21）の映画、なんでしたっけ？

――『青春の殺人者』（＊22）。

伊地智　『青春の殺人者』、あれを終えたばかりで。片や芥川賞をとったばかりの村上龍。これで新しい映画を作るんだと言われても……一瞬ちょっと帰りたくなるわけですけど、でもそういう新しい動きっていうものにどっちかといえば飢えてきたわけだから、結果とにかくスタートしちゃったんですね。長谷川和彦監督作品でキティ・フィルム設立の1本目にしようと長谷川との仕事が始まるわけです。村上龍が次々とプロットを上げてくる。でも長谷川の射程に入る様子はない。龍の奔放でタフな作家性には正直舌を巻く思いでプロットを読んでた。さすが芥川賞作家だと思いました。後に日本文学史上に残る大長編「コインロッカー・ベイビーズ」（＊23）の原型となるプロットもこの時期の産物です。「空と一緒の朝」なんて私が付けたタイトルのシナリオが密かにあるんです。長谷川の方向が見えなくて多賀さんがとうとう痺れ切らして、村上龍の監督でやりましょうか、伊地智さん？　となるわけです。急きょキティ・フィルムの立ち上げ第1作は村上龍監督で芥川賞受賞作『限りなく透明に近いブルー』（＊24）になった。

――『太陽を盗んだ男』（＊25）について聞かせて下さい。

伊地智　『限りなく透明に近いブルー』から『ベルサイユのばら』（＊26）を経過してやっと長谷川和彦作品『太陽を盗んだ男』になるんですけどね。あのバカバカしく分厚い台本ができた時は、このままクランクインしたらエライことになる。多賀さんには無論進言したけれど、もう腹くくってましたね。現場はスタートしました。大変でした。そもそも沢田研二（＊27）を起用するってこと自体がかなりリスキーなわけです。なにしろトップレベルの歌い手が5月6月7月と空けてくれました。渡辺プロからは、「夏は絶対、歌の興行で全国回りますからスケジュール無理ですよ」と引導渡されました。案の定7月いっぱい使い終わっても結果届かない。約束通り沢田研二をいったん手放すわけです。スケジュールはその段階でかなり混乱しています。もう秋風立つ頃に沢田が帰ってくるのを待って再開するわけですけどね。9月の何日ぐらいだろう、結果アップしたのは。その頃はスタッフも一人欠け二人欠けで、残ったのはチーフ助監督の相米ぐらいだった。まるで廃墟の中に相米が立っているという感じがありましたね。

――そういう状況の現場を抱えて、どんな心持ちでしたか。

伊地智　沢田がいなくて吹き替えで高速道路の車の走りなどは撮ります。夜明けの撮影には何度か私も付き合いました。夏の名残りはあっても夜明けの風は冷たいですよ。どんな事情があろうと結果についてプロデューサーの言い訳は通用しません。予測できたことを最初に解決しようとしなかったのは私の失点です。

――その時、例えば、やめて逃げちゃおうとか。

伊地智　これのケリはどうしたってつけなきゃいけないだろうと。これで終わったらちょっとカッコ悪いなって。とにかくこの身晒《さら》してやり続ける手立てをつけなきゃならん、決意だけはありました。総合芸術なんてカッコいい言葉使わなくても、みんなが寄って集ってお祭りのようにわいわい作っていくのが映画でもあります。ものの見事に殺伐《さつばつ》とした終わり方をした映画ではあったけれども、それなりの出会いはある。相米が残ったこともそのひとつです。

——相米さんが踏みとどまったっていうのはどういう流れで。

伊地智　それは行く所がなければ離れるわけにもいかない。すでに製作部不在の現場から奴が抜けたら3か月以上に及ぶ共同作業が築いたネットワークのすべてが飛ぶわけだし、そのぐらいの責任感はあったわけで。

——チーフ助監督として客観的に見て、能力はどうだったんでしょう。

伊地智　監督にすれば演技指導だってできるヤツだから重宝すると思うけれど、スタッフを統率する面では頼りにはならん。あいつは自分では名助監督だったって、私の耳の届かないところで言いまくっていたようですが。

――でも最後まで残ったことは評価できるぞと。

伊地智　最後までいるのは当たり前です。こぼれた米粒コツコツ拾う鶏みたいな、そんな現場でしたからね、最後。ヤツが残ってその下にいたセカンド助監督の榎戸（＊28）も献身的に働いた一人だけど『太陽を盗んだ男』だけは思い出したくないって、今でもしみじみ言ってます。

――その後、相米さんは『翔んだカップル』（＊29）を撮る。

伊地智　『翔んだカップル』なんていうマンガであういう映画ができるって、私には想像できませんでした。マンガをね、電車の中で広げると恥ずかしいという時代でした。私は絶対電車の中では読みませんでしたよ。そういう時代に多賀さんから渡されたマンガです。気は急《せ》くけど読み慣れてないからなかなか進まない。相米も困惑してたに違いない。なぜか二人で原作どうしようかって話した記憶が一度もない。救われたのが、4人の男の子女の子の旅立ちの物語だったこと。連載始まったばっかりの原作でしたからね、この結末はどうなりますかって原作者には聞きに行ったことあるんですよ。「いや私も何も考えてません。どうぞお好きなように」って言われて。今だったらとんでもないですよね、輪をかけて出版社絡みでいろんな制約が付いてくるはずです。全く自由に丸山昇一（＊30）も自分の旅立ち物語を書き上げた。

――当時、丸山さんと相米さんでやろうと判断したのはどんなことから。

伊地智　丸山はセントラル・アーツで、アクションもののライターとして既にデビューしてるわけですよ。セントラルで顔合わすとまるでお題目のようにニール・サイモン（＊31）って名前が彼の口をついて出る。なんで私が『翔んだカップル』を丸山にと思ったのかよくわからないんだけど、おそらく、あの書き上げるスピード。2日か3日でポンとホンができてしまう。あのスピードに幻惑されたんじゃないかと。よし、乗ってみるかこの才能に、ってとこです。

――そうですか。相米監督を指名したのは長谷川監督の流れですか。

伊地智　そこにいたというだけです、それ以外理由はない。ロマンポルノをやっていた頃に相米が書き上げた女子高生ものの脚本があってね、こんなものは今さら映画にならんと突き返した記憶があるぐらい。

――相米監督が書いた脚本があった。

伊地智　あったんです。

――それが本当の、初めての出会い。

伊地智　女子高生の風俗がちりばめてあるんだけど、新しさがなかった。箸にも棒にもかからない、と思いました。

――それから相米監督はホンを書かないことに決めたんですかね。そうですか。キティ・フィルムの後はアルゴ・プロジェクトに参加しますね。

伊地智　アルゴは89年かな、多分88年の終わり頃だと思うんだけど岡田裕と佐々木史朗さんが突然私の所にやってきたんです。撮影所に代わる新しい映画作りの拠点みたいなものをプロデューサーで作りませんか、って。すでに協力してくれる企業もあるしテレビ局もある、あとは映画館です。私に新宿の武蔵野館（武蔵野興業株式会社）を口説けって訳です。武蔵野館のオーナー河野家とは姻戚関係があったからです。作っても作っても明日につながっていかない作り方はなんとかしなきゃいかんだろう。そうしないと作り手が育ちもしないし、撮影所ってものが機能しない以上、新しい仕組みを作る必要があるんじゃないかという考えに異論のあろう筈もない。ソフトが欲しい日本テレビが真っ先に乗ってくれたし、ビデオ製作販売ルートもキティにあったし、なんとサントリーが協力しましょう、と。これは大きかったですね。今は亡き佐治敬三さん（＊32）が我々の前にポンと座った。あの人の一瞥《いちべつ》には身のすくむ思いがしましたね。騙しにかかったつもりはないんだけど、なんか後ろめたい気がしたというのは覚えてる。

――当時そういう方々が支援しようとしたのは、映画が変わろうとしている気配を察知しておいしいことになるかもしれないという思いがあった。

伊地智　時代が確かにそうだったですよ。大きな企業がこぞってメセナ（＊33）という発想を持つようになりました。だから文化活動に一番力が入る。サントリーにはもともとそういう企業体質があったから我々の映画作りに参加してくれたと思うんだけど。それは大きかった。小さな映画を何本か続ける仕組みが持てそうだとなったけど、そこでもいろんな問題があって。予算を1億5000万一律という決め方にしたのが、間違えたのかな。贅沢に見えたし隙間がありすぎるし、もっとタイトな数字の絞り方してもう少し永続性を考えたやり方にをするべきでなかったかなというのは、反省としてありますね。

――どうやってアルゴ・プロジェクトの企画は決定されたんですか。

伊地智　基本予算はそういう形で配分はそれぞれあるんですけど、やっぱり大きかったのは日本テレビのバックアップでテレビの放映権、基本となる製作費の半分をサントリーが受け持ってくれるということ。これは願ってもないシステムではありました。ところがその幸運に恵まれた立ち上がりと見えた次の瞬間、武蔵野館がこの話はなかったことにしてくれと言ってきたんです。それは理由があって、メディアが結構面白がって私たちの船出を評価してくれたのは良かったんだが、そのキャッチは「メジャーに対して反旗を翻した6人のプロデューサー」という言い方。「メジャーに対して反旗」が東宝の逆鱗《げきりん》に触れたんですね。東宝ほかのメジャーも右へ倣《なら》えです。その瞬間に日本全国の映画興行組合の元締めでもある武蔵野館との連携は、問答無用の破談です。これでものの見事に路頭に迷うんです。急きょ手を尽くして最後に日活が小屋を貸してくれるということになって落着しましたが、旅立ちとしては不吉な躓《つまず》きというのが実際にありました。それから内部的な問題として、当時鳴かず飛ばず状態だったディレカン（＊34）が頓挫《とんざ》する様を見て、監督がまとまりっこないだろう、まとまるのはおかしいだろう、我々は同じ轍《てつ》を踏むことはないだろうとプロデューサー陣のまとまりに自信を持ったつもりだったんですけど、それが意外と脆《もろ》かった。企画会議を招集する責任者の私としては、みんなのバランスをとろうとすると企画そのものがわりと緩いものになったというか厳しさがないというかね。これはもう反省ですけどね。そういう甘さが、継続するにはマイナスに働いたのかな。企画というのはどんなことがあっても、シビアでなくてはならない。どんな内容であれ1億５０００万という予算を決めちゃっている脆さ。そうじゃなくて弾力性を持たせながらやることで企画はむしろ活きてくるんじゃないかという反省をしたけども、それは遅かった。それで、結果30本ぐらい。30本作ってアルゴのシステムは終わりましたね。岡田が残って会社を継続はしてますけども。

——日本映画にとってアルゴ・プロジェクトはどういった存在だったんでしょうか。

伊地智　ある評論家が「確かに個々の問題を残しているけども、アルゴが仮にこの2、3年の間になかったとすれば日本映画にとってそのことの方が恐ろしい」って言うのを私聞いたことがあるんですけどね。ああなるほどな、それだけの役割はあったのかなと思いました。ただ、世の流れには抗しきれなかった。濁流に流されてしまったのが結論なのかな。そういう思いがありました。なんとしても惜しいなと思うのは、1本の映画を作ってそれで終わるんじゃなくて明日もあるという、希望があるというシステム。無理だったけど。世の中ではその頃から各大学に映画専門のコースが設置される動きが起き始めた。

——相米監督の話に戻りますけれども、伊地智さんと相米監督との関係はどういったものだったのでしょうか。

伊地智　私と相米の関係というのはそんなにクローズしているわけじゃないんですよ。相米が元気な頃、三枝成彰（*35）さんとオペラを始めた。自分の好き勝手にはやってるんです。用もなく毎日のように私のデスクの辺りにぶらっと来る。これ読んどいて、と何か置いて帰る時もある。私は、相米が走っている傍を一緒に走ってるっていう、そんな感じかな、走らされてる、のかな。それ以上のことはないですよ。私がまず先にホンを作ると、相米がしばらく黙って抱えてる。テーブル座って脚本家と相まみえるなんて打ち合わせはやったことがない。あとは酒飲んで談論風発ですかね。真っ向ぶつかってやり合ったのは一度あったかな。彼の映画13本あって私が最後まで責任もって関わってるのは

7本。あとの6本も実際はホンは勿論、何やかや引き回されてる。決定稿を2通り作ってきて、さぁどっちにするか？　って迫られたこともある。自分の中にある過激さの度合いが把握できなくて私の表情や言葉で測ってるんじゃないですかね。私のスタンダードをアテにしてるんだと思う。

――相米監督がどこで作ろうが参加していた。

伊地智　はい。鶏が孵化《ふか》するかしないかでラストが決まるという、自分では決められなくて孵化するバージョンとしないバージョンの2通り撮った映画（『あ、春』）（＊36）もありました。日活撮影所へ来いって言うんです。観たら生まれる方だったから、これでいいやってそのまま黙って帰ろうとしたらアイツが正門まで追っかけてくる。「どうなのよ。黙って帰ることねえだろ」って怒ってる。「今のでいいじゃねえか」「あ、そ」。で試写室に戻って行く。それだけの役割なんです、私は。それを「一緒に走っている」と言うしかないなと思ったんですけどね。だから映画について基本的な構想だとか、ああしようこうしようと話し合ったようなこと全然記憶にないんです、不思議なんだけど。ホンができたから読んでくれっていうから「読んだよ」って話をするだけです。それだけで良かったんですね。

――映画のプロデューサーというのはどういう存在だと考えていらっしゃいますか。

伊地智　例えば相米の映画にとって薬師丸（＊37）との出会いってのは凄く大きかったはずですよ

ね。薬師丸と出会えて『翔んだカップル』が実現し、その結果それが『セーラー服（と機関銃）』（＊38）まで行く。『セーラー服』は確かにある水準まで行っているけど、僕は未だにそれほどのものかなと思ったりする。だけど輝いてるなと思うのは、薬師丸がなんといっても良い。何が良いかというと、星泉というヤクザの世界に迷い込んだヒロインの危うさと、まだ女優になりきれない薬師丸自身が迎えた危うい17歳との出会いですね。その危うい一瞬の出会いに相米は遭遇したに過ぎない。もしも私が薬師丸企画として用意していたもう1本『雪の断章　情熱』（＊39）だったら結果はまた違ったんだろう。あんなことは仕組んでできるものじゃない。願ってもない出会いをどう作るのか。自分でもそういうのを求めて期待し、作ること。出会いにすべてがかかってる。危ういけれども、そうとしか言いようがない思いがありますね。『太陽を盗んだ男』という収拾つかない現場にヤツがいた、こういう出会い。出会いをとにかく作ること。それはプロデューサーの極意のうちではないのか。プロデューサーになる時先輩から言われたことはありました。映画撮るのは監督、作るのはプロデューサー。そんなこと百も承知と思ったけど。映画作ろうと思い立った責任が様々な出会いを生み出すんでしょうか。それこそが映画ではないか。そんなふうに思ったきっかけは、助監督時代に浦山桐郎（＊40）という先輩がいました。今村さん（＊41）のチーフで次期監督候補のトップでした。私が見習いで最初に助監督に付いた時のチーフで、西も東もわからずただ走っていた初日が終わった酒席でも浦山さんが真ん前に座ったから緊張は解けない。酒乱と聞いてたけど違った。まず言われたのが、役者が本物か偽物か見分ける力を付けること。どういう意味かわからない、未だにわからない。でも、本物か偽物かと自問する日々はその時以来今も変わらない。脚本に書かれていなくてもロケに行くと色んな偶然に出会う。チンドン屋さんが通りかかったり、絶妙なタイミングで風が吹いたりする。綿密な準備をして臨む撮影現場にはいっぱい偶然が待ち構えてる。そんな偶然を必然に変えるのがロケなんだと。酔っ払って戯《ざ》れ言にも聞こえる一言一言だったけど、結構この歳になるまで覚えてる。案外それに支配されることが多かったような気がしますね。得体の知れない作業なんだよね、映画作りって。ほっとくとなんでもないけど気になって持ち上げることで、それが日の目を見るような発見につながっていく、それが映画の危うさであって、確かなものなんてひとつもないよ。だからそういう意味で出会いという言葉を使うしかなかったんだけどね。

——独立系の会社ですら撮り続けることが難しい中で、若い人たちは今後どう撮り続けていけばいいとお考えですか。

伊地智　そのためには今の製作の構図をね。グランドデザインを洗いなおして抜け道を作っていかないと、ふんづまりになっちゃう。アカデミックに映画教わってくる人たちの行き場がなくなっている現実は変わらない。幾らワザを持っててもそれを発露する場がなきゃ、それを生かす仕組みがなきゃ鈍るしかないわけで。製作会社一社だけで頑張っても無理で、皆が繋がれる組織を作ることによってね。アルゴの失敗があって、ディレカンの失敗があるから、同じことやる必要はない。新しい法則みたいなものを作ることで繋がれないか、そういう仕組みはできていかないものかと思うんです。

――それこそ「大阪アジアン映画祭」とか地方の産業観光映画とか台東区のフィルムコミッションとか、まだ規模が小さいとはいえ、新しい繋がりを利用する材料になってくる可能性があります。

伊地智　そうね。それをどうやって線で繋げることができるのか。単発でやっても今の時代通用しない、どんないいものができても。濱口竜介（＊42）の面白いもの（『ハッピーアワー』）（＊43）ができ上がったけど、5時間17分はどこへ行っちゃうんだろう。これをどう先に繋げるかといったら、これ方法はまだないんだよね。こんなことやってたら撮り続けられない、終わっちゃう。それを物凄く危惧《きぐ》するわけです。濱口が監督の仲間を集めてグループ作ったって同じこと。束になって倒れていくだけだから。今は若い人が思い思いの映画を自由に作れる時代になった。でもシネコンがかけてくれるわけじゃない。ミニシアターだって見て見ないフリせざるを得ないのが現状だ。動画配信にメジャーも食指を動かしてるが、スマホが映画館にとって代わる時が来るとも思えない。取っ掛かりが必要だね、難しいんだけど。一番いいのは何てったって自分たちの映画館持つことなんだ。今、例えば落語家たちが自宅を解放したり、いろんな形で発表の場を作ろうとしている。末廣亭だけじゃしょうがない。テレビは落語家必要ない。昔は落語家もお笑いタレントとして有効だったけど、今はもう別の新しいコミュニケーションの術《すべ》を競って磨きをかけてきた芸人に領域を占拠されてしまった。そういう意味では、いろんな人たちがいろんな形で販路を失っちゃってる。映画はその最たるものだという実感がある。このままだともう配信されて映画終わっちゃうようなことになりかねないし、そんなことはあってはならん。そういう意味では映画を観る環境をどうやって確保するか、それが急務だと思う。ある程度投資しなきゃいけないお金が必要だから大人に頼むしかない。シネカノン（＊44）だけじゃだめなんだよ。繋げる鎖みたいなものが必要だと思う。昔だったら荒戸源次郎（＊45）、まだ生きてんだろどこかで。荒戸、ああいう馬力のあるやつが旗振るといいんだよね。

――今までで、ご自身が一番気に入っている脚本というのは。

伊地智　明けても暮れても田中陽造（＊46）って周りからも言われたけど、面白かったんだ、うん。人を唸《うな》らせるアイディアがポンと必ずひとつ出てくるという期待感がある。ロマンポルノはセックスシーンが何個かあればそれで興行価値が成立するわけだ。それさえありゃ何やったっていい。その中でどれだけ腕磨いていくか。惚れた女がいて惚れた男がいる、男が死んだ。女の狂わんばかりの愛おしさを田中陽造は、骨壷から取り出した男の骨を女は自分の子宮の中に入れてしまう、みたいな2行か3行で軽く処理するんだが、それが物凄く監督を刺激する。どう撮るかで「ああこれだ」と思う。物凄くエロティックでさ。怖くさえある。俺はプロデューサーとしてそんな1箇所が出てくると、このホンはこれで良し、誰が撮っても同じだと思っちゃう。そういうホンていうのをいつも求めてる、俺達はね。

――脚本直しのとき、指導や指摘をすることは多かったですか。

伊地智　田中陽造なんていうのは初稿が大切、どんなに分厚かろうが少なかろうが初稿で勝負してる。長いホンは切るしかないが、絶対に切らないんだよ。「俺が勝手に切るぞ。階段からバッと撒《ま》いてな、それでいいな」「どうぞどうぞ」って。多少は揉めることはあってもコジレはしない。いや、一度だけあったか、『夏の庭（The Friends）』（＊47）だ。死に興味を持った悪ガキ4人が老人を追っかける話。老人が台風の夜、悪ガキたちにニューギニア奥地での戦争体験を話すクダリがある。そこで陽造と相米が老人の体験した戦地の絵を入れたいと言うんだ。私は断固反対だった。カネがかかるから反対してるだけだろとか言ってアイツらも固執したが私も退かない。何日かかったかな。二十数年前に観た映画思い出したんです。『かくも長き不在』（＊48）観たろ、あの記憶喪失の老人にアウシュヴィッツの収容所が出て来たかよ！　ってやったら、これが決まった。嵐のよるに三國さん（＊49）がトツトツと喋る戦争が二重三重に膨らんで怖かった。プロデューサー対脚本家、この構図が映画の基礎になる。相米では『お引越し』（＊50）というのもある。あれは相米が突然なぜか原作持ってきた。広げたら私のうちは今日から二つになりました、少女12歳。帯に書いてあった。その頃私がちょうど家を出て間もない時期だった。アイツがニタニタしてるからその本を放り投げたら出て行った。それから半年ぐらい経って脚本になっていた。奥寺佐渡子（＊51）が書いたのができてる。でもなんか薄っぺらい感じがした。本の骨格は間違いないなとは思ったのでやってみようと思った。実現するには時間がかかりそうだ。20稿くらいやったと思ったけど、実は30稿までいったらしい。それぐらい打合せ回数はあった。時には「てにをは」しか直ってなくて、ささやかな抵抗を試みたらしい。でもその都度俺は基本的に、男の何年かの歴史が沁みた家を出て行くんだ、前夜ってのはね、と自分の話をする。相米は一切口を挟まず大抵寝そべって私と奥寺の会話を聞いてる。時々笑ってる。俺の体験をそのまま書くなよなと言わずもがなの話をする。そうすると数日後にでき上がってくる。なんか妙に子どもの目を通したリアルな肌触りができたというような進み方。そういうやりとりの中で、思わぬ直しが出てくることがある。あの映画、記憶あるから言えるけど、風呂場にヤツ（田畑智子演じる漆場レンコ）が逃げ込むと母親がガラス戸突き破って手を血だらけにして怒る場面がある。ああいうのもね、直しの過程で出てくる。あんなことは俺は注文はしない。この時にヤツがどう逃げるか見てみたいよね。外へ出たら面白くないだろうし、家ん中で駆けっこしてみようか。それくらいしか言ってない。でも風呂場に閉じこもってガラス割るとかね。ありゃ相米だろう。そうすると映画としての仕上がりは、あんなふうに撮ると予想外に力がある。瞬間母親の感情に予期しない変化が起きる。これもト書きに書き込める話じゃないよね。監督が現場で引きだした結果のひとつでしかない。というようなことで、映画の楽しみっていうのは字数使って書き込んでしまえばそれで通じるかって言うと、決してそうじゃない。そういう意味で、俺にもそっから先はわからない。言った通り直してきたらいいかっていったら絶対そうは思わない。言ったのと反対のことで面白いと思うこともある。そういう意味で俺は奥寺佐渡子と、あの頃はまだ駆け出しもいいところだったんだけど、何稿も重ねて作っていって、それでもああここまで来たなという実感ってさほどないんだよ。まだ途上にあって、もう時間切れで監督はそのホン抱えて現場に行ってしまったという思いしかない。そういう仕事を一人でやるのは辛いんだよ。そういう不安に付き合う人間は必要でしょう。そういうパートナーを早く掴まえることだと思う。李相日（＊52）とかみんなにそう言ってる。

――それは先ほどの相米さんとの仕事について「一緒に走って」ということ。

伊地智　そう。辛抱強く走ったと自分では思うけれどどうかな、アイツはどう思ってるんだろう、ようわからん。

――最後に2000年代の日本の映画の業界というものを一体どのように受け止めていらっしゃいますか。フィルムからデジタルという大きな変化や洋画が減少して邦画を観る現状もあります。2000年代は激動の時代だったと思いますけど。

伊地智　いつの間にか映画の二極化現象が定着してしまった。テレビ局が主導する製作委員会方式によって作られるような大作と、一方では単館でしか上映されない小さな映画。それでも『恋人たち』（＊53）なんて小さな映画がベストワンに登場するような時代でもある。大型の映画に対してどっか胡散《うさん》臭くて目をそむけてしまいがちの、小さいけど、貧しいけど、夢あるとは思えないけど、等身大の人間が間違いなくいるんだよねという小さい映画、そういったものが受ける素地ができたとも言える。濱口みたいに公開の場がシネコンでは到底考えられない作り方を余儀なくされてきたというね、出口がそこに一つできたというふうなことも含めて、メジャーというものがまさに崩壊寸前の危うさの中にあるようにも思える。だからそういう時に大切なことというのは、作る側がどれだけ力蓄えるか。それは一人じゃ無理なんだよ。監督も一人じゃ無理なの。一緒に走るヤツも必要だし小さきゃ小さい分だけ人の繋がりのパワーみたいなもの、そういったもので勝負して新しい販路を開拓すること。濱口の映画にも胸躍るものは感じるよね。そういう二極化というのがここから先、もっともっと極端に広がっていくと思う。その時にシネコンを中心としたメジャー資本がどう変わってくるのか。シネコンてのは今や限界に達してる。このまま続くはずがない。作ってそれを観客と共有できる場を持つこと。それに尽きちゃうよ。それが簡単ではないのよ、それは百も承知。でもそれやらなきゃ。移動映画（*54）っていうのも一つの手段だけどね。

2016年2月9日 鹿児島市・城山観光ホテルにて

聞き手　桝井省志　永井浩　後閑広

伊地智啓　註

＊1
ダビング
撮影後のフィルムに、せりふや音楽、効果音など別々に録音したものをミックスして一本にまとめる作業のこと。

＊2
石原裕次郎
1934年、兵庫県生まれ。俳優、歌手。55年、慶応義塾大学在学中に、『太陽の季節』に端役で出演後、同年『狂った果実』で本格デビュー。主な作品に『嵐を呼ぶ男』（57）、『銀座の恋の物語』（61）、『太平洋ひとりぼっち』（63）など。87年没。

＊3
黒澤明
1910年、東京都生まれ。映画監督。主な作品に『隠し砦の三悪人』（58）、『用心棒』（61）、『影武者』（80）など。88年没。

＊4
日活ロマンポルノ
1971年に日活が経営立て直しのために成人映画路線をスタートさせ、88年まで続いた。神代辰巳、小沼勝、加藤彰、田中登、曽根中生ら鬼才の監督たちが名作を生み出した。

＊5
『八月の濡れた砂』（1971）
監督・脚本＝藤田敏八　脚本＝峰尾基三、大和屋竺　出演＝広瀬昌助、村野武範、テレサ野田　製作＝日活

＊6
村川透
1937年、山形県生まれ。映画監督。72年に『白い指の戯れ』で監督デビュー。主な作品に『最も危険な遊戯』（78）、『野獣死すべし』（80）、『さらばあぶない刑事』（16）など。

＊7
相米（慎二）
1948年、岩手県生まれ。映画監督。80年に『翔んだカップル』で監督デビュー。主な作品に『台風クラブ』（85）、『お引越し』（93）、『あ、春』（98）など。2001年没。

＊8
『ダーティハリー』（1971）
アメリカ映画　原題＝Dirty Harry　監督＝ドン・シーゲル　脚本＝ハリー・ジュリアン・フィンク、R・M・フィンク、ディーン・リーズナー　出演＝クリント・イーストウッド　製作＝マルパソ・カンパニー・プロ

＊9
長谷川和彦
1946年、広島県生まれ。映画監督。76年『青春の殺人者』で監督デビュー。その他の作品に『太陽を盗んだ男』（79）。

＊10
黒澤さん（黒澤満）
1933年、東京都生まれ。セントラル・アーツ代表取締役社長。73年に日活撮影所長に就任。退社後は東映セントラルフィルム（後の映画製作会社、セントラル・アーツ）の製作部門で活躍。一連の松田優作作品や『あぶない刑事』シリーズ（86〜）、《東映Vシネマ》（89〜）など多数を製作。

＊11
澤田幸弘
1933年、神奈川県生まれ。映画監督。70年に『斬り込み』で監督デビュー。「太陽にほえろ！」シリーズ（72〜87）などのテレビドラマ、Vシネマなど多数の作品がある。

＊12
『濡れた荒野を走れ』（1974）
監督＝澤田幸弘　脚本＝長谷川和彦　出演＝地井武男、井上博一、高橋明　製作＝日活

＊13
プログラムピクチャー
1950年代から70年代にかけて量産された映画作品のこと。当時は長編作品2本もしくは3本立てでの映画興行が通常のスタイルだった。

＊14
幸田さんという所長（幸田清）
元東映撮影所長で『トラック野郎』シリーズ（75〜79）、『二百三高地』（80）、『大日本帝国』（82）などを企画。数々のヒット作、名作を世に送り出した。著書に「活動屋人生こぼれ噺」（銀河出版）。

＊15
松田優作
1949年、山口県生まれ。俳優。刑事ドラマ「太陽にほえろ！」で注目を集める。70年代後半から東映セントラルフィルム作品、角川映画作品でアクションスターとして人気を不動のものにし、80年代からは演技派としても認められるようになる。89年没。

＊16
評判のテレビドラマのシリーズ（「大都会PARTⅡ」）

石原プロモーション制作の人気ドラマ「大都会」のセカンドシリーズ（1977〜78年）。渡哲也演じる黒岩刑事率いる城西署

捜査一課に所属する若手刑事・徳吉功を松田優作が演じた。

＊17 『最も危険な遊戯』（1978）
監督＝村川透　脚本＝永原秀一　出演＝松田優作、田坂圭子、荒木一郎　製作＝東映

＊18 多賀英典
1943年、台湾生まれ。レコード会社ポリドールの音楽ディレクター・プロデューサーとして小椋佳や井上陽水を手がけ、後にキティ・ミュージック・コーポレーションを設立。多数の映画やアニメ、テレビドラマを手がけた。

＊19 村上龍
1952年、長崎県生まれ。小説家、映画監督。76年に「限りなく透明に近いブルー」で第75回芥川賞を受賞。主な作品に「コインロッカー・ベイビーズ」（80）、「愛と幻想のファシズム」（87）、「半島を出よ」（05）など。

＊20 山本又一朗
1947年、鹿児島県出身。映画プロデューサー。20代で漫画家のマネージャーから映画のプロデューサーに転身後、実写・アニメ問わず多数の作品を製作する。93年にはマネジメントと映画製作を主業務とするトライストーン・エンタテイメントを設立。

＊21 ATG（日本アート・シアター・ギルド）
1961年から80年代にかけて活動した映画会社。前期に前衛的な作品を製作、配給し日本の映画史に名を刻む。市川崑、岡本喜八、大島渚、篠田正浩、吉田喜重、羽仁進、松本俊夫ら名匠監督が活躍し、傑作が生まれた。また、後期は若手監督を積極的に起用し、その時代を反映した傑作が生まれた。

＊22 『青春の殺人者』（1976）
監督＝長谷川和彦　原作＝中上健次「蛇淫」　脚本＝田村孟　出演＝水谷豊、原田美枝子　製作＝今村プロ、綜映社、ATG

＊23 「コインロッカー・ベイビーズ」
村上龍の長編小説。1981年、第3回野間文芸新人賞受賞作。

＊24 『限りなく透明に近いブルー』（1979）
原作・監督・脚本＝村上龍　出演＝三田村邦彦、中山麻理、斉藤晴彦　製作＝キティ・フィルム、東宝

＊25
『太陽を盗んだ男』（1979）
監督＝長谷川和彦　脚本＝長谷川和彦、レナード・シュレイダー　出演＝沢田研二、菅原文太、池上季実子　製作＝キティ・フィルム

＊26
『ベルサイユのばら』（1979）
監督＝ジャック・ドゥミ　原作＝池田理代子　脚本＝ジャック・ドゥミ、パトリシア・ルイジアナ・ナップ　出演＝カトリオーナ・マッコール、パッツィ・ケンジット　製作＝キティ・ミュージック・コーポレーション、資生堂、日本テレビ、東宝

＊27
沢田研二
1948年、鳥取県生まれ。歌手、俳優。「ザ・タイガース」でリードボーカルを務め人気を博す。映画『太陽を盗んだ男』以降、俳優として多数の作品に出演している。

＊28
榎戸（耕史）
1952年、茨城県生まれ。映画監督。数々の相米慎二監督作品で助監督を務める。『・ふ・た・り・ぼ・っ・ち・』（88）以降、映画やビデオ、テレビで監督として活動。2007年からは桜美林大学で学生の指導にもあたる。

＊29
『翔んだカップル』（1980）
監督＝相米慎二　原作＝柳沢きみお　脚本＝丸山昇一　出演＝鶴見辰吾、薬師丸ひろ子、尾美としのり、石原真理子　製作＝キティ・フィルム

＊30
丸山昇一
1948年、宮崎県生まれ。脚本家。79年、テレビドラマ「探偵物語」で脚本家としてデビュー。その後、『処刑遊戯』（79）から主に映画界で活躍。松田優作出演作品などのハードボイルドから『翔んだカップル』（80）といった青春ものまで、多数の作品がある。

＊31
ニール・サイモン
1927年、アメリカ・ニューヨーク生まれ。劇作家、脚本家。軽妙洒脱なタッチとウィットに富んだ会話で喜劇を描き、演劇界や映画界に大きな影響を及ぼした。主な作品として『おかしな二人』（65）、『サンシャイン・ボーイズ』（72）などがある。

＊32　佐治敬三
1919年、大阪府生まれ。サントリー創業者の次男として生まれ、61年にサントリーの前身である「寿屋」の代表取締役社長となる。63年に社名変更した後は積極的に文化事業に取り組んだ。90年にサントリー代表取締役会長に就任。99年没。

＊33　メセナ
企業が主として資金を提供して、文化・芸術活動を支援すること。また、企業によるコンサートやスポーツイベントなどの事業主催なども含まれる。1990年代のバブル景気の頃は、派手なメセナが盛んに行われた。

＊34　ディレカン（ディレクターズ・カンパニー）
1982年、当時新進の映画監督9人が集まって作った映画製作会社。メンバーは、長谷川和彦、相米慎二、高橋伴明、根岸吉太郎、池田敏春、井筒和幸、大森一樹、黒沢清、石井聰亙。

＊35　三枝成彰
1942年、兵庫県生まれ。作曲家。前衛音楽から商業音楽まで幅広く手がける傍ら、テレビ司会者やコメンテーターとしても活躍。

＊36　『あ、春』（1998）
監督＝相米慎二　原作＝村上政彦　脚本＝中島丈博　出演＝佐藤浩市、斉藤由貴、富司純子　製作＝トラム、松竹、衛星劇場

＊37　薬師丸（ひろ子）
1964年、東京都生まれ。女優。1978年に『野性の証明』でデビュー、多数の映画やテレビドラマに出演。歌手としてもヒットを連発している。

＊38　『セーラー服と機関銃』（1981）
監督＝相米慎二　原作＝赤川次郎　脚本＝田中陽造　出演＝薬師丸ひろ子、渡瀬恒彦　製作＝角川春樹事務所、キティ・フィルム

＊39　『雪の断章　情熱』（1985）
監督＝相米慎二　原作＝佐々木丸美　脚本＝田中陽造　出演＝斉藤由貴、榎木孝明　製作＝東宝映画

＊40 浦山桐郎
1930年、兵庫県生まれ。映画監督。54年、日活に助監督として入社。主な作品として『キューポラのある街』（62）、『青春の門』（75）、『夢千代日記』（85）などがある。85年没。

＊41 今村さん（今村昌平）
1926年、東京都生まれ。映画監督。『楢山節考』と『うなぎ』で、日本人では初めてカンヌ国際映画祭で2度の最高賞（パルム・ドール）受賞という快挙を成し遂げた。06年没。

＊42 濱口竜介
1978年、神奈川県生まれ。映画監督。東京藝術大学大学院修了。2008年に監督作品『PASSION』が東京フィルメックスのコンペティション部門に選出される。16年、『ハッピーアワー』で芸術選奨新人賞を受賞。

＊43 『ハッピーアワー』（2015）
監督＝濱口竜介　脚本＝濱口竜介、野原位、高橋知由　出演＝田中幸恵、菊池葉月、三原麻衣子、川村りら　製作＝神戸ワークショップシネマプロジェクト

＊44 シネカノン
1989年設立の映画会社。製作・配給のほかにシネ・アミューズなどの劇場運営（興行）まで行う。

＊45 荒戸源次郎
1946年、長崎県生まれ。プロデューサー、映画監督。状況劇場や天像儀館といった劇団で活動していたが、80年の鈴木清順監督『ツィゴイネルワイゼン』製作からプロデューサーの道に進む。阪本順治監督の『どついたるねん』（89）などを手がけ、『赤目四十八瀧心中未遂』（03）などの作品で監督業にも意欲的に挑んだ。2016年没。

＊46 田中陽造
1939年、東京都生まれ。脚本家。日活入社後、鈴木清順監督を中心とした8名のメンバーからなる脚本チーム「具流八郎」に参加し、『殺しの烙印』（67）などを手がける。主な作品に『ツィゴイネルワイゼン』（80）、『セーラー服と機関銃』（81）、『ヴィヨンの妻〜桜桃とタンポポ〜』（09）など。

＊47 『夏の庭　The Friends』（1994）
監督＝相米慎二　原作＝湯本香樹実　脚本＝田中陽造　出演＝三國連太郎、坂田直樹、王泰貴、牧野憲一　製作＝讀賣テレビ放送

＊48 『かくも長き不在』（1960）
フランス映画　原題＝Une aussi longue absence　監督＝アンリ・コルピ　脚本＝マルグリット・デュラス、ジェラール・ジャルロ　出演＝アリダ・ヴァリ、ジョルジュ・ウィルソン　製作＝プロシネックス

＊49 三國さん（三國連太郎）
1923年、群馬県生まれ。俳優。27歳で松竹に演技研究生として入社。以降、多数の映画作品に出演。『釣りバカ日誌』シリーズ（88～2009）では愛嬌ある社長役を演じ、幅広い年齢層に支持を得た。13年没。

＊50 『お引越し』（1993）
監督＝相米慎二　原作＝ひこ・田中　脚本＝奥寺佐渡子、小比木聡　出演＝中井貴一、田畑智子、桜田淳子　製作＝讀賣テレビ放送

＊51 奥寺佐渡子
1966年、岩手県生まれ。脚本家。大学当時に執筆した脚本がディレクターズ・カンパニーの公募に合格。93年に『お引越し』で脚本家デビュー。主な作品に『学校の怪談』（95）、『八日目の蝉』（11）、『おおかみこどもの雨と雪』（12）など。

＊52 李相日
1974年、新潟県生まれ。映画監督。日本映画学校の卒業制作『青～chong～』（99）がPFF（ぴあフィルムフェスティバル）のグランプリを含む4つの賞を受賞。主な作品に『69 sixty nine』（04）、『フラガール』（06）、『怒り』（16）など。

＊53 『恋人たち』（2015）
監督・脚本＝橋口亮輔　出演＝篠原篤、成嶋瞳子、池田良　製作＝松竹ブロードキャスティング

＊54 移動映画
常設の映画館ではない、ホールや公民館といった場所に、スクリーンや映写機（プロジェクター）、音響設備などを持ち込み映画を上映すること。

04

インタビュー　その2

岡田　裕

岡田裕（おかだゆたか）　映画プロデューサー。アルゴ・ピクチャーズ代表。1938年、東京都生まれ。早稲田大学政経学部在学中に早大劇団自由舞台に参加。62年、大学卒業後、日活に助監督として入社。71年、日活がロマンポルノに路線変更したのを機にプロデューサーとなる。73年、一般映画『赤ちょうちん』（藤田敏八監督）をプロデュース。81年、独立してニュー・センチュリー・プロデューサーズ（NCP）を設立。84年に製作した『お葬式』（伊丹十三監督）で藤本賞受賞。89年、伊地智啓、佐々木史朗らとともにアルゴ・プロジェクトを設立。『櫻の園』（90年／中原俊監督）などの話題作を次々と発表したが、93年にアルゴ・ピクチャーズと改名し代表に就任。日本映像事業協会理事、協同組合日本映画製作者協会副理事長を務める。著書に「映画　創造のビジネス」（筑摩書房）がある。

【代表作】
『赤ちょうちん』（1974年　藤田敏八監督）
『遠雷』（1981年　根岸吉太郎監督）
『家族ゲーム』（1983年　森田芳光監督）
『ときめきに死す』（1984年　森田芳光監督）
『櫻の園』（1990年　中原俊監督）
『12人の優しい日本人』（1991年　中原俊監督）
『ベトナムの風に吹かれて』（2015年　大森一樹監督）

――まずはじめにプロデューサーになった経緯について聞かせて下さい。

岡田　日活の撮影所に助監督として入ったんです、今から54年くらい前かな。助監督として10年やってたんですよ。カチンコから始まって、フォース、サード、セカンド、チーフというふうに段々上がって行って。チーフになると次はいよいよ監督かなという話がちらほらと出たりしてね。ちょうどその頃1971年に日活が体制を変えてロマンポルノ（＊1）というので行くということになってね。僕がやっとチーフ助監督になってちょうど1、2年目ぐらいの時だな。それでそのロマンポルノをやるのに監督になるなら監督をやってもいいよと。もう一つはプロデューサー。今までのスター映画と違って予算もガクッと安くなるので既製のプロデューサーでは向かないので、新しくプロデューサーを作りたいということで本社の方から話がありましてね、31、2歳の頃だったかな。まあ僕の師匠は蔵原惟繕（＊2）という監督で、それから兄弟子では藤田敏八（＊3）とかね。それからシナリオの山田信夫（＊4）さんとかが仲間にいて、呑んでよく話してるんだけど「お前何言ってるんだ。10年助監督やって監督になれって言ってるのに、監督になればいいじゃないか。プロデューサーなんてとんでもない」って意見が多くてね。なんとなくそういうのに反発してというかな、みんながなれって言うならならないよみたいなね。そういう気分もあったのと。もう一つちょうどその頃ね、アメリカン・ニューシネマ（＊5）っていうのが流行り始めてて『俺たちに明日はない』（＊6）とか『真夜中のカーボーイ』（＊7）とか、そういう作品ではプロデューサーをやって次の作品ではシナリオ書いて次では監督をやって、あるいは役者もやってというふうにプロデューサー、監督、脚本、俳優というのがわりとクロスオーバーして作ってたんですよ。それがなかなか面白くてね。日本でもまあプロデューサーって言ったって将来監督になるかもしれないし、シナリオ書くかもしれないし、役者やるかもしれないし、そういうシステムに映画は変わっていくんじゃないかっていうのもあってね。それで助監督に見切りをつけてプロデューサーになろうと、こういうふうに決めたんだけどね。ちょうど本社に今もプロデューサーをやってる黒澤満（＊8）という人がいてね、要するに我々のボス、プロデューサー側のボスになるんだけど。企画関係のね。その黒澤さんが「ぜひ、やるならやってくれよ」という話もあって。その人が大変魅力的だったので、そういうのもあってプロデューサーに転じたっていうかな。ロマンポルノに関しては監督もスタッフも全員その前の10年間一緒にやってきた仲間たちだし、ある意味ではやりやすいというか勝手気ままにやっていたというかな。

——日活でロマンポルノのプロデューサーとしてどんなことをされて来たんですか。

岡田　助監督の頃は撮影所の中で石原裕次郎（＊9）さんの映画とか吉永小百合（＊10）さんの映画とかがものすごい勢いで回転してるわけね。1本終わると次、1本終わると次って年間7、8本は助監督についてほとんど寝ない作業の中でやっていく。10年間そういうことで叩き込まれて体の中に映画作りの基礎がもう身に入っていて、そこからのプロデューサー転向なんで、現場に関しては一番良く知っているという。そういうプロデューサーだったかな、スタートは。それからプロデューサー業の初歩の予算を組む、ホンを作るという基本的なことは最初の10年で徹底的に身につけた。日活ロマンポルノの良き時代には黒澤満さんを中心にキャスティングから何から何まで全てをまとめていく部署があって、そこが1週間にいっぺん全プロデューサーを集めて、外部をシャットアウトして半日会議をやるんだけども。「次の宮下順子（＊11）の作品は」とか「次の田中登（＊12）はどうする」とかね、そういうことをワーッとこう話し合って、それを黒澤さんという人がまとめていく。独特の企画プロデュースチームができていて、それが非常に強かった。

――プロデューサーの仕事というのはホン作りも最初から関わるのですか。

岡田　ロマンポルノの場合はオリジナルがわりと多くてね。白川和子（＊13）の次の作品はタイトルはこれで、監督はこうしようああしようと話し合う。そこからホンを作り始める。プログラムピクチャーというやつでずっと作り続けるわけだから、白川和子ものはこういうシリーズとか、それから片桐夕子（＊14）はこういう女高生ものとかシリーズを作っていってそれを変化させていくっていうかな。そのシリーズが段々続かなくなると、次に片桐はどういうものに変えた方がいいかと話し合う。だからある意味では俳優部とも近いような形で企画の原点を探りあって、そこからその原点に沿ってシナリオを作り始める。ライターさんたちも大体いつもいるメンバーというかね。中島丈博（＊15）さんなんかもずっと参加していたけど、桂千穂（＊16）さんとかね。そういう人たちで大体こちらの意図がわかっててホンを作っていくみたいな。それは今の各独立プロが一本一本ね、時には2年間とか3年間かけて1本作っていくっていうのとはちょっとシステムが違う。

――思い出深い企画っていうと何がありますか。

岡田　会社から正月に人が入る一般映画をなんか作れ、企画を出せって言われてね。それで、早く亡くなっちゃったんだけど、当時同期に入った大和屋竺（＊17）が友達にいて、彼がアフガニスタンというところを旅行しててね、アフガニスタンの脇の道路をズーッと車で走るんだけど、山がこうあって、その山のてっぺんから毎日すこーしずつ色が変わってくるんだよ。なんで変わるかっていうとね、蝶の群れがずっとこっちから山越えをして向こうへ渡る。それが途中で死んでいく。死んだ蝶で山の色が変わっていく。凄いロマンなんだよというのを聞いて、「それだそれだ」って。当時ヒッピーっていう若者が無銭《むせん》で旅をするのが流行ってたの。夏場にヨーロッパに行って冬になるとインドに下りてくるんだけど。アジアンハイウェイという道があって、バスを乗り継いだりしながらね、アフガニスタンを通っていく、そういうヒッピーの旅の映画をどうでしょうかって会社に企画を提出して、それで「じゃあやってみろ」って言うんでね。ホンダとタイアップしてバイクを借りてね。それから整備士の人と、撮影していない時はバイクを積んで移動する車も含めてホンダが貸してくれて、フランスのパリからインドのベナレスというところまでアメリカのヒッピーと日本のヒッピーがバイクで旅をするという映画を作った。『陽は沈み陽は昇る』（＊18）っていう。各国に交渉して段取りを全部つけて、で、ロケバスを連ねてずっとパリからインドまで走ったんだけど、それはね、しんどい旅だった。トルコ、イラン、アフガニスタン、パキスタン、インドってずっと通過して行くんだけど各国で全部政治状況も違うし、お金も違うわけだからその国の中で使いきってこないと、残したってそんなの使いものにならない。スタッフ24、5人だったかな、連中を連れて役者も連れてお金をずっと計算しながら渡って行くっていう、後ろには戻れないという旅はほんとに大変だった。残念ながらほとんど誰にも知られないまま終わってしまったんだけど。それは配給が東宝。ロマンポルノでないので日活が配給するわけにいかないから、東宝が「よし、その企画乗りましょう」っていって封切ったのが日比谷のスカラ座だからね。スカラ座ってばかでかい映画館で、それで入るかなと思ったら見るも無残にコケて。映画っていうのは当たり外れがあるという恐ろしいことを身をもって知ったけども、その映画もまあ非常に印象に残ってるね。

――ニュー・センチュリー・プロデューサーズはどういう経緯で立ち上げられたのかということと、どういう集団だったのかということを聞かせて下さい。

岡田　日活は経営が悪くなってくると、撮影所っていうのは非常に非合理的な金食い虫であるから、そうじゃない管理部門をやっていった方が効率がいいっていうので、撮影所システムっていうのは段々崩壊してくんだけどね。それは会社の収支としてはそういう不合理部門や不採算部門を外に出した方がいいには違いないんだけど。ニュー・センチュリー・プロデューサーズっていうのは、71年から日活ロマンポルノが始まって80年の初め頃にややマンネリ化して、経営が少し傾き始めてという中で、当時の根本さんていう社長（＊19）が「プロデューサーは野に置くべきだ」と、つまり「会社員として働いている職業ではないんだ。独立しろ。その代わり援助はするしロマンポルノの作品を優先的に作らせるから」と、まあ別の考え方をすれば首切りではあるんだけど。「じゃあ独立しますわ」と言って、当時一緒にやってた6人のプロデューサー（＊20）と独立して、赤坂に事務所をちっちゃく作ったの。日活がロマンポルノの仕事をわりとくれたし、それ以外に自分たちで営業してテレビ局が作り始めた映画や角川の映画なんかを下請けして、創作集団としてずっとやってきた。80年代の終わり頃に僕が角川の『天と地と』（＊21）っていう映画に出向してたんだけども、その辺から今度はニュー・センチュリーみたいなプロダクションがね、佐々木史朗さんのとこのオフィス・シロウズだとか、伊地智啓さんのキティ・フィルムとか、増田久雄さんのプルミエ・インターナショナルとか、それからディレカンとか、そういう6つの独立プロが集まって、年間1本ずつでも2本ずつでも作って、それを自分たちのマーケットでやっていくということを独立プロのプロデューサー同士で話しあったの。で、そういうことをちょっとマスコミなんかに言ってたらサントリーという会社がそれに乗らしてくれと。まあその思いや良しだからその6人プラスサントリーでアルゴ・プロジェクトっていうのを立ち上げて、これで年間何本かをそれぞれみんなで出していって、自分たちで新宿にシネマアルゴ新宿と梅田にシネマアルゴ梅田っていう劇場を作って、そこだけで公開していくみたいな方法をやったのね。で、まあ我々お互いプロでずっと映画界で作ってるわけで、そこから名前がなくて売れてないけれどもすごくいい新人監督だとかを育てながら、自分たちの独自のシステムでやっていこうというのがアルゴ・プロジェクトのやり方。ところがまあそれがスッとうまくいくならこんなうまい話はないんだけど、映画というのは配給と興行というものがあって、当時ね、産地直売という話があって、要するに産地って製作だよな、作った人がそのまま売ると産地直売でやるということに対してやっぱり猛烈に反発はあった。配給会社が「配給ってのはそんなもんじゃない。それでやれるならやってごらんなさい」と。製作が産地直売してお客さんへつなげるというのは案の定やれなかったけどね。配給というのが強くなって映画を抑えると新しい発見とかが無くなって創作性に関する弱さがある。だからそこらへんがこれからの問題。アルゴ・プロジェクトっていうのはそれを覆《くつがえ》そうと思って僅《わず》かに抵抗してみたけど2、3年でぽしゃっちゃったということだな。その中からじゃあアルゴもひとつの製作会社にまた戻ってということで、ニュー・センチュリーと合併させて今のアルゴ・ピクチャーズになってるというわけです。

――オリジナル映画の難しさってなんですか？

岡田　やっぱり映画はオリジナルの方がいいと勿論思う。まあ今は小説なり漫画を素材にすることが多いけれども、映画として作るには表現方法が違うわけだから。映画っていうのは活字で書いたものとは違う表現でね、お客さんを喜ばせるものだから。ストーリーだけを伝えるものではないんでね。そういう意味ではやっぱりオリジナルの方が映画的な面白さというのはいろいろ作れると思うんだけど。コケる可能性もあるわけで、不安定ではあるよね。今なんか映画はお金のことを中心にどうしても作られるから、映画館も配給会社も安定したのを望むわけでね。そうするとやっぱりオリジナルというのは当たるかどうかはわからないと思う。その代わり大化けするのもオリジナルだけど。そういう意味で言ったら僕が伊丹十三（＊22）さんとやった『お葬式』（＊23）って映画なんかは勿論オリジナルだけど大化けしたんだね。製作費1億弱で作って興行だけで30億は超していると思う。それからさっき言ったようなアフガニスタンの山を夢見てね、死ぬほど苦労して何十人でパリからインドまで陸路を走って撮ってきて、それでもう大コケにコケるというね、こういうこともあるし。そういう意味でいうと、原作もの、漫画原作みたいなものが映画ビジネスの中心になってきているけどね。やっぱり何百万部売れて、この俳優でこういうの作ったらこのくらい入って、そういうデータがあるわけだよね。それにもとづいて映画の枠ができてくるわけで。そういう意味ではまあ厳しい状況ではあるよね。そういうものからなんとかして抜け出したいんだけど。映画の企画ってやっぱり本当はもっと独創的でね、違った分野から色々出てきて、可能性をいっぱい持ってる。失敗するのもあるけど成功例が一つでも二つでもあるとそれが質を変えていくんだけど。

――オリジナル企画を考える上でプロデューサーに求められるものは何ですか。

岡田　オリジナルの企画っていうのはやっぱりプロが考えるべきこと。プロとしてこれはこういうふうに作ったら面白いと思う、こう作ったら当たるであろうということにのっとったオリジナルでないとね。思いつきだけあったって、これはまあごまんとあるんであって。映画界に切り込んでいく新しい視線みたいなね、それが非常に必要なんだけど。だけどこれはお金集めのことを考えたら難しい。わからないものに何千万、何億って出すのがこわいから、今は製作委員会方式でリスクヘッジをするわけだな。リスクが10あるとしたらそれを1ずつみんなへッジしていく、「うちはじゃあ10分の1だけ乗ります」「うちも」。当たると思ったら10乗ればいいんだけどさ、そうではないんだな。ある程度の安全性を狙うわけだよね。だからそういう作り方が中心になっている。それはプロデューサーにとっては厳しいというかな、辛いことではあるけれど。もっとプロデューサーシステムっていうかな、映画のことをわかっていて、作品の中身と商売と宣伝とかを含めたものを組み合わせる力。それから作品の中身を掴み込んで、現場を熟知して、シナリオが読めて、というふうなプロのプロデューサーというのが非常に少なくなってる。

——現在の映画界における問題とこれからの映画界の展望についてお聞きしたいんですけれども。

岡田　結局さっきからの話にもつながるんだけど、現在の映画は極端に分かれ過ぎている。大衆向けにテレビ局を中心にアイドルが出て漫画原作で300館、400館でやる。それと今度はもっとちっちゃい方。映画っていうのはお客さんがお金を払って観に来て楽しむものであるんだけども、極端に作家性が強いというか、作れればいいんだと。客は自分の方に向くはずだというね。最近デジタル化によって機材費や人件費を抑えて非常に少ない金でも作れる。「俺がやりたいから作るんだ」、それはそれでもいいけれども、それをこの商業ベースで映画というふうに考えるのはどうなんだろうか。もうほんとに1000万クラスの映画もあり、片や製作費が10億とかそういう映画もあるわけで、この差たるやもう100倍ぐらい差があって。この両極端さっていうのか、ちょっと開き過ぎているのはあまり良くないんじゃないの。その中くらいのところの映画が少ない。今まあ50代、60代の年齢層の人たちは、漫画原作で腕の先が特殊能力があってというものになじめない。だからなんとなく映画に行かなくなっていく。ただ映画で育っているから映画を観たいなと思っている。そういう層に対して、ビジネススキームみたいなのを作らないといけないんじゃないかなと思うんだけども。今のビジネススキームは両極端。シネコンの全国一斉３００館４００館のもの、それから10館くらいの単館のものとに開いていてその中間を支えるようなものがシステム上非常に出られなくなってるというかな。人も育てるしオリジナリティもあるみたいなそういう作る場ね。それを今度は配給興行での受け入れる場、その両極から少し広げていかないとほんとに映画っていうのはフレキシブルな多様性であってね、こういう映画でなきゃイカンということではない。いろんな多様性があっていいんで。ただ商売というと多様性というよりか、儲かる所へ全部流れていっちゃう。だからその流れ切っちゃった反動で多様性の片方は極端に小さくなっていく。それじゃなくて中くらいのね、お客もいれば作り手もいる、50代、60代の年齢層をもう一回ちゃんと組み込んだ映画界にしないといけないと思う。それとテレビとかコマーシャルとかそういう世界から俺だって映画は作るさと言ってくるのは勿論良い部分はあるんだけど、ただ彼らに知ってもらいたいのは映画の奥行きみたいなもので、想像性の奥行きみたいなものでね。映画的表現というのはもう絶対違うものなんだと。製作委員会でいろんなところが入ってくると要するにコンテンツみたいなこと言うんだけど、コンテンツというのは情報さ。ものを伝えることなの。まあテレビというのは基本的に知らないことを伝える要素だね。それに対して映画っていうのはコンテンツプラスワン。そのプラスワンっていうのは何かっていうと、それは観客というものが映画を観て想像力をかきたてるということ。観客が、「あ、あの人とうちの誰かと似てる」とか「おじさんとそっくりだ」とかね言いながらスクリーンを観ながらひとつの交流をするんですよ。観客はそこで映画に自分の想像力を足して観るわけだ。その作業をやっているのが映画なんであって、それがプラスワン。テレビドラマとは違うという方法論をクリエイターとして監督なりシナリオライターなり俳優なりプロデューサーなりがそういうものを発見しながら大事にしながら作っていかないと、レベルが少しずつ下がっている。俺の作品は皆さんに劇場で観てもらうんだよ、で、ある場面でね、髪の毛が少し風になびいているみたいなことにどれだけの集中力をもってスタッフがやるか。その髪のなびきが、観ている客の何かを刺激してウッとくるっていうようなね、そういうものが映画。そのディテールを丁寧に作ることで観客にエモーショナルな感情を沸き立たせる。それはもうプロのテクニックなんであって、作り手がみんなでそれをやんなくちゃいけない。それが暗闇のスクリーンで観てもらうためのテクニックなの。それがその後DVDで4、5人で観ながら「えーあれ」とか言ってもそれでもいいと思う。でもやっぱり質の高い映画ってそうやって作り手が意識してやっていかなきゃいけない。今むしろ作り手がいかに自分たちが凄いことをやってる役割をしてるんだよっていうことの自覚が落ちてると思うね。映画ってものは独自の創作方法があるんだ、観客の感情を別の形でこう持っていくものなんだ、という。そのためにはどうしたらいいか、それは文学で書いた字ではない、それから単なる音楽の音だけでもない、映画的な表現というのがある。それをもっと守るというかな、もっともっと突き詰めなきゃなというのがあると思うけどね。

——映画製作を志している学生が今するべきことってなんですか?

岡田　確実に言えるのは映画を観ることね。もうできるだけ沢山観ること。それから本を読むこと。雑学でいいから固まらないで。つまりこのタイプの映画が好きだとかこのタイプのイデオロギーが好きだとかいうのではなくて、もう幅広く観る、読む。それから人を観察する。電車の中でもなんでもね。映画っていうのは本当にね多様性の産物なんだよね。その多様性をじーっと見つめることが一番だと思うな。映画は本当に洋画も邦画もインド映画も何もかも、できるだけ沢山観れば観るほど、ああ映画ってこういうことかっていうのがね、何となく体に入ってくる。それがなんか変に観念的になっちゃうと良くないと思うし。とにかく学生さんは幅広くものを見る、それがインテリジェンスってものだからね。幅を持って見るのが必要だと思うけどね。

2015年12月14日 赤坂・アルゴ・ピクチャーズにて

聞き手　木戸大地　後閑広

岡田裕　註

＊1
ロマンポルノ（日活ロマンポルノ）
伊地智啓註4を参照。

＊2
蔵原惟繕
1927年、旧英領ボルネオ・サラワク王国生まれ。映画監督。57年『俺は待ってるぜ』で監督デビュー。主な作品に『銀座の恋の物語』（62）、『南極物語』（83）、『海へ～See you～』（88）など。2002年没。

＊3
藤田敏八
1932年、北朝鮮・平壌市生まれ。映画監督、俳優。主な作品に『八月の濡れた砂』（71）、『赤ちょうちん』（74）、『リボルバー』（88）など。97年没。

＊4
山田信夫
1932年、中国・上海市生まれ。脚本家。主な作品に『暗殺』（64）、『華麗なる一族』（74）、『不毛地帯』（76）など。98年没。

＊5
アメリカン・ニューシネマ
1960年代後半から70年代にかけてアメリカで製作された、反体制的な若者の心情を綴った映画作品群を指す日本での名称。ニューヨークを中心としたムーヴメントである。

＊6
『俺たちに明日はない』（1967）
アメリカ映画　原題＝Bonnie and Clyde　監督＝アーサー・ペン　脚本＝デイヴィッド・ニューマン、ロバート・ベントン　出演＝ウォーレン・ベイティ、フェイ・ダナウェイ　製作＝ワーナー・ブラザース・セブン・アーツ

＊7
『真夜中のカーボーイ』（1969）
アメリカ映画　原題＝Midnight Cowboy　監督＝ジョン・シュレシンジャー　脚本＝ウォルド・ソルト　出演＝スティン・ホフマン、ジョン・ヴォイト　製作＝J・ヘルマン／J・シュレシンジャー・プロ

＊8
黒澤満
伊地智啓註10を参照。

＊9　石原裕次郎
伊地智啓註2を参照。

＊10　吉永小百合
1945年、東京都生まれ。女優。小学5年生の時に子役として芸能界デビューをし、60年に日活に入社。主な作品に『キューポラのある街』（62）、『夢千代日記』（85）、『ふしぎな岬の物語』（14）など。

＊11　宮下順子
1949年、東京都生まれ。女優。ピンク映画でデビューし、日活ロマンポルノで活躍する。主な作品に『実録阿部定』（75）、『赫い髪の女』（79）、『怪異談 生きてゐる小平次』（82）など。

＊12　田中登
1937年、長野県生まれ。映画監督。神代辰巳と並び日活ロマンポルノのエース監督として活躍。主な作品に『㊙色情めす市場』（74）、『実録阿部定』（75）、『人妻集団暴行致死事件』（78）など。

＊13　白川和子
1947年、長崎県生まれ。女優。200本以上のピンク映画に出演後、71年、日活ロマンポルノ第一弾『団地妻昼下がりの情事』に出演。主な作品に『一条さゆり濡れた欲情』（72）、『実録白川和子裸の履歴書』（73）、『ペコロスの母に会いに行く』（13）など。

＊14　片桐夕子
1952年、東京都生まれ。女優。70年に日活に入社し、ロマンポルノの女優として活躍する。主な作品に『女高生レポート夕子の白い胸』（71）、『濡れた欲情特出し21人』（74）、『女はバス停で服を着替えた』（02）など。

＊15　中島丈博
1935年、高知県生まれ。脚本家。映画の他に大河ドラマや昼ドラの脚本も数多く手掛ける。主な作品に『祭りの準備』（75）、『郷愁』（88）、『あ、春』（98）など。

＊16　桂千穂
1929年、岐阜県生まれ。脚本家。日活ロマンポルノ、東映アクション映画、その他様々なジャンルの脚本を手掛ける。主な作品に『HOUSEハウス』（77）、『ふたり』（91）、『あした』（95）など。

＊17
大和屋竺
1937年、北海道生まれ。映画監督、脚本家。大学卒業後に日活を経て、若松プロダクションへ。主な作品に『荒野のダッチワイフ』（67）、『毛の生えた拳銃』（68）、『カポネ大いに泣く』（85）など。93年没。

＊18
『陽は沈み陽は昇る』（1973）
監督・脚本＝蔵原惟繕　脚本＝山田信夫　出演＝ローズマリー・デクスター、大林丈史、グレン・H・ネーバー　製作＝日活

＊19
根本さんていう社長（根本悌二）
1932年、東京都生まれ。56年、助監督として日活に入社。71年に労組委員長在任中に低迷していた会社でロマンポルノの製作に踏み切り、経営を立て直す。79年に代表取締役社長に就任。2000年没。

＊20
6人のプロデューサー
伊地智啓（キティ・フィルム）、岡田裕（ニュー・センチュリー・プロデューサーズ）、佐々木史朗（シネマハウト）、増田久雄（プルミエ・インターナショナル）、山田耕大（メリエス）、宮坂進（ディレクターズ・カンパニー）。

＊21
『天と地と』（1990）
監督・脚本＝角川春樹　原作＝海音寺潮五郎　脚本＝鎌田敏夫、吉原勲、丸山昇一　出演＝榎木孝明、津川雅彦、浅野温子、財前直美　製作＝角川春樹事務所

＊22
伊丹十三
1933年、京都府生まれ。映画監督、俳優。『家族ゲーム』（83）、『細雪』（83）の存在感ある演技で映画賞を受賞し、84年に『お葬式』で監督デビュー。主な作品に『マルサの女』（87）、『ミンボーの女』（92）、『マルタイの女』（97）など。97年没。

＊23
『お葬式』（1984）
監督・脚本＝伊丹十三　出演＝山崎努、宮本信子、菅井きん　製作＝NCP、伊丹プロダクション

05

インタビュー　その3

佐々木史朗

佐々木史朗（ささきしろう）　映画プロデューサー。オフィス・シロウズ代表。1939年、中国・大連市生まれ。59年、早稲田大学を中退し、64年よりTBSテレビ演出部勤務。66年には鈴木忠志、別役実などと劇団早稲田小劇場設立。70年、テレビ番組の制作会社・東京ビデオセンターを設立し代表に就任。77年、会社設立7周年記念として製作した『星空のマリオネット』（橋浦方人監督）で映画を初プロデュース。79年にATG（日本アート・シアター・ギルド）の代表となり、当時は新人だった大森一樹、森田芳光、井筒和幸らなどの若手監督を積極的に起用して話題作やヒット作を生み出す。89年、伊地智啓、岡田裕らとともにアルゴ・プロジェクトを設立。93年、オフィス・シロウズを設立。2004年には第27回日本アカデミー賞協会特別賞受賞。日本映画大学を設立、理事長を務めるなど後進の育成に力を注ぐ。

【代表作】
『ヒポクラテスたち』（1980年　大森一樹監督）
『遠雷』（1981年　根岸吉太郎監督）
『ガキ帝国』（1981年　井筒和幸監督）
『転校生』（1982年　大林宣彦監督）
『家族ゲーム』（1983年　森田芳光監督）
『ナビィの恋』（1999年 中江裕司監督）
『岸辺の旅』（2015年　黒沢清監督）

――プロデューサーになった経緯についてお聞かせ下さい。

佐々木　長い話だよ。大学を1年半で追い出されてバイトで食いつないでいた頃に、友人から学生劇団の大道具手伝ってと頼まれて、パネル作ったりしてるうちに隣の部室の劇団、自由舞台（＊1）のOBから新しい劇団に誘われて10人ほどで早稲田小劇場（＊2）というのを作ったの。お金持ち寄ってたまり場にしてた喫茶店に軽量鉄骨の2階を造って劇場にしてね。戯曲を書くのは別役実（＊3）で演出は鈴木忠志（＊4）、私の役割は雑務一切、パンフの広告取り、当日の受付、人数が足りない時は端役で出るとか。食えないからバイトを探して、それがTBSというテレビ局だったというだけ。結構成り行きなんだよな。いい加減なんだよ。はっきりプロデューサーを志してやろうとしてたわけではないんだ。俺自身、映像を作るというのをやり始めたのはTBS。じゃあそれ以前はというと良質な観客だったんだよね。映画はそんなにマニアックに観てたんじゃないけどそこそこの数観てたし、わりといいものを観てた。良いお客さんだったろうなあと自分でも思ってる。25歳の時に映像を作るってことを始めるんだけどね。今はテレビ局もプロデューサーとディレクターに分かれて存在してるけど昔はそれがはっきり分かれてなかったんだな。ディレクターに2人か3人アシスタントが付いててプロデューサーの仕事と演出をちゃんと両方アシストするってことになってたんだね。だから俺自身もそこから始めてるんだね。ただ問題は誰に付くかなんでね。普通はローテーションみたいなのがあって「次に君はこれに付きなさい」ってことでぐるぐるシフトされながら回っていくんだけど、わがままもきいてね、「俺はこの番組だけでいい」と言える余地もあったんだね。その代わりお金はうんと少なくなっちゃう、一本3000円だからね。俺はたまただけど、まだ今もTBSにいると思うんだが鴨下信一（＊5）ってディレクターに付くわけだな。ある番組で実相寺昭雄（＊6）がファーストアシスタントつまりチーフで、俺がセカンドだった。悲しいことにチーフとセカンドだけでサードはいないってそういう状態で。鴨下信一自身がドラマをやる時もあるし音楽ものをやる時もあるので、だから俺も音楽番組やったりドラマやったりしながらTBSで5年間アルバイトを続けるわけだね。30歳になった時にさすがにちゃんとしなくちゃと思って辞めるわけだけど。テレビってのは特にスタジオドラマっていうのはスタジオがあって、ディレクターはサブっていう別の場所にいるわけ。だからADはスタジオにいて演出的なもの、つまり俳優さんの動かし方とかを覚えるわけ。だけど同時にデスクに戻ったら予算の組み立てとかをやらされるわけだね。そうすると制作費との兼ね合いとか外部との交渉事とかそういうプロデューサー的なこともやらされる。ごちゃごちゃな仕事を5年間続けるわけだね。それが最初だった。後から考えるとプロデューサーとしての初歩的な勉強とかキャリアがそこで自然と身に付いていったかなと思うのね。だけど俺自身はプロデューサーになろうとその時思ったわけじゃないし、じゃあテレビのディレクターになるという強い決心もないし、かなり曖昧《あいまい》に5年間を過ごした。

——TBSを辞めた後はどうしてたんですか。

佐々木　ちょうどテレビ局が制作部門をちょっとずつ外注化し始めた。外のプロダクションに委託するっていうこと。まあ先頭切ってやってたのはテレビマンユニオンて会社だったんだけどね。ちょうど俺よりも4つか5つぐらい年上の世代の連中が、今野勉（＊7）とか村木良彦（＊8）とかがTBSをわっと辞めてそこに結集したっていう。それを羨ましいと思ったんだね。ああいうことできるといいよなって。それで俺も5年間TBSにいてその後1年半か2年ぐらいはフリーで仕事してるんだ。フリーの時に何やってたかっていうと放送作家なんだよ。ドリフターズの「8時だヨ！全員集合」（＊9）っていうバラエティショーの構成をやったりしてたのね。だけどもそのうちにテレビマンユニオンみたいなのもいいなと思って友達誘って3人ほどでテレビ番組を制作する東京ビデオセンターというプロダクションを作ったのよ。そのプロダクションは今でもあるけどね。まあ3人から始まったんだけどちょうどテレビ局が番組の外注化ってことを始めたのでダーッと仕事が増えて、同時にスタッフも増えて、気がついてみたら40～50人になっていて、俺の仕事は社長業になってたわけだね。変だなっていう。社長やりたくてこういうこと始めたわけじゃないんだがなっていうのがあってね。そのプロダクションは今は150人（2016年1月現在は133人）ぐらいいるんだよ。俺が社長じゃなくて良かったなって思ってるんだけど。で、なんか変だなと思いながらやってて7年目にね、何か記念になることひとつやろうって言って、パーティか、記念品作って配るかってのがあったんだけど、映画を作ってみようかということになった。もともと映画は好きだしよく観てるしね。そこで初めて映画を作るんだね。俺が37歳ぐらいだと思う。会社にはPR映画とか記録映画を作るセクションがあって、そこにいた橋浦方人（＊10）という監督を起用して劇映画（＊11）を1本作ったわけだ。で、作ったけれどもじゃあ配給どうするんだという、ああそうか映画には配給というものが必要なんだということに気がつくんだね。それで当時は配給会社がほとんどないからね、メジャー以外ではATG（＊12）って会社しかなかった。だからそのATGに配給してくれませんかって持ち込んだのさ。で、配給してもらったんだね。それが縁でATGの社長を俺が引き受けることになるわけさ。

――社長を引き受けたんですか。

佐々木　ATGの生みの親だった川喜多長政（＊13）さんと森岩雄（＊14）さんにお礼を言いに行った時に、君、ATGの作品のプロデュースをやってみませんかって言われて、やりたいやりたいって言ったんだ。やるんだったらどういう作品やりたいですかとか言うから。ATGはそれまでわりと松竹とか東宝なんかの退社したベテランの監督たち、それこそ大島渚（＊15）とか岡本喜八（＊16）とかそういう人たちの作品が多かったから。俺は当時から観始めていた自主映画みたいなのの中で面白いと思った人間が何人かいると、彼らの作品を作りたいと、そういうものをプロデュースしたいって言ったら、やってみますかって言うから、それはもう是非やりたいですよ、と。ただ条件が一個ある。なんですかねって言ったら、ATGでプロデューサーをやるってことは社長をやる、それを引き受けてくれないと困る。社長じゃないとこの映画を作る作らないは決裁できないでしょって言われて。社長をやりたいわけじゃないいんだけどなと思いながら、まあ7、8人の小さい会社だからいいかと思ってATGの社長を引き受けるわけだね。それでまあ以前から面白いと思っていた自主映画の作り手に声を掛けて何か作品作らないっていうふうに始めたわけ。それはちょうどATGという会社のいわば第3期と考えていいのかな。第1期は洋画ばかりやってたわけだね、ベルイマン（＊17）やゴダール（＊18）とか、日本では観られない洋画ばっかりやってた。第2期はわりと大手の撮影所からスピンオフした人たちが作るっていう、今村昌平（＊19）とか大島渚とか篠田正浩（＊20）とか吉田喜重（＊21）とかね、そういうのが第2期だとすると俺がやり始めたのは第3期になるんだな。まあ森田芳光（＊22）とか大森一樹（＊23）とかああいう連中だね。そういうものをATGで連続して作るようになるわけだね。40歳ぐらいになってからかな、俺はどうもプロデューサーに向いてるのかなというふうに思い始めたのだね。それまでは何やってるんだかよく分からない、その場その場で行き当たりばったりに自分が面白そうな方向のものをやってきた。これがいいのかなとか、こんな仕事ならやれるかな、みたいなことを探していたのかな。回り道してプロデューサーに行き着くってそんな感じだろうね。

——40歳ぐらいになってプロデューサーになったのには、何かきっかけになる仕事とかあったんですか。

佐々木　例えば自主映画の上映会とかを観に行って面白いなと思うものがあったりするわけだね。そういうのを観ると作った人間と後で話をするようになるわけ。で、ああだこうだって言ってるとこういうの作りたいんですよねって話になって。大抵それは監督だったりするんだけど話をしてると面白いんだね。で、こういうやつにスポットライトを浴びせてやらないといけないんじゃないかというふうに。今こいつらは無名だけど、それをやらなくちゃいけないんじゃないかっていうような裏方根性が目覚めるわけだ。そういう人間を仕立ててさ、下から支える仕事がどうも向いてるみたいだなと。その人間が俺と仕事をやってその作品で認められたりするとプロ野球の二軍の監督みたいにさ、「なっ。凄かったろこいつ」っていうふうに。そこがとっても嬉しいっていうかな、ちょっとしたもんだったろこいつらっていうね。それともうひとつはね、何かって言うとね、これはTBSにいた頃からそうなんだけど、例えば夏場に1か月千葉に海の家を借りてそこにみんなで行こうというような遊び事があると幹事役が多いのよ。下見に行くとか家主さんと料金交渉するとか、みんなの使いたい日程を組むとか、面倒だなこんなことと思いながらやってる。何かあるとすぐ幹事が回ってくる。宴会やると幹事とかね。俺酒飲まないからちょうどいいやって、あいつ飲まないしみんなからちゃんとお金集めるし。なんでこんな面倒なこと俺やるんだろと思ってたけど考えてみたらプロデューサーって映画の幹事だもんな。俺は好きじゃないんだけど周りのみんなから見ると佐々木は幹事に向いてるよっていうふうに見られてるんだろうなと。だから今でもよく学生なんかに言うけど個性なんて自分で発揮するもんじゃないぞって、周りが決めてくれるよっていう。それが個性だよっていうふうに言うんだけどね。まあ俺はまとめ役に向いてるって周りに思われてるようだね。そんな感じだよ。

――ATGで新しい監督を発掘した時って、具体的にどういう感じで企画が始まるんですか。

佐々木　監督に仕事をして欲しいと思うんだけど、その監督を見つけるためには映画を観ないとしょうがないから。ひとつは自主映画というフィールドかな。もうひとつはピンク映画だな。だからピンク映画の中で面白いと思ったのは高橋伴明（＊24）と井筒和幸（＊25）、あと仕事はやることがなかったけど滝田洋二郎（＊26）かな。それからあとは唯一撮影所として機能していたのは日活だから日活の助監督ね。監督じゃなくて。その中で面白いやついないかなって。そこで見つけたのが根岸吉太郎（＊27）とか死んじゃったけど池田敏春（＊28）とか。それからあとになって中原俊（＊29）とかそういう連中だね。大体三つぐらいのフィールドの人間たちの作品を観る。で、ちょっと飯でも食わないって言って個人的に交流を始めるっていうことが最初だろうな。だから根岸なんかも最初は助監督だからね。日活の周辺の人間に聞いたら、誰か面白い助監督いないかねって言ったら、一人すげえ生意気なのがいる。そいつに会わせてよ。そこから始まってんだけどね。あいつすぐ顎《あご》を左30度ぐらいにあげるんだよ。こうやってさ。生意気そうなんだよ見るからに。で、彼はまだ社員助監督だからね、デビューは日活からでないと気持ちが落ち着かないかいって聞くと、いや別にATGでもとか、曖昧な言い方をするんだね。そういうことを繰り返すんだな。繰り返す間に段々そいつのことが見えてくるし、そいつがどういうことをやりたがってるのかと。こっちから言うと、こういうことをこいつがやったら面白いんじゃないかと思うようなことがあったり、そういうことが段々見えてくるっていうかな。そんな感じだな。

――監督の個性を見つけていくような。

佐々木　そうね。あの、今監督がやっててこういうものが得意だって延長線上では考えたくないんだよね。この監督はこういうもの作っちゃってる、それはそれで評価はある。だけどこの監督の将来の展開上にどういうものがあればいいんだろうっていうふうに考えるんだね。だから森田芳光なんかの場合で言うと森田がホームドラマ撮るとどうなるかなと。彼の自主映画『ライブイン茅ヶ崎』（＊30）からずっと観てるんだけど、その後やったのが『の・ようなもの』（＊31）で、その後日活でロマンポルノ2本（＊32）やってるんだけど、だから『家族ゲーム』（＊33）のようなホームドラマに行きづらいっちゃ行きづらいんだよ。だけどこういう人間がホームドラマを撮ったらどうなるんだろうなっていうふうに思っちゃう。面白い材料あったらホームドラマはぜひやってみたいですよとか言うから、それじゃあ原作を探すっていう。そんな感じ。

――実際、監督の次の作品を考えた時に、企画のネタ自体は佐々木さんの方から結構提供したりしたんですか。

佐々木　いや、両方だね。監督がこういうことはどうなんですかね映画になるんですかねって持ち込んでくる場合もあるし、まあ時には脚本家が言ってくる場合もあるよね。それから俺の方からなんか極端に言うとひとつ原作見つけていてこの原作どうっていうふうに言う場合もあるし、お前こういうことをやるべきじゃないのって抽象的な話をする時もあるしね。やあやあ言うから、まあ監督から言うとうるさいやっちゃなとか思われるだろうね。結構何かを強制されるって思ってた時があるかもしれないね。

――脚本作りの時、ある種のセオリーとかってあったりするんですか。

佐々木　まあおおまかに言うと出てきている登場人物、特に主人公の感情の流れが俺に追えるかどうかってことかな。だから要するに物珍しそうな出来事だけがこう連続して、これはこれで見世物として面白いんだけど自分で作ろうとは思わない。それは所詮出来事の羅列でしょっていうかね。それをこうちょっと今までにないセンスで映像化したっていうふうになってるだけじゃない。問題は主人公の気持ちの揺れようかな、それを観ていくのが楽しいんだよなっていうふうに自分では思ってる。それぐらいじゃないか。あとはもうシナリオ作りのルールとかセオリーとか色んなことあるけども、それは後付けの理屈だな。全体の構成っていうのはこれが望ましいっていうのがあった時にこっちで1本シナリオできちゃった、これがちゃんとできてるか、ここにあるセオリーはめてみたらどうなのって、試験紙みたいなもの。こういう時はこれは男と女が逆のことを演じたらいいんだよ、そういうことってあるんだよとか、本当に好きだって気持ちを伝える時にお前なんか嫌だって言った方が面白いんだよねとか、そういうことは色々後付けで言うけどね。自分の好みでいうとラストで映画が終わったあとに希望が持てるようになっていればいいな、というのはある。切ないラストであってもね。

――脚本を作っていく上で印象に残ってるシナリオってありましたか。

佐々木　ごく最近やったので言えば、ひとつは西川美和（＊34）で、もうひとつは沖田修一（＊35）なんだ。西川は筆力があるんだよ、面白いんだよシナリオそのものが。だから、こう直せって言いづらい。で、明らかにこうずっと追っていくと、このシーンはいらないんじゃないかって思うシーンが幾つかあったりするのね。だけどそのシーン自体が非常に面白く書かれているのでね、落とせって言えない。どう直せばいいんだよっていうのは非常に困るね。それから沖田はね、逆にこっちが、ここはこういうことが必要なんじゃないのって言う。例えば死にそうな父親にどう対したらいいかを、意外にもダメ男だと思っていた弟から聞かされる、というのはストレートすぎて意外性がないな、真面目になってしまうよねとか、漫才みたいに言葉の掛け違いがあって、逆に真実が伝わるようにするとかさ、具体的なことを言ったりするじゃない。そうするとうーんとか言ってね、何日か経ってね、俺が思いもよらぬ方向で、「関係ない少年から言われるのはどうですかね」とか思わぬことを書いてくるんだよ。ああそのほうがドラマが広がっていいな、その手でくるかっていう発見があって面白いね。それは明らかに俺が考えてることより面白い。

――これまでプロデュースして来た作品で、一番印象深い作品は何ですか。

佐々木　今まで何本ぐらいあるんだろう。45、6本あるのかな作品としては。まあ一番印象に残ってるのは『九月の冗談クラブバンド』（＊36）って映画がある。長崎俊一（＊37）がやってる。これは撮影中に大事故があってねバイクのね。で、7、8人入院しちゃって特にその中の3、4人が重傷で長崎自身も重傷で一時期ダメかもしれないって時があったりしたんだよ。まあ病院に入ってリハビリを半年ぐらいやって奇跡的に復帰してくるんだけど。まあ当然ながら映画は中断だよね。まあそれはしょうがないな。そしたら1年ぐらい経ってから長崎が来て「あれ続きをやらしてくれませんか」って言うんだよ。長崎がそれを希望するならやらせてみようかと思ってやらせたんだな。ところが1年以上のブランクの間に入院生活で長崎が映画について考えたことがいっぱいあるわけだな、自分が今までやってきた映画はそれで良かったんだろうかとか映画の本質についてそんなこと考えちゃうわけなんだな。だから、その続きを撮り始めた時にそれまで撮ってたものとかなり違うものを撮り始めたんだね。で、それを合わせて一本にしたんだけど当然ながら映画そのものは結構混乱している。つまり言ってみれば一本の映画として観た時は完成度が高くない、みんなから褒められない。まあ結構けなされたりしてたんだ。けなされるとね、出来が悪いことは承知の上でね、腹が立つんだよ。そこに長崎がなぜそういうふうになっていったかっていうことは、まあ知らんのだからしょうがないかと思いながらね、そういうふうに思うんだよ。他に作った映画で褒められたものもあるしヒットしたものあるけど一番印象に残ってる映画というと『九月の冗談クラブバンド』かな。

——事故があった時、佐々木さんの気持ちはどうだったんですか。

佐々木　置いとこうっていうか、もうそれはナシよ。中止だよね。それは道義的にもね。いろんな意味で中止だよね。まあ一般論でいうと、映画はできないで終わるよりできるべきなんだからね。出来上がらなかった映画についてあれこれ言ってもしょうがないと。それはまだ生まれてないものは映画とは言えないんだからね。一般論でいうとそういうことはあるよ。

――出来上がらない映画って、企画の時点で終わってしまう映画もありますか。

佐々木　あるある。結構ある。ある程度お金もかけて、例えば原作権押さえたとか脚本まで作ってお金も払ったとかロケハンも行ってある程度行動費も使っちゃったとか。まあそれはテレビ局とか東宝のように準備費支出はいくらまで補償するというのはできないけど、それでも最大700万ぐらい使ってる時ってあるからね。スタッフ何人かメインスタッフだけ集めてロケハンやってるとか。そうすると拘束料も払ってるわけだからね。700万ぐらい使っちゃったけど結果実現しなかったって。それは結構あるよ。その間の経費はプロデューサー負担だしね。

――企画が実現しなかった原因は何だと思いますか。

佐々木　まあ原因はひとつじゃないけどね。一番良くない不幸なのは、企画段階では面白いなってシナリオとしてまとめてみるじゃない。第1稿読んで面白いと、だけどこれはこういうふうに直した方がいい。で、さんざん話し合って直していくじゃない。すると場合によってだけどね、直せば直すほどつまらなくなっていくシナリオってあるんだよ。そうすると途中で焦るよな。なんでだと。なんで面白くなくなるんだろうっていうふうに思うよ。そういうことが3回4回と積み重なるとね、これは映画にしちゃいかんのだっていうふうに思う時がある。そういうことは結構あるかな。結局は面白いと思ったのは最初のアイディアだけだったんだって思う時はあるね。

――映画を作る際の資金集めのお話を聞きたいんですけど、どういうふうに集めるんですか。

佐々木　他のプロデューサーは分からないけど俺の場合にはまず作り手、脚本なり監督なりとの話し合いから始まるよね。で、散々時間かけて話し合った結果シナリオを作りあげる。シナリオを元にしてメインの俳優さんにちょっと小当りするっていうかな。例えば来年の夏どうなってますかとかね。こういうこと考えてるんだけど関心待てますかとかって、想定される一人か二人の俳優さんを当て込んで、それができた段階で出資者に話を持ち込む。こういうの今やろうとしている、ついては30％どうですかっていうそういうことを何社かにこう話をしていく。そうやって何とか100％を集める。で、うちが出せるのはそのうちの5％とか10％とか、今まで一番多く出したので100％とかあるけども、まあ大体そういうふうにしていくかな。出資者側から言うと第1稿はできてると、で、想定してるキャスティングはあると。で、決定ではないけど多分この人はやってくれるんではないかなというぐらいに受け止めるわけだね。

――現在の日本映画界の問題点、もしくは今後の展望をお聞かせ下さい。

佐々木　問題山積だろ。どうすりゃいいのかっていうことあるよ。映画っていうのは製作と配給と興行とに分かれているけれども、全体を通して問題なのは、ひとつはデジタル化でしょ。アメリカなんかはどうなってるかわかんないけど、どうも聞いてると何となく50％ぐらいフィルムで撮影しているみたいなんだな。一番贅沢なのはそのフィルムで撮影して仕上げは全部デジタルでやって、でも保存用としてフィルム原版を作っておく。だから入り口と出口だけはフィルム。それはひとつあると思う。で、保存するために特殊なフィルムがあった方がいいんでフジフイルムが開発したETERNA－RDSっていう3本のフィルムを使うっていうやり方があるんだね。アカデミー科学技術賞をもらったのかな。デジタルがそんなに長くは保存が利かないっていう問題もあってね、だけどそのことが日本の場合予算がないからついデジタルで撮っちゃうとか、最後フィルムはマスターネガを作らないということになりがちなんで、ちょっと「んーどうすんだよ保存は」と思ってるんだけどね。そこはどう解決していったら良いのだろうということはあるな。あとは製作とか配給に関して言うと、画然とマーケットが分かれているわけじゃないけど、大体メインストリームと言われるテレビ局なんかが作ってるような映画と、それから中型規模のマーケットとミニシアターみたいな。ミニシアターだからといって6週間8週間やるような映画ってほとんどないよね今。だから一時期のミニシアターよりも小さくなってると思うんだ、規模がね。そうするとわりと中型作品、まあお金で言えば製作費が1億５０００万から2億ぐらい、宣伝費で７０００～８０００万から1億ぐらい。まあ西川美和の『夢売るふたり』（＊38）なんかそうだね。これ全部で3億５０００万かかってるからね。それから沖田修一の『キツツキと雨』（＊39）で2億８０００万かな。宣伝費と製作費、中型規模だよね。

一番理想的なのは70館ぐらいで始まって評判が良くて東京で当たったりするとちょっと伸びたりして最終的には140館ぐらいみたいな。まあそういう3つに分けて考えられると思うんだね。今問題なのはこのメインストリームのところの映画がちょっと客から飽きられてきているというふうに俺には見える。昔だったら東宝のゴジラとか松竹の寅さんとか、メインストリームの映画はそれはそれで堂々として存在していた。そうじゃないものを俺たちはやればいいとなってたけど、今は良くわかんないな。最近俺も観てて50分から1時間ぐらいで出てくるような映画が多くなっちゃって困ってる。俺が年とって短気になってるのかねって思うんだけど、いやいやつまんないんだよ、やっぱりこの映画がっていうふうに。で、そういう一般的な観客から見ると「あれ観た？」「うん観た」「面白かった？」「ん、ま普通」みたいなことで終わってそれっきり。あそこはどういうことだろうっていうふうに話がいかないっていう。観たか観なかったってだけのものっていっぱいあるじゃないか。つまり消耗品だな、コンビニで目についたから買うみたいな。メインストリームがそういうものばかりになってくるのは困ったな。それは4年、5年というスパンで見ると全体に地盤沈下してくるぞというふうに思う。まあ現実に珍しく一人勝ちしている東宝が、今前年（2012年）比、去年に比べると8割ぐらい20％落としてるわけ。全部で2億から3億かけた中型作品がうまくいかないとなると、お金を出す側、出資者が「もう一回り小さくできません？」てことになる。「8000万円ぐらいなら」とかね。そうすると次にはそれは「5000万円でできません？」になる。そうなっていくということはある意味でクオリティをどんどん落としていくわけなんだよ。本当なら福岡で撮影やりたかったんだけど予算がないものだから千葉でやるとか。それでできることだよ、そうして落としていくのはできること。俳優もこの人に頼みたかったけどここで我慢しようと。だけど全体に映画のクオリティが落ちていく、要するに縮小再生産になっていく。中型規模の作品もそういうところに来てるなと。縮小再生産に向かうというのは映画全体としては良いことじゃないぞっていうふうに思うわけね。それからミニシアターの方を見ると結構映画館混んでたりするんだね。だけど何かって言ったら何とかってイベントがあってそこが今週火曜日1回上映しますってことで、その関係者がわっときて満杯になるんだな。映画館としては喜ばしいよな、100人客が来てます。だけどそこで1回上映するだけだろ、この映画そのものは採算取りようがないだろ。例えばオーディトリウムで週に1回やります、何よそれっていう。全く製作収支のこと考えない。映画なんてやっぱり半分はクリエイティブだけど残り半分は商売だからね。観客を必要としない映画なんてあっちゃいけないんだよ。観てもらわなきゃいけない。観てもらいたい客が10万人なのか200万人なのかって違いなんだな。例えば『夢売るふたり』なら、これは15万人の観客に観てほしいんです。でもジブリだったらこれは200万人とか300万人必要になってくる。そういうふうに何人に対して向けたものだっていうふうに考えた時に、ミニシアターで上映されてるものがじゃあ5000人、1万人なのかっていう時に、それはどうでもいいんだよっていうふうになるのはあんまり感心しない。今は簡単にビデオカメラで誰でも撮れるからね。フィルムでやってる時はやってみたら映ってませんでしたってことあるんだから。今は誰でも撮れるんだからさ。誰でも作れちゃうんだけど、ただそれがバレエの発表会とかさ、ピアノ教室の発表会みたいなそれと同じレベルになってくるのはあまり感心しない。それぞれ飽きられてきてるかなと。縮小再生産に向かってるなと。発表会の場になってるなと。全部のマーケットで問題は山積だな。

――そういう状況で、次に作るべき映画っていうのはどういうものですか。

佐々木　それは中型作品だと思う。ここを立て直すこと、成功例を生むことと思ってる。例えば『夢売るふたり』で興行収入4億3000万円だったよ。俺は5億ほしかったなと。だから2億～3億のお金かけて興行収入5億をクリアするというそういう例を増やしていかないとだめだと思ってるよ。それは問題だね。

――佐々木さんがATG時代から続けてる映画作りから色々変わってきてると思うんですけど、デジタル化以外で映画作りとして変わってることってあったりしますか？

佐々木　内容的な問題は作り手によるから何とも言い様がないから。力のある作品がちょっと無いなあという。これも矛盾した言い方になるんだけど、これは映画だけじゃなくて他の音楽でもそうだし小説でもそうだと思うんだが、社会がきしんでる時って面白い作品が生まれてくるんだな。「人はパンのみにて生きるにあらず」かね。音楽なんかもそうだな。例えばミシシッピで奴隷が綿の花摘んで、そっからブルースが生まれてくるみたいなさ。そういうことってあると思うんだね。そういう目線で今日本を見てると結構ぬるま湯じゃない。アフガンでは子どもが死んでるんだよねっていう方に向かないよねなかなかね。ちゃんと見ようとしてないっていうか。ただの情報として受けとめてるだけで見ようとしてない。そうすると我々は、だからと言って明日食うものに困るという状況には今いないじゃないか。仕事だって職種を選ばなかったらなんだってあるんじゃない。就職難だって片っぽでは人手不足のところはいっぱいあるわけだよな。そうすると何でもいいから仕事やらせて明日飯食う金ちょうだいっていう状態には我々いないよ。そういう意味では結構豊かな世界に今いるな。そういうことの中から何が生まれてくるんだろうと思った時にいい方向はあると思う。それは表現が磨かれていくってことだな。とっても細かい色んな難しいデリケートなことを表現するその技術が磨かれていくっていう良さがある。だけど悪く言うと何か社会に対して明らかにひとつのメッセージを発信しようとする力がない。力が失われている。韓国映画にはまだそれがある。日本はそれはないな。韓国はソウルから車で40分も走るとイムジン河があって、向こうは北朝鮮だよな。日本で言うと、我々が東京にいてさ、熱海の近くあたりで別の国なんだよな。川ひとつあって、いつ何が起きてもおかしくないっていうそういう一種の緊張感の中で生活が営まれているわけ。そういう緊張感、俺たち今はないいな。尖閣はどうした竹島がどうしたったってあんまりピンと来てない。ヨーロッパはね陸続きだからさ、様々な問題はあるし緊迫感はある。ある意味で日本は今一番緊迫感のない社会かな。そういう中で本当にデリケートな表現技術は磨くことはできるだろうけども思い切った強いあるメッセージを発するような作品ができづらいってことと、できづらいってことはそういうものを見ようとする観客が少ないってことだね。こういうのはもう聞いてるだろうけど日本人って映画を観るのは年間1回ぐらいだからね。映画観客動員の総数で言うと韓国の方が多いんだからね。人口は韓国は日本の2

分の1以下だけどさ、観客総動員数は1億8000万ぐらいいるんじゃないか、もっとあるのかな。日本の人口は1億3000万だろ。そういうある意味で中途半端に満たされた社会にいることの問題はあるんだろうな。実はそんなものは本当の豊かさではないのだよっていうふうに我々が自分のことを思えるかどうか。なんとなくそういうことに目をつむって飯が食えなくてとか言いながら、お前そんなゲーム買うなよなっていうのがいるじゃない。明日どうやって飯食ったらいいんだろうとかって言いながら片っぽでゲームや携帯で1万5000円使ってるってなんなのっていうのがあるよね。

——矛盾してますね。

佐々木　うーん、思うよやっぱり、一斉にみんながもう一息貧しくなればいいんじゃないのっていう。例えば東北のために我々がひとつ貧しくなったらいいんじゃないの？　と思ったりするね。みんな貧しくはなりたくないんだな。そういう社会全体のありようと、その中にいる映画の観客のありようとそういうことがある種の映画を作りにくくしてるっていうことはあるんだろうな。災害地のボランティアとか海外ではたらいている人たちみたいな方向が、ひとつの明るさかな。

——一番好きな映画というと何ですか。映画業界に関わろうと思った作品でもいいんですけど。何か1本をあげるとすれば。

佐々木　また難しいことを。10本と言うならなんとなく出せるかなと思うけど、30本だったらもっと楽だなと思うけど、1本と言われるとちょっとな。

――若い時に観たというか、まだ映画業に入る前に観た作品では。

佐々木　大体若い時に観た作品は名画なんだよ。俺なんかよりうんと年寄りの世代にどういう映画が好きでしたかっていうとね、『天井桟敷の人々』（＊40）とか『巴里祭』（＊41）とかね、そういうところになるんだよ。若い時の方がやっぱり感受性が強いんだね。それは今、俺らもうもういい加減な年だしすれてきてるからね。映画を観てもなかなかそう泣いたり笑ったりしないのだよ。ふーんそうかっていうふうに観るんだな。若い時は同じようなものを観てもちゃんと泣いたり笑ったりできてたんだな、感情が揺れるわけだね。だから若い時に観た映画は大体まあいい映画なんだな、自分にとってはね。ただ必ずしも俺の場合、若い10代の頃に観たから良かったということでもないのだが、もっと年をとってから観たんだけど。オーソドックスな作品で言うと『ゴッドファーザー』（＊42）かな。あれはやっぱり面白かったな。それから、もっと小さな作品で言うとあの頃のいわゆるニューヨーク派というかな、アメリカン・ニューシネマ（＊43）みたいな作品は『真夜中のカーボーイ』（＊44）とか『スケアクロウ』（＊45）とか、あのへんはとっても面白かったな。若い時はね、もっとミーハーの観客だからね、ジョニー・ワイズミュウラーの『ターザン』シリーズ（＊46）が面白いとかね、『キング・コング』（＊47）が面白いとか。あとで調べたら『キング・コング』は俺が生まれるより前に作られてるんだけどな。それが日本で再上映されて俺は封切りだと思って観てたから面白かったとかね。それと、これも意外とみんなにバカにされるんだけど俺ブレイク・エドワーズ（＊48）という監督が好きなんだよ。彼の作品大体面白いの。アカデミー賞もらった時に車椅子で登場して、スピードアップしてそのまま舞台袖に突っ込んでね、ホコリだらけのタキシードでよろよろしながら表彰台にたどりつくんだよ。80歳くらいだと思うんだが、まだ体張ってギャグやってるんだ。尊敬するね。あと『トムとジェリー』（＊49）かな。

――映画を作る時に、自分の好きな作品を参考にすることはありますか。

佐々木　俺はない。ただね、こういうことはある。脚本についてやり合ってる時にここはさ、こういうふうに言った方がいいんだよねって。あ、いいこと思いついたと自分では思ったりするんだな。脚本家や監督も「それいいですね」で、そうなったりする。はるか経ってから、ああ、あれ昔観たあの映画の中のあそこだってていうふうに思うことはあるな。

――知らず知らずのうちに。

佐々木　うん、あるね。前に時代劇、『やじきた道中　てれすこ』（＊50）っていうのやった時にね、小泉今日子（＊51）が女郎で足抜けして逃げていって途中でやくざにつかまっちゃう。で、最初は「あれ、やめて」とか言ってんだけどそのうちに開き直っちゃうんだよ。開き直って啖呵《たんか》切るんだよ。その中に、間男と一緒に逃げるって話だから「惚れたが悪いか」って啖呵切るんだよ。それ脚本やってる時にね、これがいいよ「惚れたが悪いか」って啖呵切ろうよって脚本家に言ってそういうふうにしたの。映画ができてしばらく経ってからハッと思い出したらね、太宰治（＊52）にね「うさぎとたぬき」（＊53）って短編があるんだ。たぬきがうさぎに惚れるじゃない。で、うさぎはそれが気に入らなくて泥の船にたぬきを乗っけて沈めるんだな。そうするとたぬきが暴れてさ。うさぎは美少女だからブ男のたぬきに惚れられたっていうそれが自分の自尊心に触れるんだな、冗談じゃないと思うわけ、だから沈めてしまえと思うわけ。たぬきは散々暴れてね「惚れたが悪いか」って言うんだよ。それだった。そんなもう10代の終わりか20代の始めに読んだ本だよ。40年も50年も経ってから。もう自分の中でわかんないよね、あれでいこうっていうふうに思ってない。でも参照なんてそんなもんだろうね。あとで「ああ、あれはあれだったんだよね」って思うこと多いね。あとで冷や汗ダラーみたいな感じだけどな。「そうだよ俺が考えることなんて既にいろんな人がやってるよね」って。

――日本のインディペンデント映画に大きく関わってきて、昔と比べて今は変わったこととか、インディペンデント時代に凄い強く記憶に残ってるなっていうことがあったら教えて欲しいんですけれども。

佐々木　まあ大きくは二つかな。一つはいわゆるインディペンデントっていうのは、新藤兼人（＊54）

さんなんかに代表されるような、つまり本当のインディーズっていうかな。みんなあの頃はどこかの撮影所にいたわけだから映画作るのに。そこ以外じゃ映画はできなかったんだからね。そうじゃないところで始めた独立プロダクションって呼ばれるのあるよね。大抵はなんか一種のやや左がかったイデオローグに支えられていたかな。その中で最後までやり通したのが新藤兼人だからね、今井正（＊55）もそうだし。そういうインディペンデントの時代があったというのは確かだし、それが独立プロダクションのありようというものを形作っていたなっていうところだね。それから2番目はいわゆる自主映画だよな。自主映画でも撮る人間はたくさんいたと。だけど問題は作り手たちが自分たちで集まって上映会をよくやっていた。俺もそれを観に行ってた。劇場では勿論上映しないわけで、どっかのマンションの一室とか公会堂の小さなホールとかね、そういうところで自主映画を撮ったやつが自分の作品を持ち寄って5、6人で上映会やるとか、そういう作り手が自分たちで上映の場所まで設定してやっていたという時代があるかな。それは多分1960年代の終わりから80年代いっぱいぐらいまではまだそういうのがあったかな。それからまあこれは片っ方でさっき言った機材の簡便化、従っていっぱいいろんなものを作る、勝手に作れる時代になった。で、それを劇場が上映するようになってきた。そういうのがまあ大きい。大きくはそういう三つになりながら生まれてきたかなっていうふうに。そういう意味ではインディペンデント映画は、さっき言った中型作品、例えばうちが作っているようなものに関して何がインディペンデントなんだと、例えば電通が10％出してるとかね、資本関係でそうではないんだな。ただ要するに我々が企画して我々がキャスティングして我々がシナリオ作って出資者を集めて、こっちが映画の中心にいる。うちが出してるお金は5％だったり10％ぐらいしかないんだが、中心には我々がいるんですという、ここを抜きには考えられませんよ、この映画はっていうふうにいるようなインディペンデントを、まあやろうとしてるわけだね。まあそうじゃなくて全く自主的にボランティアのスタッフやなんかが自分たちのバイトで寄せ集めた金25万で作るとか、まあそういうのも一つはあるだろうな。そういう中から生まれてくる面白いものもあるんだよね、確かに観るとね。それを伝えるやり方がね、今はDVDも簡単に焼けるからこういうの作ったんだけど観てくれませんかってDVD渡してくるしね。オーディトリウムが一晩なら貸すとか、劇場でもやれるしDVDってメディアもあるし、一般の目に触れるありようはとっても増えてきてる。昔だったらそれは自分たちで上映会やるしかなかったし、今の俺たちで言うとそうやってみんなからお金集めて普通の劇場で普通に上映するってことを選ぶしかないからね。それとまあ片っ方ではそのテレビ局が中心にいるいわゆるメインストリームだよね。まあそういうものにははっきり分かれてしまってることかな。テレビ局は映画作り続けますよ。こんなこと知らないだろ、フジテレビのテレビの広告収入って40％なんだよ売上高。TBSで60％、残りはなんで稼いでるか。その他の事業で稼いでる。その他の事業の中の大きいものはなにか。ひとつは不動産。TBSは赤坂サカス、フジはお台場合衆国だよ。その他イベントいっぱいあるじゃない、なんとかのオペラを呼びましたとかね。そういうものともう一つは映画だよ。そういうもので100％の売り上げを達成してるんだ彼らはね。1本映画作るってことはその映画自体の収支の問題もあるけども、それを利用したイベントへの転用ができる商品化はできる。挙句の果てにそれを持ってきて自分のところでかけることもできる。自分の放送局でね。そんなふうに色んな形で展開できる映画なんてのは、2本続けてこけたから映画事業から撤退するとは言わないんです、だからやり続けますよ。まあ向こう短くて5、6年は、長ければ10年ぐらいはやり続けますよ。だからテレビ資本映画が無い方が良いっていうのは空論だよ。そういうものによって日本の興行界が支えられていることは事実なんだから、それはそれであるものとして認めて考えるしかない。我々はそうでないところにいるんだってことを見つけるべきなんだろ。そう考えていかないとね。だから片っ方でオーディトリウムで一晩でやるようなものも映画だし、片っ方でフジテレビがやってるようなのも映画、全体がないと。あとは全体が100だとした時それが何%ずつ占めてるかという割合の問題だよね。ちょっとインディーズ側にパーセントが少ないなと。今9%ぐらいじゃない。91%はメインストリームだよ。9%は少ない、14〜15%あってほしいなと思うよ。それなんだな問題は。全体が映画なんだよ。客はどれを観に行ってもいいわけじゃない。だから、例えばうちが作った映画を公開する時に同じ頃に封切る他の作品でライバルになるのはどれだろうなって思う時に、自分と似たようなタイプの映画をライバルというふうには考えないんだよ。だって日本人は年に1回しか映画を観に行かないんだよ。よく映画を観に行く若い人でも月1回だったりするのかな。そうするとAさんという観客がいて今月何を観ようかなって思う時にさ、俺が作った映画を選んでくれるか、『ゼロ・グラビティ』（＊56）を選ぶかっていうことじゃないか。そうすると俺のライバルはあれなんだっていうことになるんだよ。俺の作った映画とテアトル新宿でかかってる映画の二者択一じゃないのだよ。ハリウッド映画だったりするぐらいなわけだ。月1回観に行く人が選ぶってのはそういうことだろ。そういうふうに考えていかないと、自分が生きているこの幅の中だけで考えちゃうと。テレビ局がやってるそういう予算かけたこういう映画、これがエンタテインメントですよ、こんなアート系みたいなものは知りませんよっていうのも嘘だ。それはどこかでインチキだし、見方が、ものの考え方が宜《よろ》しくないと思うしね。逆にこっちでやってる人がこれが映像ですっていうふうに、テレビ局の映画なんかノーだっていうそれも違うでしょっていうふうに思うよ。映画ってこんなに幅広いんだからさ。その中で俺たちの競争相手はハリウッド映画だったりするんだからさ。ある日オーディトリウムに来る観客がそっちへ行っちゃったらどうするのっていう。こっち来なくなるぜって話だよ。この中にライバルがいるわけじゃないんだよ。そう考えていかないとさ。

2013年12月18日 新宿・オフィス・シロウズにて

聞き手 堀江貴大 後閑広

聞き手　略歴

後閑広（ごかんひろし）
映画監督。１９８４年、群馬県生まれ。東京藝術大学大学院映像研究科修了。修了制作として『テト』（10）を監督。大学院修了後、２０１１年に日韓共同製作の『あおひげ』を監督。その後、黒沢清監督、周防正行監督、矢口史靖監督作品のメイキングを手掛ける。『プロデューサーズ』は初の劇場公開作品である。最新作に『本牧アンダーグラウンド』（廣原暁と共同 17）がある。

堀江貴大（ほりえたかひろ）
映画監督。１９８８年、岐阜県生まれ。東京藝術大学大学院映像研究科修了。修了制作として監督した長編映画『いたくても いたくても』（15）が TAMA NEW WAVE コンペティションでグランプリ、ベスト男優賞、ベスト女優賞を受賞し、一般劇場公開された。２０１５年には文化庁委託事業「若手育成プロジェクト」（ndjc）に選ばれ『はなくじらちち』を監督する。

佐々木史朗　註

＊1　自由舞台
演出家の鈴木忠志が早稲田大学在学中に脱新劇を目指して立ち上げた劇団。1966年に早稲田小劇場に改称した。この劇団にはかつて岡田裕も参加していた。

＊2　早稲田小劇場
1966年、演出家の鈴木忠志、劇作家の別役実、制作の斉藤郁子、俳優の蔦森皓祐らが創立した劇団。新宿区戸塚町の早稲田大学そばの喫茶店の2階に同名の小劇場を建設し、76年までの10年間活動する。

＊3　別役実
1937年、満州国・新京市（現中国・長春市）生まれ。劇作家、童話作家。主な戯曲に「マッチ売りの少女」「赤い鳥の居る風景」「やってきたゴドー」など。

＊4　鈴木忠志
1939年、静岡県生まれ。演出家。主な演出作品に「リアの物語」「リア王」「エレクトラ」など。

＊5　鴨下信一
1935年、東京都生まれ。ドラマのプロデューサー、演出家。主な作品に「岸辺のアルバム」「ふぞろいの林檎たち」「想い出づくり。」など。

＊6　実相寺昭雄
1937年、東京都生まれ。映画監督、ドラマの演出家。「ウルトラマン」「ウルトラセブン」「怪奇大作戦」などの数々のテレビドラマを手掛けた。主な作品に『無常』（70）、『あさき夢みし』（74）、『帝都物語』（88）など。2006年没。

＊7　今野勉
1936年、秋田県生まれ。ドラマのプロデューサー、演出家。70年にTBSを退社しテレビマンユニオン創設に参加。98年には長野冬季五輪の開・閉会式のプロデューサーを務める。主な作品に「土曜と月曜の間」「七人の刑事」など。

＊8 村木良彦
1935年、宮城県生まれ。メディアプロデューサー。70年にTBSを退社しテレビマンユニオン創設に参加。76年から8年間、社長を務めた。2008年没。

＊9 「8時だョ！全員集合」
ザ・ドリフターズが主演で、1969年から85年までの16年間、TBS系列で毎週土曜日午後8時から放送されていたバラエティ番組。ザ・ドリフターズのコントが終わると舞台装置が大きく転換し、ゲスト歌手が登場する構成が印象に残る。

＊10 橋浦方人
1944年、宮城県生まれ。映画監督。主な作品に『星空のマリオネット』（78）、『海潮音』（80）、『蜜月』（84）など。

＊11 劇映画
『星空のマリオネット』（1978）
監督・脚本＝橋浦方人　原作＝喜多唯志　脚本＝大和屋竺　出演＝三浦洋一、亜湖、武井一仁　製作＝東京ビデオセンター、ATG

＊12 ATG
伊地智啓註21を参照。

＊13 川喜多長政
1903年、東京都生まれ。映画製作者、輸入業者。夫人のかしこと共に『天井桟敷の人々』（44）、『落ちた偶像』（48）、『第三の男』（49）など数多くの名作を輸入・配給することに尽力した。81年没。

＊14 森岩雄
1899年、神奈川県生まれ。映画プロデューサー。映画評論家としてキャリアを始め、32年にPCLの創立に参加して以降、東宝映画の黄金時代を総指揮官として支えた。79年没。

＊15 大島渚
1932年、京都府生まれ。映画監督。松竹ヌーヴェルバーグの旗手の一人。主な作品に『絞死刑』（68）、『少年』（69）、『愛のコリーダ』（76）、『戦場のメリークリスマス』（83）など。2013年没。

＊16　岡本喜八
１９２４年、鳥取県生まれ。映画監督。主な作品に『江分利満氏の優雅な生活』（63）、『日本のいちばん長い日』（67）、『肉弾』（68）など。２００５年没。

＊17　ベルイマン（イングマール・ベルイマン）
スウェーデンの映画監督。１９１８年生まれ。主な作品に『不良少女モニカ』（53）、『野いちご』（57）、『処女の泉』（60）など。２００７年没。

＊18　ゴダール（ジャン＝リュック・ゴダール）
フランスの映画監督。１９３０年生まれ。ヌーヴェルバーグの旗手の一人。主な作品に『勝手にしやがれ』（59）、『気狂いピエロ』（65）、『パッション』（82）など。

＊19　今村昌平
伊地智啓註41を参照。

＊20　篠田正浩
１９３１年、岐阜県生まれ。元映画監督。松竹ヌーヴェルバーグの旗手の一人。『心中天網島』（69）のような前衛的な作品から『瀬戸内少年野球団』（84）のような感動娯楽作まで幅広く手掛けたが、２００３年に現役を引退する。

＊21　吉田喜重
１９３３年、福井県生まれ。映画監督。松竹ヌーヴェルバーグの旗手の一人。主な作品に『エロス＋虐殺』（70）、『戒厳令』（73）、『鏡の女たち』（02）など。

＊22　森田芳光
１９５０年、東京都生まれ。映画監督。主な作品に『家族ゲーム』（83）、『失楽園』（97）、『39　刑法第三十九条』（99）、など。２０１１年没。

＊23　大森一樹
１９５２年、大阪府生まれ。映画監督。78年に城戸賞受賞作『オレンジロード急行』で商業映画デビュー。主な作品に『ヒポクラテスたち』（80）、『恋する女たち』（86）、『ゴジラVSビオランテ』（89）など。

＊24　高橋伴明
1949年、奈良県生まれ。映画監督。50本以上のピンク映画を監督した後、82年『TATTO〈刺青〉あり』を監督。主な作品に『愛の新世界』（94）、『光の雨』（01）、『丘を越えて』（08）など。

＊25　井筒和幸
1952年、奈良県生まれ。映画監督。主な作品に『ガキ帝国』（81）、『犬死にせしもの』（86）、『パッチギ！』（04）など。

＊26　滝田洋二郎
1955年、富山県生まれ。映画監督。ピンク映画で監督デビュー。主な作品に『陰陽師』（01）、『壬生義士伝』（02）、『おくりびと』（08）など。

＊27　根岸吉太郎
1950年、東京都生まれ。映画監督。日活ロマンポルノで監督デビュー。主な作品に『遠雷』（81）、『雪に願うこと』（05）、『ヴィヨンの妻～桜桃とタンポポ～』（09）など。

＊28　池田敏春
1951年、山形県生まれ。映画監督。根岸吉太郎と同期で日活に入社。主な作品に『天使のはらわた　赤い淫画』（81）、『人魚伝説』（84）、『秋深き』（08）など。2010年没。

＊29　中原俊
1951年、鹿児島県生まれ。映画監督。日活ロマンポルノで監督デビュー。主な作品に『櫻の園』（90）、『12人の優しい日本人』（91）、『コキーユ～貝殻』（99）など。

＊30　『ライブイン茅ヶ崎』（1978）
監督＝森田芳光　主演＝青木真己、石井保、三沢信子

＊31　『の・ようなもの』（1981）
監督・脚本＝森田芳光　出演＝秋吉久美子、伊藤克信、尾藤イサオ　製作＝ニューズ・コーポレーション

＊32　ロマンポルノ2本
『㊍噂のストリッパー』（82）と『ピンクカット太く愛して長く愛して』（83）。

＊33

『家族ゲーム』（1983）

監督・脚本＝森田芳光　原作＝本間洋平　出演＝松田優作、伊丹十三、由紀さおり　製作＝にっかつ撮影所、NCP、ATG

＊34

西川美和

1974年、広島県生まれ。映画監督。2002年に『蛇イチゴ』でデビュー。主な作品に『ディア・ドクター』（09）、『夢売るふたり』（12）、『永い言い訳』（16）など。

＊35

沖田修一

1977年、愛知県生まれ。映画監督。テレビドラマの演出を経て『南極料理人』で商業映画の監督デビュー。主な作品に『キツツキと雨』（11）、『横道世之介』（12）、『モヒカン故郷に帰る』（16）など。

＊36

『九月の冗談クラブバンド』（1982）

監督・脚本＝長崎俊一　脚本＝江浜寛　出演＝内藤剛志、伊藤幸子、樋口達馬　製作＝シネマハウト、プロダクション爆、ATG

＊37

長崎俊一

1956年、神奈川県生まれ。映画監督。82年『九月の冗談クラブバンド』で商業映画の監督デビュー。主な作品に『ロックよ、静かに流れよ』（88）、『妖女の時代』（88）、『8月のクリスマス』（05）など。

＊38

『夢売るふたり』（2012）

監督・脚本＝西川美和　出演＝松たか子、阿部サダヲ、田中麗奈　製作＝「夢売るふたり」製作委員会

＊39

『キツツキと雨』（2011）

監督・脚本＝沖田修一　脚本＝守屋文雄　出演＝役所広司、小栗旬、高良健吾　製作＝「キツツキと雨」製作委員会

＊40

『天井桟敷の人々』（1944）

フランス映画　原題＝Les Enfants du Paradis　監督＝マルセル・カルネ　脚本＝ジャック・プレヴェール　出演＝ピエール・ブラッスール、レオン・ラリブ、アルレッティ　製作＝S・N・パテ

＊41

『巴里祭』（1932）

フランス映画　原題＝July 14th Quatorze Juillet　監督・脚本＝ルネ・クレール　出演＝アナベラ、ジョルジュ・リゴー　製作

＝トビス

＊42 『ゴッドファーザー』（1972）
アメリカ映画　原題＝The Godfather　監督・脚本＝フランシス・フォード・コッポラ　原作・脚本＝マリオ・プーヅォ　出演＝マーロン・ブランド、アル・パチーノ、ジェームズ・カーン　製作＝パラマウント

＊43 アメリカン・ニューシネマ
岡田裕註5を参照。

＊44 『真夜中のカーボーイ』（1969）
岡田裕註7を参照。

＊45 『スケアクロウ』（1973）
アメリカ映画　原題＝Scarecrow　監督＝ジェリー・シャッツバーグ　脚本＝ギャリー・マイケル・ホワイト　出演＝ジーン・ハックマン、アル・パチーノ、ドロシー・トリスタン　製作＝ワーナー映画

＊46 ジョニー・ワイズミュウラーの『ターザン』シリーズ
水泳の金メダリストであったジョニー・ワイズミュウラーをターザン役に起用して作られたシリーズ。1932年『類人猿ターザン』から、48年『絶海のターザン』まで12作が作られた。

＊47 『キング・コング』（1933）
アメリカ映画　原題＝King Kong　監督＝メリアン・C・クーパー、アーネスト・B・シューザック　脚本＝ジェームズ・アシュモア・クリールマン、ルース・ローズ　出演＝フェイ・レイ、ロバート・アームストロング、ブルース・キャボット　製作＝RKOラジオ映画

＊48 ブレイク・エドワーズ
アメリカの映画監督。1922年生まれ。『ティファニーで朝食を』（61）、『酒とバラの日々』（62）などの文芸作品や『ピンク・パンサー』（63〜83）シリーズなどの軽妙なコメディなどを手掛けて来た。2010年没。

＊49 『トムとジェリー』
ネコのトムとネズミのジェリーが、あらゆる追いかけっこを繰り広げるドタバタコメディ。1940年から短編アニメーショ

ンとしてこれまでに何百本もの作品が製作されている。

＊50 『やじきた道中　てれすこ』（２００７）
監督＝平山秀幸　脚本＝安倍照雄　出演＝中村勘三郎、柄本明、小泉今日子　製作＝オフィス・シロウズほか

＊51 小泉今日子
１９６６年、神奈川県生まれ。歌手、女優。82年、シングル「私の16才」でアイドル歌手としてデビュー。83年、崔洋一監督『十階のモスキート』で映画初出演。主な出演映画に『快盗ルビィ』（88）、『風花』（00）、『空中庭園』（05）など。

＊52 太宰治
１９０９年、青森県生まれ。小説家。主な作品に「走れメロス」「斜陽」「人間失格」など。48年没。

＊53 「うさぎとたぬき」
太宰治の連作短編集「お伽草紙」（１９４５年）中の一篇、「カチカチ山」のこと。

＊54 新藤兼人
１９１２年、広島県生まれ。映画監督、脚本家。50年に近代映画協会を設立し、日本の独立プロを牽引する。主な作品に『裸の島』（60）、『午後の遺言状』（95）、『一枚のハガキ』（11）、など。２０１１年没。

＊55 今井正
１９１２年、東京都生まれ。映画監督。主な作品に『また逢う日まで』（50）、『にごりえ』（53）、『真昼の暗黒』（56）など。91年没。

＊56 『ゼロ・グラビティ』（２０１３）
アメリカ映画　原題＝GRAVITY　監督・脚本＝アルフォンソ・キュアロン　脚本＝ホナス・キュアロン　主演＝サンドラ・ブロック、ジョージ・クルーニー　製作＝Warner Bros. Pictures, Esperanto Filmoj, Heyday Films

06

Sympathy For The Producers

桝井省志

私が事務所を構えるマンションに、たまたま同業者の映画プロデューサー・越川道夫さんも階を隔てて事務所を構えている。こんなご近所さんでありながら、越川さんと顔を合わせるのは年に2度か3度の数えるぐらいだ。たまたまエレベーターを降りてきたところでバッタリ擦れ違いざま、交わす言葉は合言葉のようにいつも同じだ。「ご活躍ですね」と私が言うと、返ってくるのは「いや、もう死にそうですよ」と恬《てん》とした照れ笑い。こうして、いつも、お互いの安否を確認して別れる。「まだ越川さんも生きていたか」と、私は我が身に引き比べてふとそう思う。一見世捨て人のような風貌で、何処か泰然自若《たいぜんじじゃく》とした不思議な風情のある人だ。そんな越川さんと会う度に、私はシンパシーを感じる。いつも飄々《ひょうひょう》と我が道を行く映画プロデューサー越川さん主演なんていう映画があったら面白いな～などと、半分真面目に考えては忘れていた。

それからしばらくして、私は、何の因果か東京藝大の学生を教えることになった。そこで、ゼミの授業のゲストとして、日頃から尊敬するプロデューサー諸氏を招いて、学生達に赤裸々の体験つまり本音を語ってもらおうと勝手に考えた。が、当然、皆さん、自分の仕事で手一杯である。そんな暇があるわけがない。

ならば、こちらから出向けばいいではないか！　ということで、私が日頃からシンパシーを感じているプロデューサー諸氏に声を掛け、突撃インタビューが始まった。当時私の助手をしてくれていた後閑広くんに撮影とインタビュアーをお願いし、「百聞は一見に如かず、後学のため、学生も一緒に連れて行ってね！」と、事務所に押しかけさせたのである。

こんな経緯で始まった取材であったため、確たるスケジュールもなく思いつく時に行なうことになった。そうこうしているうち気がつくと3年が経っていた。未編集のまま放置されてしまったインタビュー素材は60時間以上。このままでは、学生諸君に見て貰うことさえままならないまま、貴重な記録が埋もれてしまう。しかし、待てよ、これを一本の映画作品にすれば必ず日本映画史の貴重な記録になるに違いない。と、そこでプロデューサー根性がむくむく頭をもたげ、この膨大な素材を2時間に編集して、映画『プロデューサーズ』が完成した次第である。

突然のお邪魔訪問であったにかかわらず、登場する20名のプロデューサー諸氏は、ざっくばらんに快く自らの体験を語ってくれた。

なぜプロデューサーになったのか?

皆、その動機、経緯は違う。誰一人として歩んで来た道が同じ者はいなかった。一人一人が自ら切り開いて来た自分だけの道であり、自ずとその言葉には、映画製作の現実や本音がちらちら垣間《かいま》見え、誰も知らない彼らだけの体験談がぎっしりと詰め込まれている。私自身は、同業者であり尊敬するプロデューサー諸氏の姿を映画作品として残せたことを光栄に思っている。

本書には、この『プロデューサーズ』の完成台本を載せた。もちろん機会があれば映画も是非とも見ていただきたい。スクリーンでは、雑然と積み重なる本の山に埋もれて話す隠者然《いんじゃぜん》とした越川さんの笑顔に、必ず会えますから!

07

映画『プロデューサーズ』
完成台本

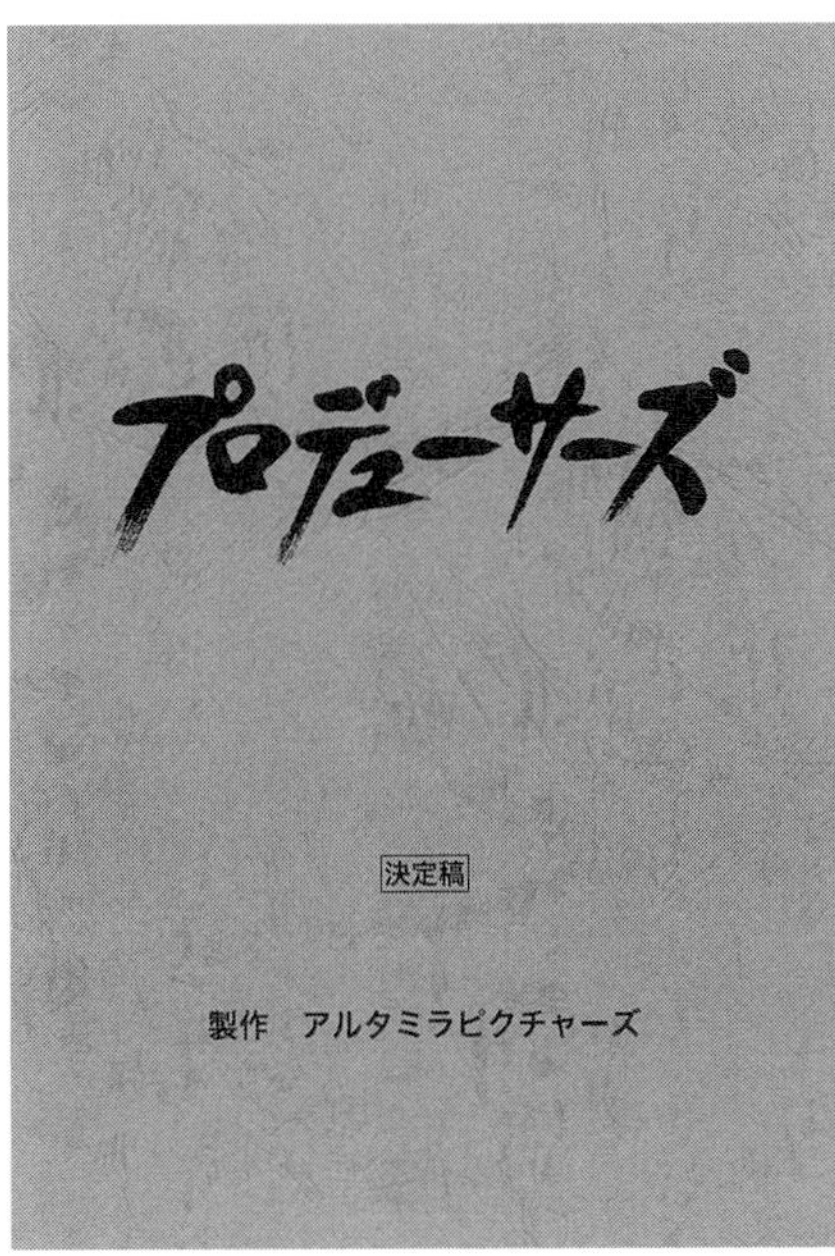
プロデューサーズ

決定稿

製作　アルタミラピクチャーズ

1	アルタミラピクチャーズ　配給マーク
2	タイトル

"Un film, ça n'a pas d'auteur.
Si, beaucoup de travail et quelques miracles."
映画には作者はいない　ただ重労働と多少の奇跡があるだけ
Pascal JARDIN
パスカル・ジャルダン

3	オープニング クレジット　倉庫

曇天。古い倉庫群の中に立つ、一際古びた建物。入り口には《アルタミラピクチャーズ》の看板。
その中には赤色灯、ヘルメット、ケーブル　ｅｔｃ
……、所狭しと物が詰め込まれている。
カメラがトラックアップしていく先に、一冊の台本が忘れられたようにポツンと置いてある。くすんだ黄色の紙に黒字で『プロデューサーズ』と書かれた表紙。

何者かの手でゆっくりと一枚ずつ捲られていく。

以下、クレジット。

4　資料映像　戦後のヤミ市・映画館街

白黒の粗い映像。

ヤミ市。多くの人で溢れかえっている。復員兵の格好をした人たちが目立つ。

映画館の前。こちらも多くの人で通りが埋め尽くされている。《御観覧料90銭》の看板の横で、モギリの女性が手際よく次々と客をさばいている。

山本洋の声がオーバーラップする（以下O・L）。

5　山本邸・リビング

杉並にある山本邸。

広いリビング。
年季を感じさせるが、手入れが行き届いた調度品が並んでいる。
椅子にゆったりと腰掛けた山本が、戦後の独立プロについて話し始める。

山　本「大体、昔の独立プロ。戦後もう世の中が荒廃してる。どうしようかなというような、もう非常に戦後ひどい時に、みんな映画人も若いわけですからね。戦地から帰ってきた人もいれば、みんな飢えているわけですね。それで、やっぱり、モノも言えるようになった。飯は食えないけども、いいものを作ろうっていう情熱はすごくみんな持って。みんな青年なわけですからねぇ」

×　　×　　×

山本洋のプロフィールタイトルが現れる。
山本　洋
1941年　東京都生まれ

山本薩夫　次男
元　大映副社長
【代表作】
『敦煌』『Aサインデイズ』『シコふんじゃった。』
『おろしや国酔夢譚』『まあだだよ』
『シリーズ憲法と共に歩む「戦争をしない国日本」』
『薩チャン正ちゃん〜戦後民主的独立プロ奮闘記』

×　×　×

山　本「当時は監督も俳優さんもみんな、労働組合だったんです。今じゃ考えられない。そういう人たちが、労働組合として企画を提案して。あるいは、会社から出された企画に対して物申すっていう。これは会社から言うと、資本の論理から言うと、とんでもない話だと。君たちは働きゃいいんだっていうようなことが基本にありますから、そういう巻き返しが起きてね。それで、こういう労働組合潰さなくちゃいかん。で、ストライキが始まる」

東宝争議の資料映像がインサートされる。
大通りを行進する人々が《打倒、資本家》などと書かれた旗を掲げ、長い列を作っている。

×　×　×

×　×　×

タイトル
東宝争議（1946〜1948）
経営危機に陥った東宝による給与制度全面改革に端を発する労働争議。
1948年に起きた第三次争議は「戦後最大の争議」と言われた。
この争議によって、山本薩夫、亀井文夫、山形雄策、宮島義勇、伊藤武郎ら組合幹部を含め1200名以上の職が奪われた。

東宝争議の資料映像
東宝撮影所の建物の上から垂れ幕が下ろされる。走る警官。
入り口の門には有刺鉄線が巻かれ、物々しい雰囲気。
その前に大量の警官が詰めかける。

×　×　×

新聞記事
〝繰り出す警官二千東宝仮処分を強行〟の見出し。
タイトル「毎日新聞」１９４８年８月20日号

×　×　×

東宝争議の資料映像

唸りを上げる戦車。有刺鉄線を乗り越えて警官が突入していく。

大きな旗を掲げて行進する人々。

× × ×

スチール

亀井文夫が《暴力では文化は破壊されない!》と書かれた布を持っている。

× × ×

新聞記事

〝東宝、首切りを断行〟の見出し。

タイトル 「読売新聞」1948年4月17日号

× × ×

『暴力の街』1950年
監督　山本薩夫
原作　朝日新聞浦和支局同人「ペン偽らず」
脚色　八木保太郎、山形雄策
主演　志村喬
製作　日本映画演劇労働組合

山本「そのクビになった東宝争議の皆さん達はどうしたかって言うと、解決金というのがあったもんですからね。これを元にして映画を作ろうと。ということで『暴力の街』という映画が作られていくわけですね」

×　×　×

映画『暴力の街』
オープニングのクレジット。
演出の山本薩夫の名前の後には《(フリー)》の文字。

山本「(O・L)やっぱり、俺たちはクビ切られたけども感動を与える映画をね、作り続けるのが映画人の役割じゃないかっていうことで、映画作りをとにかく進めていく。もうひとつそれができた大きな要因はね」

×　×　×

山本「当時の社会状況がひとつあった。これは映画界だけじゃなくてあらゆるところに色んな弾圧問題とか社会問題とか芽を吹いていたもので、多くの人たち、それは労働者も学生も婦人もね。そういう人たちが、いわゆる今で言う文化運動っていうのかな、そういうのが非常に盛んでね。映画を支えようじゃないかっていうね。観客の側が、力を持っていたっていうかな。そういう人たちと結び合いながら映画を作るっていうことで実は映画製作ができたわけね。じゃあ、その独立プロの人たちの作品を支援して、それで自分たちの小屋にかけようじゃないかっていうんで、いくつかの館主さんたちがね、お金を映画に寄付をするっていうね。そういうことも一方じゃあったわけ。そういう形で独立プロの奮戦っていうかな。そういうのは実は構成されていて、長く続くことができたってことがあるの。私自身は、（当時は）小さかったわけですから、親父が作った『真空地帯』とか、『箱根風雲録』とか『太陽のない街』なんていうのは、ロケセットの所へ、家族と一緒に行ったりって記憶はたくさんあるんだけども。ただ、中身についてはあんまり当時としては分からなかった。ただ、凄いことやってんなあって。映画の撮影って、独立プロって言いながらもね。凄いセット作ってやったりね、凄い人がたくさん出たり、そういう形でやってるもんですから映画って凄いもんなんだなってことだけは残ってる。だけど生活はもうひどかった。我が家の生活はおふくろが内職したり。ミシンで内職したり。まあ、戦後だからみんな貧しいってのが大変多かったけども、それでも質屋通い。質屋に出す物があったから良かったようなもんだけどね、質屋通いとかね。その日暮らし」

6

近代映画協会・事務所内

赤坂にある近代映画協会。
整理された綺麗なオフィス。
棚にはフィルム缶が整然と置かれている。
会議室の壁にはポスター。その前に新藤次郎が座っている。

新　藤「そうそう、あのプロデューサーはそうね、大体変な人が多いよね。ははは。まあ映画やってる人、みんな大体そうだけども」
快活に笑いながら、プロデューサーという人種の生態について語る新藤。

× × ×

新藤次郎のプロフィールタイトルが現れる。
近代映画協会代表
新藤次郎
1949年　神奈川県生まれ
新藤兼人　次男
【代表作】
『濹東綺譚』『午後の遺言状』『生きたい』
『三文役者』『サヨナラCOLOR』
『転がれ！たま子』『一枚のハガキ』

× × ×

新藤がプロデューサーの仕事について話し始める。

新藤「あの、プロデューサーの本質って何かっていったらやっぱし一番大きなのは映画製作を発意するということ。あとの業務というのは、まあその映画を決めるっていう際に何がきっかけかっていうのは、色んなケースもうほんとに各作品全部違うし、人によっても違うわけだけども結論を出すのが、まず一番大きな仕事だと。私の考えでは全ての責任を負ってるっていうふうに思うわけね。全ての責任っていうのはもちろん内容、クオリティもそうだし、それとお金がかかりますから、要するに製作するにはお金がかかりますから、お金の責任を持つ。それはもちろん製作費を賄うってお金もそうだし、じゃあその映画ってのは商業映画の場合にはそれを観客に提供してそれをリクープしなきゃいけない。要するに製作費をまあ回収しなきゃいけないわけね。その責任も負う。それを全部包括してやりましょうという気になるのがプロデューサーの仕事」

× × ×

タイトル
独立プロとは

× × ×

新藤「インディペンデントの宿命なんだけども、いつもお金に困ってるでしょ、それは。で、いつも成功しないんだよ大体。それはまあ、その……なんだろ、私が不器用な性格だからということもあるんだろうけども、あと、強いて言えば気が小さいのかもわからないけども嘘つかない、決して。だから、現状でこういうつもりであるということは当然言いますよ。だけども必ず成功しますとかね、これからちょっと物凄いハードルだなっていうようなことの状況を、材料にしてお金を集めるっていうようなことね、そういうことはやらないってふうにしてる」

『原爆の子』1952年
監督・脚本　新藤兼人
主演　乙羽信子
製作　近代映画協会、民藝

×　×　×

タイトル
近代映画協会
松竹所属の新藤兼人（脚本家）、吉村公三郎（映画監督）、殿山泰司（俳優）らが中心となり、1950年に設立した映画会社。
日本の独立プロダクションの先駆的存在。
代表作に『裸の島』『午後の遺言状』などがある。

×　×　×

映画『原爆の子』
モノクロの画面に原爆のキノコ雲が広がる。
新藤がプロデューサーの資質について語る。

新藤「（O・L）どれぐらい失敗してきたかっていう体験が物凄く重要になるのね。トラブルがどれぐらい想定出来るかだよね。自分の失敗談の中から。で、それに対する、こうすればってことがある程度用意できるかできないかってことだから」

×　×　×

新藤「より失敗してきたプロデューサーの方がまあ怪我は少ないというか。うん。そういう意味では。ヒットして収益が多かったというのは。これは全くそういうつもりじゃない、全くそういうつもりじゃないというのは、映画作る以上それはないいんだけども。あの、失敗しても作ろうと、ね。興行的にも失敗しても作ろうと思ったのが」

×　×　×

『午後の遺言状』のポスター

新藤「（O・L）『午後の遺言状』なの。これは95年か。95年の作品なんだけども当時は興行界ではシニア層は客にはいないと」

× × ×

新藤「映画の観客にはね。だからシニア層がターゲットの、まあ、シニアなんて言葉もなかったかな。ターゲットの映画ってのは商売の中では考えられなかったのね。いわゆる単館ロードショーの格好で東京でやってから各地行きますっていうスタイルでいったんだけども。これは13週満員なんだよ。それもね、スバル座って一番後ろ側にこう、入り口があるんですよ。左右にもあるんだけども。後ろ側パッと開けるとですね、立ち見なんだけども、もう白髪頭がダーッと。だからこの『午後の遺言状』を作って以降やっぱり、シニア層向けの企画が増えたし、作品が結構出るようになった。それは良かったなと思ってるんですね。でも、映画を作るってこと、さっきのプロデューサーがじゃあやろうってふうに思えるのは自分の望んだ映画が出来るイメージが持てるからだよね。マーケティングって意味じゃなくてね、それは。僕もそれは中身つまんなくて大儲けする映画やってみたいんですよ、だから。そういう意味ではね。それはそれで、あるカタルシスがあると思うのよ、あ、こんなんで儲かるんだってやつね」

7

タイトル　増田久雄のプロフィール

プルミエ・インターナショナル代表
増田久雄
1946年　東京都生まれ
【代表作】
『あしたのジョー』（アニメ）
『矢沢永吉RUN&RUN』
『チ・ン・ピ・ラ』『ロックよ、静かに流れよ』
『ラヂオの時間』
『緊急呼び出し　エマージェンシー・コール』
『E・YAZAWA　ROCK』

8

プルミエ・インターナショナル・事務所内

練馬のマンションの一室にある事務所。窓外には都会のビル群が広がっている。
ソファに悠然と腰掛ける増田久雄。
説き聞かせるような口調で話す増田。
増田「あのね、要するに五社協定というのが破れて」

× × ×

タイトル
五社協定
大手映画会社5社（松竹・東宝・大映・新東宝・東映）が1953年に調印した専属監督、俳優らに関する協定。その後日活も加わる。
スターを〝貸さない〟〝借りない〟〝引き抜かない〟の「三ない主義」を打ち出した。
このシステムは1971年に崩壊し自然消滅した。

増田が五社協定と自身の映画業界入りについて話す。

× × ×

増田「それでまあ、三船敏郎さん、石原裕次郎さん、中村錦之助さん、勝新太郎さん、みんなこの辺が独立スタープロってのを作ってね。僕は早稲田の高等学院っていうとこ行ってた時に、映画をタダで見れるっていうんで、一応、映研に入ってたんですね。そこで、〝石原プロに取材に行くけど、お前、来るか?〟って。僕は裕次郎ファンだったんで、それで一緒に行って、それから今度は1年くらいした時に、あの1年か何年してからかな」

× × ×

『黒部の太陽』のポスター

増田「(O・L)『黒部の太陽』っていう映画を作るので裕次郎さんが全国縦断リサイタルってのをやって、製作費集めしてると。そのときに〝君、手伝いに来い〟と。高校3年生の時に言われて。それで東京と大阪の公演を手伝ったんですよ」

×　×　×

石原裕次郎と増田久雄のツーショットの写真

増田「（O・L）二人で飲んでたら。〝お前卒業したらどうすんだ〟って言うから〝いやいやまだ決めてません〟って言ったら。そしたら〝うちに来て一緒に映画やんないか？〟って言われて」

×　×　×

増田「それまでの、結構いい就職先候補は全部捨てて、〝じゃあ映画やります〟って言って、石原プロに入っちゃったって感じなんですよね。ところが、映画って怖いもんだなって思ったのが、それから1年した時に、僕が入って1年した時に、今度は借金抱えて倒産するかっていう状況だったんですよね。で、それから実際的に石原プロが映画作れなくなって、まあテレビに行くんですけど。僕はその時、石原プロ映画作れないし、裕ちゃんには、〝石原プロが映画作れるようになるまで、外で大きくなってきます〟って言ってとりあえず出たわけですよ」

×　×　×

『エベレスト大滑降』のチラシ

増田「（O・L）たまたまね僕が『エベレスト大滑降』っていう三浦（雄一郎）さんが滑った映画をスペインに持って行った時に、サンセバスチャン映画祭ってのに行った時に」

×　×　×

アーサー・デイヴィスと増田久雄のツーショットの写真

増田「（O・L）たまたま来てたアーサー・デイヴィスさんって

外人の投資家というかね。その人がすごく気に入ってくれて。で、2年後くらいに来た時に、〝お前何か作りたい映画ないのか?〟って。作りたい映画ないのか、って言われたって、僕二十七、八ですよ。〝いえ、実はこういう僕は日本の武道のドキュメンタリーを作りたい〟と」

×　×　×

『永遠なる武道』のチラシ

増田「(O・L) そう言ったら〝幾らかかる〟って言うから。あの当時でね〝6000万〟って言ったんですよ。そしたら〝出すから作れ〟って言うんですよ」

×　×　×

増田「それで、会社作んなくちゃいけないと。その映画を作るために作ったのがプルミエなんですよ。そういう風に……(咳き込み) ごめんなさい。クリエイターズ・エージェンシーっていうのを作って」

× × ×

新聞記事
クリエイターズ・エージェンシーについての記事。
タイトル「日経産業新聞」1998年12月3日号
監督や脚本家の代理人システムを導入した会社を設立した経緯を話す。

増田「(O・L)監督とか脚本家とかそういう人たちって、自分たちで御用聞きできないじゃないですか。だから誰か御用聞きしてやる人間が絶対必要なんですよね。あのマイケル・オーヴィッツって知ってます? アメリカでエージェントを作った。あの人がね、モデルだったんですよ。あの、ほんとはね、僕もうちょっとね、そっちを真剣にやれば、できたんじゃないかと今でも思うんですけど」

× × ×

増田「要するに、マイケル・オーヴィッツって、一時期はハリウッドで一番力を持った人間だったと言われた人ですけど、マイケル・オーヴィッツって何やったかっていったら、クリエイターたちの力を集結して、それを武器にしたわけですね。いわゆる企業に対抗できる唯一の武器かなって思ってね。ちょっとやったことあったんですけどね」

×　×　×

『チ・ン・ピ・ラ』のチラシ
TV局が映画業界に関わり始めた時期を話題にする。

増田「(O・L) あの頃、僕もすごく組んでて気持ちよかったのはテレビ局の映画担当の人がね、映画に対してリスペクトを持ってるわけですよ」

×　×　×

増田「リスペクトっていうのは映画が上だとか、テレビが上だとかいう事じゃなくて、やっぱり映画に対する一つのリスペクト持ってってくれて。そのリスペクト持ってくれてるっていう心地よさっていうのかな。だからこちらも、そのリスペクトを持たれているのだから頑張んなくちゃやっていうプライドもあるし。そういう意味で言ったら『チ・ン・ピ・ラ』とかね。後の『高校教師』やったり、色んなのやってますけども。先駆けにはなってたと思うんですよね。ただ、やっぱりね。最近のテレビ局って、違う人もいるんだろうけど、一般的に嫌だなって思うのは、結局テレビ局と組まなければヒットしないみたいなことになって、俺たちが宣伝して当ててあげてるだろうみたいなね。そんな感覚でいるように僕は感じるわけね」

9

タイトル　椎井友紀子のプロフィール

椎井友紀子
1957年　宮崎県生まれ

元　КИНО《キノ》

【代表作】

『ビリケン』『顔』

『この世の外へ　クラブ進駐軍』

『闇の子供たち』『大鹿村騒動記』『人類資金』

『ジョーのあした　辰吉丈一郎との20年』

椎　井「（O・L）将来？　将来？　いやそんなもの考えないでしょう？　だって、映画やってる人たちは」

10　椎井邸・自宅兼事務所

杉並の椎井邸。

階段を上った先にチェ・ゲバラの大きなポスター。

応接室にはアンティークのカメラや故人となった俳優を偲んだ写真などが飾られている。

椎井が情感豊かに駆け出しの製作部時代について振り返る。

椎　井「とても優秀だと思います。そこら辺にいる製作部よりは、たぶん私の方が。なぜかというと、学生の時に、実は私は学生運動やってたので。横浜国大に外人部隊で出入りしてたんですよ。三里塚というところにいて、当然ずっとそこにいるわけですよ。1年間。1年間ずっと現地闘争員って言って、〈現闘〉というのをやってたんで、車を自分で運転して、集会があれば全国から集まる、1000人くらい集まる、反対運動やる人たちのために道路許可願を届出したりとか、集会所をおさえたりとか、そういう裏方をやるわけじゃないですか。ほぼ同じなんですよ。だから私の中では、学生運動でやってたことと、映画の現場でスタッフ支える製作部の動き方はほぼ同じで、何の違和感もなく、まあ、天職かなと思いながらやってましたけどね」

×　×　×

椎井の製作部時代の撮影現場の写真

椎　井「(O・L) 現場からずーっと一歩一歩上がって」

× × ×

『王手』の撮影現場での橋本文雄とのツーショット写真

椎井「(O・L) たまたま阪本(順治)監督の『鉄拳』っていう映画を、それは(製作)主任だったんですけど。その後『王手』という映画があって」

× × ×

椎井「その時に荒戸源次郎さんというプロデューサーから、〝椎井さんプロデューサーやってみませんか?〟っていう風に言われて。まあ、ちょっと自信は無かったんですけど、プロデューサーの仕事を考えると。でも荒戸さんだったら胸を借りて好きなことやれるかなと。普通の会社のプロデューサーではちょっとないので、はみ出しているので元々。ということでその時に請けて、そこからプロデューサー業をやってますかね。うん」

×　×　×

『人類資金』のスチール

×　×　×

映画『人類資金』を作った経緯。

そして、その後のＫИＨＯ事務所について話し始める椎井。

椎　井「3年前に私が『人類資金』やりたいって思ってたのは、リーマンショック以降ずっと考えていた中身で、世界の経済がこれからどうなるか。お金の使い方。お金がたくさんあれば幸せかって、そうじゃないとか。まあ、色んなこと。今になって本がいっぱい出てくるんですけど、それがずっとテーマの中にあったことを、やるんですけど、それを理解してもらうっていうのが、まず難しいわけですよ。主役も例えば（佐藤）浩市さんだったり、基本お金も集まりそうもないこの映画に、もしかしたら立ち上がるかどうかも分からない映画に、声をかけて出てくれるメンバーが、あの役者さんたちだったんですよ、みんな。心意気も含めて。椎井さんがそこまで言うんだったらっていうところで。それは香取（慎吾）君もそうなんですけど。表看板どうでもいいんですよ。人間なんですよ。人間がどれだけ信頼されてるかですよ。だから私は東宝の、東宝だから信用して仕事するわけでも、どこかの大きな電通さんだからやるわけでもなくて、そこに誰がいるのかなんですよ。で、逆を見てもらえる人だけが私を支持してくれたわけですよ。業者もつまり〝椎井さんだからいいよ〟って言ってくれた業者がいたっていうことですよ。その、КИНО事務所は20年で閉じました。それが2013年。うん。ただプロデューサー業というよりは、まあ残務整理もいろいろあるので、1年2年はまだ東京にいないといけないし、まあ、私が例えばお金を集めて、これから企画を考えて映画をするってことはもう無いです。ただ、いろんな人たちが〝椎井

さん手伝ってよ〞とか。そういうのはまだ声がかかってい
るうちは、私にできることがあれば、今やってるのが現状
です」

11 スローラーナー・事務所内

渋谷にあるスローラーナーの事務所。
狭い室内に反比例して、棚にはフィルムやテープが詰
め込まれ、物が溢れかえり、雑然としている。
平積みにされた本や企画書の束が柱となって天井に着
きそうなほど。
映画製作の事務所というよりは、市井の研究者の部屋
の雰囲気。
ノートPCの前に座る越川道夫がタバコを片手に電話
している。

越　川「はいはい、はい。あ、それね……」

パソコンのスクリーンセイバーが家族の写真を次々と
映している。

× × ×

越川道夫のプロフィールタイトルが現れる。

スローラーナー代表

越川道夫

1965年　静岡県生まれ

【代表作】

『路地へ　中上健次の残したフィルム』

『俺たちに明日はないッス』『海炭市叙景』

『ゲゲゲの女房』『かぞくのくに』

『楽隊のうさぎ』『アレノ』

続く電話の声。越川の仕事中の様子。

越　川「今、IMAGICAに言って戻してもらっている最中で、その後のハードディスクの中身を僕、確認してそちらに出そうかなと思ってたんですけど」

× × ×

タバコを片手に早口で、しかし時折、逡巡しながら話す越川。

自身の経歴を振り返る。

越川「助監督はやってましたけど、製作部ですらないから。要するにさ、プロデューサーを勉強したことも習ったこともないんですよ。全然できない助監督でしたけど。現場を出るようなこともあり、プロットライターみたいなことをやらしてもらったこともあるし、映画館で働いた、昔の文芸坐の映写をやってたり、俳優座シネマテンていうところで映写をやったり、そのまま俳優座シネマテンで洋画の配給ってのに関わらしてもらったり、ビターズ・エンドにも若干いましたけど、その時も僕はほとんど洋画やってましたからね。ここの事務所だって会社にしないといけなかったからしたぐらいで、別にすごくしたくてしたわけではない。僕はジャック・リヴェットが好きなんですけどね、なんであれがさ、『セリーヌとジュリーは舟でゆく』とか、もう大好きなんですけど。何にも分かんないけどね一つも分かんないけどね、観てても。でも、ものすごい楽しいんですよ観てて。あろうことか泣いたりするんで。なんでこれは成立してるのかっていう。その魔法の中身を僕は知りたいじゃないですか。だからやっぱり考えるし、色んな実験をやっぱりしたいと思うっていうところはあると思います。僕はそんなこんなで結局映画に関わる仕事しかしてきてないんで、映画についてウダウダ考えているだけなんです。何の答えも持ってないですよ、僕は。映画に対して。だけど、映画というものに対してこう、ウダウダ考えることは好きなわけですよ」

× × ×

『かぞくのくに』のチラシ
タイトル
ヤン・ヨンヒ監督との脚本づくりについて
『かぞくのくに』についての話題。

新人監督とプロデューサーの関係について語る。

越川「(O・L)一回さ、自由に書いてきなよ」

× × ×

越川「ただし、予算はこうでこうなんだから、こういうことでないと、こういう脚本にしないと全体としては、はまってこないから、こういう視点で一回書いてきてって言っても、それはいわゆる劇にはなってない。シナリオになってないって言い方は変なんだけどさ、劇になってなかったりするわけですよ。じゃあ、それを劇にしていくためにはどうしたらいいかということになって、そこから僕の試行錯誤が始まるわけだから。若いライターと一緒にやらせてみたり、それでなかなか上手くいかなかったりすると、じゃあ俺が編集者として付きっきりでやるからって。こういうことやるんだったらこういうことが必要なんだよ、これはいらないよっていうのを全部やるんだよね。それはもう、ヤンさんは〝国語の教師のように〟と言っていましたけど。それはもう付きっきりでというか。死ぬほど直しました」

×　×　×

タイトル
映画を作るとき何を考えますか

×　×　×

越　川「何をお客さんに、どういう快楽を売ろうとしてるのか？ っていうことだと思うんでね。だからもちろん、そう思って作っているから、そうなんだけど。うーん、なんかそれで、あんまりそれ以上のホント正直ないんです、すいません、ごめんなさい。それ以上のあれはね。例えば２００人いてさ。２００人全員に必要なものとさ、でも、その中で30人にだけ必要なものもあるわけじゃない。で、30人に必要なものを僕は作りたいと、どっかで思っているから」

12

タイトル　甘木モリオのプロフィール

シネバザール
甘木モリオ
（本名・南里幸）
1962年　福岡県生まれ
【代表作】
『ファンシイダンス』『平成「ガメラ」シリーズ』
『ラブ&ポップ』『ローレライ』
『監督失格』『ヘルタースケルター』
『トイレのピエタ』

13

シネバザール・事務所内

成城の東宝撮影所内にある事務所。
カラフルな色使いの物が多く、秘密基地のような雰囲気。
質問に対して明確に答える甘木。

シネバザール設立について甘木が話し始める。

甘木「それはね、黒澤組の製作部の仲間が何人かいて。で、皆フリーなんだ。作品があるたびに集まってきてやるみたいな。ずっと黒澤組をやってるわけじゃなくて、間は他の仕事もやるわけじゃない。だから情報交換であったりとか、それから、その間にある仕事を自分達から発信していくような。そういうアイディアを提案し合ったりとか、そういう場が欲しいね、みたいな。別に飯食うだけでもいいし。なんかそういう会を作ろうということで、それで始めたんだよね。まあ〝屋号だけ一応つけとこうか〟っていうことで、シネバザールって屋号にしたんだけど。それは俺が発案したんだけど。和田倉（和利）もいたし、その時というよりもシネバザールを立ち上げた後から参加したメンバーだけど、キャスティングやってる杉野（剛）っていうのも黒澤明さんの映画研究生として『乱』に入ってきたスタッフだし。シネバザールをあるタイミングで法人化しようという時があったんだよね。それは理由は、えー、結構、その……なんだろう。まあ、パッケージというか、下請けでやってくれないかっていうような仕事が増えてきて、要するにある予算を委託するから、その範囲の中でこれだけのことをやってくれみたいな。議決を採ったら、まあ俺が言い出したんだけど、俺と和田倉と、あと録音の橋本（泰夫）さんっていう。この3人が手を挙げたんで、じゃあ会社を作りましょうと」

× × ×

東宝スタジオの実景。
門の前のゴジラ像と『七人の侍』の壁画。
スタッフルームが集まる建物の奥にシネバザールがある。

甘木「（O・L）東宝じゃないのに、東宝スタジオの中に事務所があって。きっかけは『ローレライ』って映画の時に東宝スタジオにスタッフルームを作ったんだけど、ちょうどその時に黒澤フィルムスタジオにうちのオフィスはあったんだけど、そこをちょっと空けなきゃいけないってことにな

ったんで。だったら『ローレライ』のスタッフルームを
『ローレライ』が終わったあとにそのまま引き継いで」

× × ×

甘木「うちのオフィスとして使えばいいんじゃないかってことで、東宝に話をして、東宝さんの方にうちが入ることによって、そもそも東宝との仕事も多かったし、メリットばっかりで悪いことなんか何もないって話で。じゃあ、そこにうちのヘッドオフィスを移しましょうっていう話になった。僕の考えとしては大手とちゃんと渡り合っていかないと、インディペンデントのプロデューサーは立ち行かなくなるっていう感覚が強いんだよね。映画もインディペンデントっていったら単館でね、ミニシアターで公開を編成するようなことが、インディペンデントの主流だと思われたら、そうじゃないと僕は思っていて、もちろんそういうやり方もあるけれども、ちゃんと大手の映画と同じように肩を並べてシネコンで映画をかけることも当然やっていかなきゃいけ

ないし。その両方を自在にできることがインディペンデントの特性だと思ってるんで。映画のもちろん中身もすごく大切だけども。映画の中身だけじゃなくて、何かこう、人を寄せ付けるような要素もやっぱり必要になってきたわけじゃない。例えば観たらさ、これもうほんとにしょうもない映画だったよなっていうような映画でも、たまたまシネコンのラインナップの中で何か惹きつける要素みたいなのがあった結果、観てしまうことだってあるよね。でも、ビジネスっていう部分で言えば何か客を寄せつける、お客さんが惹かれるものっていうのをそのパッケージの中に組み込んでいるわけだから、作り手はその小手先じゃなくって、ちゃんと本物を、面白いもの作ったうえでパッケージもしっかり、お客さんを惹きつけるようなパッケージにして出さない限り、この群雄割拠の映画の戦国時代を生き抜くことはできないっていうことなんじゃない。むしろシネコン時代になって、より競争が激しくなったんじゃないかと思うよ。それを生き抜くのは大変だと思うよ」

14

リトルモア・外観

原宿駅のほど近く、山手線沿いにある3階建ての建物。ハイエースが無造作に停まっており、窓には映画のポスターが貼られている。

×　×　×

孫家邦のプロフィールタイトルが現れる。

リトルモア代表

孫　家邦

1961年　大阪府生まれ

【代表作】

『夢二』『ファザーファッカー』『空中庭園』

『東京タワー　オカンとボクと、時々、オトン』

『ウルトラミラクルラブストーリー』

『まほろ駅前多田便利軒』『舟を編む』

× × ×

孫が関西弁の親しみやすい調子で話し始める。

孫「(O・L) あのね、僕演劇をやっていたんですよ。学生やりながら。アングラ」

15 リトルモア・事務所内

電話がひっきりなしに鳴っている忙しそうなオフィス。

その一角の会議スペース。

無造作に積み上げられた本や書類の前に座る孫。

プロデューサーになった成り行きを話す。

孫「野外でやったりするわけですよ。そしたらバイクが50台くらい走り回るとか、バイクがいきなり炎上するとか。で、炎上とかさ、やっぱりスイッチ一個でボンと燃やしたいわけじゃん。そういう時に、火薬、爆破のことを本当に真剣に手伝ってくれてたのが、助監督の阪本順治って人やった。ちょっと先輩やったけれども。やっぱ映画やってるから、助監督でノウハウもあったから。阪本さんがある台本を持ってきて。それ『熱』っていうタイトルだったんだけれどね。あつい、あの『熱』、熱帯の『熱』。で、その本が、何本か阪本さんの台本は友人として読んでたんだけど、ものすごく面白かったんですよ。すこぶる面白いなと思って。それを、荒戸（源次郎）さんに〝これ、荒戸さん、映画のプロデューサーやねんから、たまには映画でも作ったらどうですか？〟みたいに渡してね。で、荒戸はもう〝なんだ、この時代に助監督なんかやってる奴に才能なんかねえよ！〟って。で、阪本は阪本で、俺が〝荒戸さんに本渡した〟って言ったら、〝お前はなんてことしてくれるんや！あれは映画の業界でどんな風な悪名で通ってるか知ってんのか〟って。二人から総スカンを食うんだが。まあ一回、会ってみようということになって。会ったら、二人はとても意気投合したんですよ。で、その本が、色んな改稿を重ねて『どついたるねん』っていう映画になるんでね。それで、僕はもちろん映画の現場には入ったことないし完全に素人なわけですよ。だけど、そこが荒戸のすごいところなんだけれども、お前が企画であれと。おまえが企画プロデューサーなんだと。とにかく人と人を合わせて何かが生まれる時に、そのはかりごとをしたやつが企画なんだと。だから、おまえがプロデューサーだと。そういうことで映画界に放り込まれたんやね。僕全然映画業界に入りたいとか、プロデューサーになりたいとか、一回も思ったことないんで」

× × ×

『東京タワー　オカンとボクと、時々、オトン』『舟を編む』『まほろ駅前狂騒曲』のチラシ
映画を製作する時のプロデューサーとしての方法論に言及する孫。

孫「(O・L) 出来るだけ我が儘にやりたいなと思うけどね。ただ、一個の映画をやるときに一つずつ仮説は立てたいわけですよ」

×　×　×

孫「内容的な仮説か経済的っていうか、なんか、こういわば、はかりごと。戦争としての仮説なんかっていうね。でも、やっぱり何をやりたいっていうよりも、どんな仮説が立てれるかってみたいなもんかなあ。結果なんかどうでもええのよ、極端に言うと。別にええやんか、失敗しようが何しようが。映画なんてさ、戦争ごっこみたいなもんやんか。そんなことない？　命は取られへんけどさ。だから、やっぱり作戦図がないと。一応、プロデューサーってそういう意味では参謀なわけでしょ？　で、参謀ってさ、こういうふうに攻めるんやとか、こっちから回るんやとか、ここで罠をしかけるんやとか、作戦図を書くのが、プロデューサーでしょ、多分。それを俺は仮説みたいな言い方するけども、そういう図が描かれへんかったら、兵を走らせることは出来ないよね。で、俺はそんな上目線で兵隊って言ってる訳やなくて、みんながどういうふうに突き進んだらええのかっていうのが、やっぱある程度、うん、考えてやんないと。無駄になったりするとね、まあ死にはせんけど。無駄死にいう言葉違うけど」

16

タイトル　山上徹二郎のプロフィール

シグロ代表
山上徹二郎
1954年　熊本県生まれ
【代表作】
『ゆんたんざ沖縄』『老人と海』
『絵の中のぼくの村』『橋のない川』
『映画　日本国憲法』『まひるのほし』
『沖縄　うりずんの雨』

山　上「（O・L）ああいや、全然何も。うん。全く映画は眼中になかった。映画をやりたいなんてことはもう微塵も思わなかったね、めんどくさいと思ったし」

17　シグロ・事務所内

中野にあるシグロの事務所。
必要な物のみが置かれているシンプルな印象。
目の前に座る山上は温和な雰囲気を漂わせている。
山上が穏やかな口調で丁寧に映画に関わるきっかけを話し始める。

山　上「人と一緒になんかやるのはとても自分にやれるとは思わなかったし、想像もしなかったね。そうですね、全く興味がなかったね。僕は高校生の3年生の時ってほとんどもう高校に半分も行ってないぐらいですよ、そういう状態だった。水俣に関わって、その水俣の被害者の人たちの支援の運動やってる時に、ちょうどその当時、東プロダクションといっていた土本典昭さんたちが水俣病の記録映画のドキュメンタリーを撮りに水俣に通って来てたんですよね。だから、むしろ僕はその時は被写体の側。実際に熊本市内の繁華街でカンパ活動したり、学生服着てカンパ活動したりしてるところ撮られたりとか。その後、色々なことがあって。そして水俣の現地に僕は住み込んでましたので、水俣で僕の役割は九州地区を土本さんたちが作った水俣の記録映画を上映して回る上映運動をやると。それも別にその映画の仕事としてやるわけでなくて、水俣の支援運動の一環として。まあ、それがきっかけで東京に出てこないかっていう声かけてもらって」

× × ×

「水俣病を告発する会　チッソ本社前　座り込み68日」の映像。©Fujiko Nakayama/Hakudo Kobayashi
まだ幼い面影が残る若者たちが楽しそうに抗議の座り込みをしている。
その中には若かりし頃の山上の姿も。
誰かが拡声器を使って話している。

× × ×

タイトル
プロデューサーは必要か

× × ×

山上「いや、あまり意識してないですけどね。プロデューサーというのは役割だと僕、思ってるんですよね。プロデューサーが必要かと問われれば、やっぱり映画、一本の映画を作るためにはプロデューサーの存在っていうのはもちろんなければならない。絶対になければならない存在なんですけれども、だけどもこれはね、人に付いてるものではなくて役割なんですよ。ですから映画監督がプロデューサーの役割を務めることもあれば、俳優がプロデューサーを務めることもあれば、カメラマンがプロデューサーになることもあるわけですよね。役割を担う人が必要であって、プロデューサーっていう、なんか特別な存在が必要というのとは少し分けて考えた方がいいかもしれない。やっぱり大事なのは役割なんですよね。プロデューサーの役割だと思うん

『沖縄　うりずんの雨』2015年
監督　ジャン・ユンカーマン
製作　シグロ

ですよ」

×　×　×

タイトル
映画製作の苦労

×　×　×

山上「もちろん大変さの中身っていうのは二つですよね。一つは映画の製作費。当時は製作委員会方式とかそういうことではなかったので、しかもわりに映画のテーマがね」

×　×　×

映画『沖縄　うりずんの雨』
沖縄問題に関するドキュメンタリー映画のインサート。
《オスプレイ配備阻止、普天間基地閉鎖》などの横断幕が映し出される。

山　上「（O・L）難しい、テーマが社会的なものだったり、そういう難しいテーマが僕の場合多かったので、自分で映画の製作費を準備すると。で、準備するというのは僕自身がお金持ちではないですし家もまったくそういう家庭ではないので」

×　×　×

山　上「まあ自分でお金を借りて、そして、映画を作って、その映画の上映で返していくというやり方をずっとしてましたからね。それから二つめはやっぱり32歳で独立してますから、やっぱりなんていうか、やんちゃだったんだとは思うんだけども、ほとんどみんな年上ですよね周りが。監督もそうだし。まあ土本さんなんていうのは僕より20歳以上も年上で、東陽一監督だって僕とちょうど20歳違う。そういう年上の監督たちと仕事をするわけだから、やっぱり大変ですよね」

18

タイトル　渡辺敦のプロフィール

神宮前プロデュース
渡辺　敦
1946年　静岡県生まれ
元　ディレクターズ・カンパニー
【代表作】
『永遠の1／2』『ネオチンピラ　鉄砲玉ぴゅ～』
『笑う蛙』『油断大敵』『ハサミ男』
『しゃべれども　しゃべれども』
『やじきた道中　てれすこ』

渡　辺「（O・L）博報堂に11年。11年でやめられたんだけども」

19

アルタミラピクチャーズ・会議室

渋谷にあるアルタミラピクチャーズで行われたインタ

ビュー。

白を基調とした会議室の中、きちっとスーツを着込んだ渡辺が座る。

渡辺がディレクターズ・カンパニーの設立の背景を話し始める。

力強い、熱を持った口調。

渡辺「同じ博報堂の同期で悪友達の宮坂（進）というのが、あるプロデューサー、CMプロデューサーと仲良くて。で、その方が9人の監督がいるんだけど会社を作るにあたって、全然関係ない業界で、関係ないやつを捕まえろとみんなに言われて。それで宮坂がそこに引っかかったというか。うん。それで、彼一人じゃアレだし、ナベさん、お前、『キネ旬』くらい読んでるとか言ってると聞いてるからさ、一緒にやろうよって。というのがきっかけで。僕は大反対してね」

× × ×

タイトル
ディレクターズ・カンパニー（ディレカン）
1982年、当時新進の映画監督9人が集まって作った映画製作会社。メンバーは、長谷川和彦、相米慎二、高橋伴明、根岸吉太郎、池田敏春、井筒和幸、大森一樹、黒沢清、石井聰亙。

渡　辺「（O・L）9人で」

×　　×　　×

ディレクターズ・カンパニーの集合写真
渡辺敦、黒沢清、石井聰亙、相米慎二、池田敏春、寺田農、長谷川和彦、井筒和幸ら、錚々たる面子が集まっている写真。

渡　辺「（O・L）3人が町場、ピンクとか。ピンクグループとかいて。一番頭が伴明さん、それで8ミリ関係だと、黒沢さんとか大森一樹さんとか。日活系でいうと、根岸さん池田さんや」

　　　×　×　×

渡辺「ゴジ（長谷川和彦）なんかもどっちかいえばフリーっていうか、日活ではないけど、あの辺でブイブイやってる町場の、っていう。それで、黒沢さんはまだ監督になってなくて、ディレクターズ・カンパニーで」

　　　×　×　×

『神田川淫乱戦争』のスチール

渡辺「（O・L）『神田川淫乱戦争』でデビューしたという」

　　　×　×　×

渡辺「監督の才能を発揮する、いわゆる芸術映画を俺ら作ろうと思っちゃいねえよ、ってのは皆共通してました。だけど、やりたいものをやりたいっていうわがままな話で。これは

『ラブホテル』1985年
監督　相米慎二
脚本　石井隆
主演　速水典子、寺田農
製作　ディレクターズ・カンパニー、にっかつ

ビジネスには成り得ないことなんだけども。そういうもので、ゴジが吠えて吠えまくって、みんなを集めてきたというところだから、それは強い、強いですね。強かったですね。理想的には理想的かもしれないけど、それは、早晩なくなります。作りたいもの作って（客が）入った試しないですから、大体映画ってね」

×　×　×

映画『ラブホテル』のオープニング・タイトル
ベッド上の村木（寺田農）のサングラスに明滅する照明が反射する。

×　×　×

ディレクターズ・カンパニーの後期について語る渡辺。

渡辺「ディレクターズ・カンパニーで最後のほうは大変に苦労したというか、迷惑をかけたという。やっぱり映画と違って

会社は会社なりの経営の、良さも悪さもあって。その時に、映画ってポンポンできるもんじゃないんで、違うことをせないけないんだよね、事務所を維持するってのは。まあ、やりたくもないテレビの方にいったりとか、やりたくないCMやったりとか。うん」

× × ×

東京湾の船上で撮影されたスチール
海に向かって釣竿を垂らしているディレクターズ・カンパニーの面々。

× × ×

ディレクターズ・カンパニー時代に得た財産について渡辺が話す。

渡辺「監督と……あの、脚本を書ける監督もいるんだけど、くっつけた方がいいというのが、僕がディレカンで教わったことで。要するに、1足す1が2じゃなくて2とか3になる可能性があるんだよね。ライターとプロデューサーと監督が集まって、クチャクチャやってりゃ。それと、もう一つは本を作るのは金がかからない。ていうのをディレカンで教わって。今でも思ってますけど。ライターにその分払えば済むこと。それが本がよくできてないとか、締まってないと、現場でお金がかかっちゃう。だから何回でもね、本を書き直す。打ち合わせし直す。まだかまだかってやるのは、これはディレクターズ・カンパニーの監督に教わった。大森さんは自分で書きます。それ以外は教わったことで。それをね、この企画でこのライターで、さっきの『しゃべれども（しゃべれども）』でないんだけど、ピタっと合うっていう醍醐味が、プロデューサーの醍醐味かなと僕は思う」

20

ツインズジャパン・事務所内

新宿に事務所を構えるツインズジャパン。

広いオフィスの中で下田淳行が忙しそうに携帯片手に
誰かと話している。

×　×　×

下田淳行のプロフィールタイトルが現れる。
ツインズジャパン代表
下田淳行
1960年　兵庫県生まれ
【代表作】
『エンジェルダスト』
『「勝手にしやがれ!!」シリーズ』
『CURE』『黄泉がえり』『どろろ』
『感染列島』『余命1ヶ月の花嫁』

下　田「(O・L)僕、最初に訪ねて現場に入ったのが、ディレクターズ・カンパニーっていう製作会社だったので、そこからスタートしたって感じ。そこだけの仕事をしてたわけじゃなかったけれども」

×　×　×

温厚な雰囲気で、笑顔を絶やさない下田。
下田がゆっくりと丁寧に話し始める。
自身の経歴と、その時々の映像業界の変遷について振り返る。

下　田「今55歳で、プロデューサーになったのが30なんですね。それまでは現場で製作部っていうのを大学卒業してからやってて、フリーでやってて。それで先輩に誘われて製作会社を一緒に作ったんですけど。ちょうどその頃に、テレビの世界で深夜ドラマみたいなのがぽちぽち作られ始めて、今はもういっぱいあるんでしょうけど。関西テレビで『DORAMADAS』だとかっていうシリーズが始まったので、それにとにかく企画書を出しまくって。あの……もの凄く作ってたわけです。その時に楽しかったのは、すべて予算も限られてる代わりにオリジナルで構わないよっていうよ

『勝手にしやがれ!! 強奪計画』1995年
監督　黒沢清
脚本　安井国穂、黒沢清
主演　哀川翔、前田耕陽
製作　ケイエスエス

うな世界だったので。それでもう、バンスカ出すと。だから何をやりたいかっていうよりも何かやるために出す。で、もうバンスカバンスカ出してて、100本近くやったと思いますよ」

×　×　×

映画『勝手にしやがれ!!強奪計画』のオープニング・タイトル
ベルを鳴らして耕作（前田耕陽）が画面奥から自転車で駆けて来る。
雄次（哀川翔）を呼び出し、慌ただしく飛び出す二人。

下田「（O・L）僕はすごい幸運だと思うんだけど、僕が主に深夜ドラマをやってVシネマやって」

×　×　×

下田「それから劇場映画を。それも、ちょっとチェーンの大きな劇場映画をやっていくっていうのは、ちょうど自分にとっては、日本の映像業界が、商業映画だけど、映像業界が変わっていくのと、ちょうどリンクしてるなっていう。自分なりにはそう思ってるんですね」

×　×　×

『CURE』チラシ
理由あって世の中には出回らなかったバージョン。

×　×　×

下田が多くの作品の中から、印象に残っている作品について話す。

下田「『CURE』は抜群に残ってます。予算も7000万ぐらいの映画なんですよ『CURE』って、製作費は。そういう映画が、もちろん日本で公開をしてすばやくビデオパッケージにして、二次利用で回収していこうっていうふうなことを計算されて作られた映画だけれども、海外の映画祭に行くとかっていうことは、全くそういうふうに予想も当初はしてなかったわけですね。どんどん見も知らぬ海外の人たちが、〝面白かったぞ〟っていうふうに言っているらしいってことは聞こえてくるわけですよね。だから、自分たちが作った映画だけど、自分たちの知らないところでどんどんその映画が広がって、大きくなって成長していくっていうのを僕らはただただ驚……まあ監督は知らないけど、僕はただただ驚いて。〝おおそうか〟って思ってるだけなんですよね。だから、その時にしか起こらない組み合わせがあるんですよね、きっと。それはもう次の作品で、それを再現しようと思うと、何かマニュアルのようになって、上手くいかない。だから、新しい作品の時にはまた新しいことをしなきゃいけないってことなんだと思いますけど。だから、分かんないですよ。『CURE』っていうのはそういう意味では、僕があと何年プロデューサーをやるかも分かりませんけど、やはりそれは、かけがえのないというか、ものすごいラッキーな経験をした、とびきりの映画には違いないと思いますね」

21

タイトル　山田耕大のプロフィール

シナリオライター
山田耕大
1954年、愛知県生まれ
元　日活、メリエス
【代表作】
『家族ゲーム』『ザ・中学教師』
『良いおっぱい悪いおっぱい』『木村家の人びと』
『セーラー服　百合族』『ダブルベッド』
『それでも僕は母になりたい』（テレビドラマ）

山田と若手監督との飲み屋でのエピソード。
映画の尺についての議論。

山　田「（O・L）（映画の尺が）無駄に長いって話をしていたら、一緒に飲んでた若い監督が僕に食ってかかってきて。映画が長いのが何で悪いんだ！　つって僕にからんできて、（僕が）『ゴッドファーザー』を観ろって言って。お前、『ゴッドファーザー』を知らないの？　って」

22

アルタミラピクチャーズ・会議室

渋谷のアルタミラ会議室で行われたインタビュー中の雑談。

肩の力の抜けた、飄々とした語り口の山田。

山　田「コッポラは5時間ぐらいの映画を撮って全く切るつもりはないって言ってたんですよ。それ観せたらもう総スカンでプロデューサーが2時間40分に切ったんですよ。そしたら見違えるようなすばらしい映画になって。それ観てコッポラはびっくりしたらしいんです。映画の力ってなんて素晴らしいんだっていう」

×　　×　　×

『家族ゲーム』１９８３年
監督・脚本　森田芳光
原作　本間洋平
主演　松田優作
製作　にっかつ撮影所、ＮＣＰ、ＡＴＧ

『ドレミファ娘の血は騒ぐ』１９８５年
監督　黒沢清
脚本　黒沢清、万田邦敏
主演　洞口依子
製作　ＥＰＩＣソニー、ディレクターズ・カンパニー

映画『家族ゲーム』のオープニング・タイトル
特徴的な横並びの食卓シーン。
家庭教師の吉本（松田優作）が暴れ、食卓が大混乱している。
山田が日活プロデューサー時代を振り返る。

山田「（Ｏ・Ｌ）『家族ゲーム』やったり『ダブルベッド』やったりして、僕の評判が頂点になったんですよ」

×　×　×

山田「お前はすごいな、よく頑張ったなんて言ってたんだけど、（日活を辞めた）きっかけはね、黒沢清さん。『ドレミファ娘（の血は騒ぐ）』ね。あれは（当時のタイトルは）『女子大生恥ずかしゼミナール』という」

×　×　×

映画『ドレミファ娘の血は騒ぐ』のオープニング・タ

イトル
潤んだ瞳の秋子（洞口依子）が正面を見つめるクロースアップ。
秋子と平山教授（伊丹十三）に強い風が吹きつけられ、紙が舞う。

山田「（O・L）（日活で）1000万で買い取り作品をやろうと、それを2本並べて通常の買い取り作品で3本と、ちょっと実験的にやろうと言いだしてですね。その時に、買い取り作品だから外部と組もうって」

×　×　×

山田「ディレカンに声をかけ、ユニット・ファイブに声をかけたんですよ、まずね。それで、ディレカンで社長の宮坂さんに会って、〝ロマンポルノ一緒にやりませんか？〟って言ったら〝おっ、うちの黒沢どう？〟って。（黒沢を抜擢したのは）僕の発想でも何でもない。その時に黒沢さんを初めて知って、〝とにかく『神田川淫乱戦争』観てよ〟って言われて。観たら、めちゃくちゃ面白かった。じゃあ、やりましょうって、そういう経緯なんですよ。(『女子大生恥ずかしゼミナール』は)お蔵になったんです、あれ確か。それはね、あの、ただね、あれは僕としてはこんな面白い本は見たことないっていう。多少の意見は言いましたけど。ほとんどタイトルから全部、黒沢さんのものですよ。僕はそれをなるべく商品に近づけよう近づけようと。ここやっぱり、セックスシーン入れたほうがいいんじゃないですか? みたいな。そういう話ぐらいしかしなかったですね。だから僕の企画でもなんでもないです。タイトルも彼が付けたんですよね、うん。たまたま買い取りで大型買い取り担当したら、重役のすごい逆鱗に触れて。ただ、後で聞いたら『ドレミファ娘』っていうタイトルで(再編集して公開したものが)ディレカンの唯一黒字を出した映画らしいです。あの映画だけ儲かったんです。ああ、でも結果良かったなって」

山田がプロデューサーからシナリオライターへの転向の経緯を語る。

山田「いちプロデューサーとして、やっていこうと思った時に、僕の企画じゃないですけどタイを舞台にした映画があるんですけどね。織田裕二を（主演で）ちょっと現場やってくれないかって言われて、まあ、じゃあやるかと。で、やって、ダメなんですね。傷ついたというかね、自分の才能……現場プロデューサーとしての才能の無さに愕然としましたね。やっぱりね、役者の扱いがうまい人とかね、スタッフをコントロールするっていう、ああいうね能力のある人っているんですねえ。僕はもう全然ダメで。せいぜいまあ一緒にお酒飲むくらいで。愚痴を聞くとか。文句言われたら、〝はいはい〟って聞くとかね。もうそれぐらいしかできなくて。いわゆる攻撃的にクリエイティブにみたいなことがどうもできなかったですね。その時に僕は向いてないなあというふうに。で、これを最後に辞めようと。プロデューサーを辞めたら他にやることないかもしれないけど、じゃあもういっそのこと辞めようかってふうに思っていたら、たまたまですね、日活時代の先輩のプロデューサーが、〝Vシネマを今バンバン作ってるから、おまえ書け〟って言われて。そしたら、もう次から次へと仕事が回ってくるんですね。そこからずっとライターになっちゃったという」

若いプロデューサーに向けて。

山　田「ほんとに脚本をね、あんまりよく読めてないんですよ。僕もそうだったっし。表面的にセリフだけウアーッと拾って面白いような気がしたりとか。それを僕は、是非これから日本映画をどんどんやってく、プロデューサーをやっていく人たちにまずシナリオをきちっと読めるように（なってもらいたい）」

23

アルチンボルド・事務所内

新宿の街中にある、簡素な事務所。
窓外は新宿の繁華街、中は狭い上に机が詰め込まれ、さらに狭く感じる。
成田尚哉が携帯をチェックしながらタバコをふかしている。

×　×　×

成田尚哉のプロフィールタイトルが現れる。
アルチンボルド代表
成田尚哉
1951年　東京都生まれ
元　日活、NCP、ボノボ
【代表作】
『嗚呼!!花の応援団』『ラブホテル』
『1999年の夏休み』『櫻の園』『ヌードの夜』
『800　TWO　LAP　RUNNERS』
『海を感じる時』

成田の渋いバリトンの声が響く。
哀愁が漂う口調で、自身の製作する作品の性（さが）
について語る。

成　田「（O・L）まあ俺はどうしてもエロ系が。ロマンポルノで
10年やったからこうエロが好きな人間になったんじゃなく

て、元々そっち、細胞が。そっちに刷り込まれて」

× × ×

成田「エロが。だからロマンポルノ喜んでやったし、その日活辞める時も俺は外でロマンポルノやりたいなってふうにまあ思ったしね、うん」

× × ×

タイトル
日活ロマンポルノ
1971年に日活が経営立て直しのために成人映画路線をスタートさせ88年まで続いた。
神代辰巳、小沼勝、加藤彰、田中登、曽根中生ら鬼才の監督たちが名作を生み出した。

× × ×

『天使のはらわた　赤い淫画』1981年
監督　池田敏春
脚本　石井隆
主演　泉じゅん
製作　日活

映画『天使のはらわた　赤い淫画』のオープニング・タイトル
カメラが引いていくと、縛られた名美（泉じゅん）の肢体が露わになる。
ジャングルジムの中で雨に打たれ、天を仰ぐ名美。

×　×　×

日活時代の企画について語る。

成田「まあ、日活は日活で会議では、もちろん映画は作品であるけども商品であるってことも、嫌っていうくらい教えられるわけですよ。『花の応援団』という企画があって、僕は、〝これ絶対面白い映画になりますよ〟と自信満々で言ったけども、コテンパンに叩かれて」

×　×　×

『嗚呼!!花の応援団』1976年
監督　曽根中生
原作　どおくまん
脚本　田中陽造
主演　今井均
製作　日活

映画『嗚呼!!花の応援団』のオープニング・タイトル
竹刀で叩かれて、喝を入れられている下級生たち。
学ランの応援団員たちが画面狭しと暴れている。

成田「(O・L)営業部、いわゆるセールスっていうんですけど、営業部からまず大反対の声が上がったんですよね。血判状出すくらいの勢いですよ。それでまあ、すったもんだして。結局、企画は三浦(朗)プロデューサーが味方になってくれたし、三浦さんの力が大きくて曽根中生で大ヒットしたわけですよね。だからそこで学んだことは、(ヒットする)方程式はない」

×　×　×

成田「こうすれば当たるというのはウソだと思う。お客のために、という言い方をすぐするけど、お客のため……お客のことわかるのかな、という疑問が俺は凄く強い。そんなことよりは、自分のことすら分かんないのに他人のことも分からない。でもせめて、自分が好きだなって思うこととか、自分はこれ信じる、そっちの方がよっぽど正直だろうなっていう。そう思ってるもんだから、インディーズでマイナーなプロデューサーになってるんですけどね。貧乏してる理由はそこです」

印象深い作品について成田が話す。

成田「うーん、ホラー物も何本もやって、いろんなことやったけど、一番苦労したのは『海を感じる時』っていうやつをね」

×　×　×

『海を感じる時』のチラシ

成田「（O・L）これはほんとに映画になってよかったけど。30年ぐらい前から原作交渉して断られたり、荒井（晴彦）さんが脚本を書いてたりね」

×　×　×

成田「それが日の目を見たとかっていう。個人的には苦労した分、嬉しかったですね。それなりに単館でヒットはしたけど、まあ成功報酬もなく、印税もなくね。やっちゃいましたけどね。フフフフ」

24 レスペ・事務所内

新橋にあるレスペ。
モダンな雰囲気のオフィス。本棚には本が隙間なく几帳面に収納されている。
応接スペースのソファに腰掛けた李鳳宇《りぼんう》がコーヒーを一口飲む。
悠然とした大らかな空気を纏う李。
映画を始めたきっかけからシネカノン設立までの経緯を話し始める。

李 「(O・L) やっぱねシナリオ書いてみようかなみたいに思って。それでシナリオ作家協会ってとこに」

×　×　×

李鳳宇のプロフィールタイトルが現れる。
レスペ代表
李　鳳宇
1960年　京都府生まれ
元　シネカノン
【代表作】
『月はどっちに出ている』『ビリケン』
『のど自慢』『KT』『パッチギ！』
『フラガール』『イン・ザ・ヒーロー』

李
「（O・L）（シナリオ作家協会は）新藤兼人さんがやってらっしゃって、そこに通い始めたんですよ。で、そこで私の先生が安藤日出男先生とおっしゃる方で。その先生が凄く親身になっていただいて」

×　×　×

李　「それで、先生の紹介で徳間ジャパンに入ったらっていうんで、徳間ジャパンの専務に紹介されて。それで入ったというのが、まあ経緯だよね。そこに3年4年弱いて、それから独立したってのが89年かな。90年か。それがシネカノンっていう会社のまあ最初だよね」

× × ×

タイトル
シネカノン
1989年設立の映画会社
製作・配給のほかにシネ・アミューズなどの劇場運営（興行）まで行う。

× × ×

シネカノンが劇場運営をしていたことについて答える李。

李　「映画の現場とか、映画の配給とか興行のシステムを眺めるとなんでこうなんだろうと思うことが多かったんですよね。全国何百館って同時に開けるからブロックブッキングで4週間とか5週間とかフィックスされて。まあ4週間だとしたら３００館で1日4回やってキャパが平均１５０だとしたら、まあ見えますね大体。そうするとそのパイをどう埋めるかということからまず考えるから。埋めるとか入れるとかまあうん、なんか観せるっていう発想は勿論映画のプロだから正しいんだけど、それがあまりにもメカニズムになっちゃうと映画をほんとに作るとか発想するとか、特に自由にね。そういうやっぱり自由さがどんどん陰ってくるっていうかなぁ」

×　×　×

『月はどっちに出ている』『パッチギ』『のど自慢』『フラガール』のチラシ
シネカノン後期について話し始める。

李　「（O・L）シネカノンの時に私が一番大きく失敗したのはファンドですよね。50億円のファンドを作って……作ってしまったというか、それに乗ってしまったってのが」

×　×　×

李　「一番バカげたことだったんだけど。まあ、50億円あれば年間に12、3本ラインナップを作れてメジャーと対抗できるかなって思ったし。（ファンドは）金融商品なんですよね、当たり前だけど。それがどんどんルールが変わってくっていうかな。そういったことで非常に映画とファンドってものの相性がやっぱり悪かったっていうのが、一番のまあ敗因だと思うんですよ。そのすごく失敗した経験を元に、今もう一回やってるわけですよね。それで、シネカノンの責任をもって私が退任して6年経ったんですね。それで、3年前からこのレスペという会社を作って、製作から興行に向かう、今ちょうどその直前なのかなっていう。だから、敗者復活戦だからどこまで行けるのかわかりませんけど。でも、私を知ってる人たちは応援してくれる人もいるし、ある警戒を持ってる人もいると思うんですよね。ハハハ、また映画館作るけど。懲りずに多分やると思うけどね。ハハハハッ」

悪戯っぽく笑い、コーヒーを飲む李。

25

タイトル　一瀬隆重のプロフィール

オズラ・ピクチャーズ代表

一瀬隆重

1961年　兵庫県生まれ

【代表作】

『帝都物語』『リング』『仄暗い水の底から』

『呪怨』『THE　GRUDGE』『犬神家の一族』

『GOEMON』

一　瀬「(O・L) いちおうね、東京来た時に、いくつか製作プロダクション回って、僕はプロデューサーになりたいんだけど届ってくれないかって聞いたんですけど。最初は製作進行で、車を運転して、弁当買いに行って、みたいな所からやれって言われて」

26

カリントファクトリー・事務所内

神宮前のカリントファクトリーに場所を借りて行われたインタビュー。

柔らかい物腰だが、質問に対しては理路整然と答える一瀬。

一瀬が駆け出しのプロデューサー時代を振り返る。

一瀬「あんまり、弁当買うのとプロデューサー関係ないよなぁと、その当時も思って。そうこうしてるうちに自主映画時代に知り合った――手塚眞くんという手塚治虫さんの息子さんが『星くず兄弟の伝説』という映画を撮るという話を聞いて。じゃあ、ノーギャラでいいからプロデューサーで使ってって言って頼んで、プロデューサーになったっていう」

『星くず兄弟の伝説』1985年
監督・脚本　手塚眞
原案　近田春夫
主演　久保田しんご、高木一裕
製作　〈星くず兄弟の伝説〉プロジェクト

×　×　×

映画『星くず兄弟の伝説』のオープニング
時代を感じさせるキッチュな衣裳とメイク。
酒のボトルに〈一瀬隆重〉がプロデューサーとしてクレジットされている。

一瀬「（O・L）それにお金出してたのが、西武セゾングループという、当時文化的なことに金を使いまくってた会社で、西武百貨店とかパルコとかやってたとこですけど」

×　×　×

一瀬「そこの堤清二さんの息子さんから、〝今度映画会社やるから一緒にやろう〟と言われて、エグゼという会社のチーフプロデューサーになって『帝都物語』というのをやって」

×　×　×

『帝都物語』の撮影現場の写真
巨大なオープンセットの前に立つ、若き日の一瀬の姿。

一瀬「（O・L）それがいわゆる、メジャーな映画の最初ですかね」

× × ×

ハリウッドに渡った時期について語る一瀬。

一瀬「『リング』のリメイク権はアスミック（・エース）が持っていて、まあ売ったんですけど、今から考えると凄い悪い条件で売っちゃったんですね。当時としては、日本のリメイクはそんな高い値段で売れるなんて誰も思わないんで、しょうがないと思うんですけど。でも、それをいい経験に、『呪怨』の時は自分で金を集めて自分がリメイク権持って、リメイクする場合は自分も入ってやった。ちょうど『呪怨』のリメイクがアメリカで公開されるぐらいの時に、アメリカのプロデューサーから〝ある日突然エージェントから電話かかってくる。あなたをエージェントしたいというエージェントから電話がかかってくる〟と言われて。そんなもんかなぁ、と思ってロサンゼルスのホテルに泊まってたら、あるエージェントから電話がかかってきて〝あなたをレップ（営業の代理人）したい〟っていう。次の日までに全社から電話がかかってきて、あなたをレップしたいって話になり。それで何社かに会って、UTAのマーティ・ボーウェンっていうエージェントとすごく気が合って、じゃあやってみようかなと思った。このマーティ・ボーウェンっていう人は『アダプテーション』っていう映画でニコラス・ケイジが脚本家の役で、そのエージェントやってる人っていうのがいるんですけど、このモデルになった人ですね。20世紀FOXが一番乗り気だったのと、僕は単純に自分の映画の頭にFOXファンファーレ、パンパパパパーンっていうのがつくとかっこいいなと思って。そんな単純な理由でFOXにしようと思って、FOXとファーストルックディール（映画会社が監督や製作会社の企画を優先的に見ることができる契約）を3年契約しました。アメリカに企画出しますと、〝これ面白いんじゃないの？〟って話が。最初は面白がって、〝じゃあやろう〟って話になり、じゃあ、脚本家雇いました、直しました。〝ちょっと違うなぁ〟って言いつつ、直していくとだんだんアメリカナイズされて、そもそも僕が最初に考えた面白さもどこにもなくて、ただの出来の悪いアメリカ映画みたいになる。っていうことも学んだりして。そんなことで、あまり上手くいかず、結果『シャッター』っていうタイ映画のリメイクを1本。それだけしかやらなかったですね。3年間で」

日本の映画業界の分析と自身の今後の展開について一瀬が続ける。

一瀬「結局、マーケティング、マーケティングって日本の映画界も言うようになって。ところが、アメリカほど別にマーケティングちゃんとやってるわけじゃなくて、単に、〝この俳優さん前に出た映画当たったよ〟とか、〝この原作が何部売れてるよ〟みたいな。マーケティングっていうほどのことじゃないよな、ということで物事はすべて決まっていて。あともう一つは、日本映画の良いところって予算がなくても工夫してやってく。日本の場合、予算これだけで頑張って作りますからこの企画通してください、みたいなことがあったんだけど、なんか最近そういう感じでもなく、予算は渋い企画は安全パイなものしかやらないという感じになってきて。たぶん僕が30年前に日本の映画界に入った時と今とじゃ、たぶん製作費って変わらないか下がってるくらい。スタッフのギャラも下手したら下がってると思うんですよね。予算表作って、テレビ局の映画だったらテレビ局持ってくと、カメラマンのギャラが高いと。なんでこんなに払うんだって言われるんですけど。いや、それをね、ひと月いくらって金額を12倍にしてもあなたの給料より低いでしょって。でも、あなたよりこのカメラマンの方が、少なくとも日本映画界で何人かの指に入る優秀なカメラマンなのに、あなたの給料より低いっておかしくないですかって話をするんですけど、まあ、そんな感じですよね。だから、ちょっと正直、日本で映画を作るってこれからどうなってくかなっていうのが、ちょっと分からなくなってた時に、ちょうどうちの会社がもう立ちゆかなくなって、結果、うちの会社は潰れるってことになって。これは正直もう日本で映画やるなっていう神の思し召しかと思い。これからは海外で、もう一度何が出来るかやってみようかなと、ちょうど思ってるとこですかね」

27 オフィス北野・外観

赤坂にあるオフィス北野。
ビルの道路に面した側に《K（株）オフィス北野》の看板が何個も連なる。

28 オフィス北野・事務所内

北野武作品のポスターが並ぶ会議室の中。
まだピンマイクを付けている途中から、待ちきれないといった感じで森昌行が監督・北野武について話し始める。

森「ハハハハ！　フィルメックスの話になる。ハハハハ！」
桝井省志の声「失礼しまーす」

森

「はい、どうも、お疲れ。（北野武は）その映画にコンセプト持ち込むだとか、メッセージ持ち込むだとか。その作品通して何を言うとか。そういうことを逆に語らない人っていうか。逆にそれは客が考えることっていう。自分にはないわけじゃないけど、作って公開したら関係ないって人なんですよね。人がどう観るかが全てで。といって、この前のウェイン・ワンみたいに、人がどう観ようが関係ないって言う人でもないしね」

×　×　×

森昌行のプロフィールタイトルが現れる。

オフィス北野代表
森　昌行
1953年　鳥取県生まれ
【代表作】
『3-4 x10月』『あの夏、いちばん静かな海。』
『ソナチネ』『キッズ・リターン』『HANA-BI』

森

『座頭市』『龍三と七人の子分たち』

× × ×

映画プロデューサーを始めた経緯について話す森。

「学生時代から、へたくそなバンドやってたりして、本当は音楽業界に行きたかったんですよね。要するにレコード会社で、営業やりたいとは思わなかったけど、制作会社に入って、そこからテレビ朝日系の結構メジャーな、『欽ちゃんのどこまでやるの！』とか、渡辺プロがやってたキャンディーズの『みごろ！たべごろ！笑いごろ!!』とかね。あとドリフターズの番組とか、お笑いが多かったんですけども、その当時の、なんて言うかな、バラエティショーの花形番組を一通り、まあサードADでしたけどもね。ちょっとテレビの方が面白くなったんで、そっちやらしてもらいますみたいなことから。それからですよね。それからディレクターになってとか、紆余曲折あって、何故か。もちろん、武さんとの出会いみたいなことも番組を通してありましたし、そのあと、フライデー事件といった大きな事件を契機に武さんが独立するとかいった経緯を経て、簡単に言っちゃうと、そこを手伝ってくれないかという話もあり。なんでプロデューサーになったか、と言われると武さんが監督になったからというのが理由で。私がスケジュール切ってましたから、基本的に。現場との、なんだろう……やりとりの通訳みたいなもんですよね。〝武さんが何言いたいかというと〟って。あの人、端折って喋ったりするし、独特の言葉で発してる以外のことを意味している時があるんで。それを、〝本人、ああ言ってますけど、こういう意味だと思いますよ〟ていうようなところからスタートして。(プロデューサーを意識したのは)どっからだろう。『3-4x』とか『あの夏（、いちばん静かな海。）』を終えた後、『ソナチネ』あたりから多少そういう意識があって、本格的に本気で肩書だけに終わらしちゃいけないというか、実質的なプロデューサーとしての仕事をきっちりやらなきゃいけないっていうのはバイクの事故の後ですよね。つまり、誰にも相手にされなくなったっていうか、メジャーからね。

それまでプロデュースしていないとは言わないけど、松竹さんとかと一緒にやってた時代、資金に関して、回収の責任はあったけども、資金を集める責任ってあんまりなかったっていうかね。自分が直接出資者に声かけて、企画書持って回ったってことではなく。『キッズ・リターン』あたりの時はやりましたから。自分で企画書持って、配給会社を探すっていう。本当にインディペンデントの時代ですよね。そこからいわゆるプロデュースっていうことに深く関わるようになったし」

× × ×

『HANA-BI』のチラシ

森「(O・L)まあ、『HANA-BI』自体は興行的に大成功ってわけでは、もちろん日本ではなかったんですけど」

× × ×

森

北野作品の海外展開についての話題。

「海外のセールスが、その前の『ソナチネ』辺りから、我々は展開してたこともありますけど、やっぱりすごいなと思ったのは」

×　×　×

『HANA-BI』の記念品の写真

ヴェネツィア国際映画祭での北野監督手書きの記念品。

森

「（O・L）賞をもらうと、契約にも入ってるんですけど、その売買契約に、映画のセールスの」

×　×　×

森

「賞金がつくんですよね。なおかつ『HANA-BI』自体ではないですけど、その次以降の作品を買う時のランクが変わっちゃうんですよね。価格の。結局、日本人が日本人の作品認めるのに、実はノーベル賞もらわないと評価されないという現象が今だに続いている。それが端的に映画界でも起きてるんですけどね。それが良い悪いじゃなくて、結局は逆輸入ですよね。評価の逆輸入。間違いなく北野武という監督は映画祭抜きでは語れないんですよ。やっぱりね。名もないって言っちゃ失礼だけども、皆さんが知らないような映画祭もくまなく回りましたもん、『ソナチネ』とか持って、『HANA-BI』も持って、色々」

×　×　×

タイトル
海外での日本映画は

×　×　×

森

「最初のうちは『ソナチネ』だったり、松竹とやったりしてるけど、そのうちほかにもオフィス北野っていう会社であればどうも独自でやってるらしいということを聞いて、直接尋ねてきて。『あの夏』だったり、あるいは『キッズ・リターン』だったり、何だったりというような作品を買い付けていくと。『キッズ・リターン』の場合はカンヌに行ったせいもありますけども、そういったことで知るようになる。そうするとセールスエージェントのほうから、決して大金ではないですけどもね、〝自分の所が扱わせてもらってヨーロッパに配給会社が決まれば何年間で幾ら、手数料で幾らください〟ということで、4本5本扱わせてくれというところはあったんですよね。今はヨーロッパのエージェントの人たちも、とてもアジア映画を売る自信はない。つまり、どんなに優れてるとかなんだとかの以前に、まず買い手がつかない。で、ヨーロッパはヨーロッパの映画を売ることで精一杯っていうような話。そういったことも含めて、我々がだんだん国内のほうに力を、国内でのリクープ再優先するのは、元々は外へどう出ていくかが（重要であったけれども）。やっぱり、この国で北野作品って成功するまでに、すごい時間がかかった。『座頭市』みたいな作品じゃないとなかなか観てもらえなかったってこともあるし。北野という人が逆輸入された。北野武という監督としての仕事が逆輸入された経緯もあって、我々は外国での仕事はそれなりの位置づけで確認できたんですけども。次第にヨーロッパを中心としてのマーケット自体が非常にちっちゃくなっていて、金額の単位もちっちゃくなってきた。今、平気で2万ユーロとか言いますからね、オールライツで。200万ちょっとですよ。それ、ついこないだまでの台湾の値段じゃねえか？　っていう。そこまで落ちてきちゃったんですよ」

29 オフィス・シロウズ・事務所

新宿のオフィス・シロウズ。
落ち着いたトーンのモダンな建物。
地下に降りた先にオフィス・シロウズがある。
応接スペースには製作した作品のポスターが何枚もディスプレイされている。

佐々木「そこが今週火曜日一回上映しますってなると、その関係者がわっときてて満杯になるんだな。うん。おーい、お疲れさん」

インタビュー途中、帰っていくスタッフに声を掛ける佐々木史朗。

× × ×

佐々木史朗のプロフィールタイトルが現れる。

オフィス・シロウズ代表
佐々木史朗
1939年　中国大連市生まれ
元　ATG
【代表作】
『ヒポクラテスたち』『遠雷』『家族ゲーム』
『ガキ帝国』『転校生』『ナビィの恋』
『岸辺の旅』

× × ×

人懐っこい笑顔を見せながら話す佐々木。

ATGの歴史と自身の関わりについて話し始める。

佐々木「ATGはそれまでわりと、松竹とか東宝なんかの退社した監督たち、ベテランのね。それこそ大島渚とか岡本喜八とか、そういう人たちの作品が多かったから」

×　×　×

タイトル
ATG（日本アート・シアター・ギルド）
1961年から1980年代にかけて活動した映画会社。
前期に前衛的な作品を製作、配給し日本の映画史に名を刻む。市川崑、岡本喜八、大島渚、篠田正浩、吉田喜重、羽仁進、松本俊夫ら名匠監督が活躍した。
また、後期は若手監督を積極的に起用し、その時代を反映した傑作が生まれた。

『絞死刑』1968年
監督・脚本　大島渚
脚本　田村孟、佐々木守、深尾道典
主演　尹隆道
製作　創造社、ATG

『肉弾』1968年
監督・脚本　岡本喜八
主演　寺田農
製作「肉弾」を作る会、ATG

×　×　×

映画『絞死刑』
ATGのロゴマークに続いてオープニング・タイトル。
目隠しされた囚人が落とされ、吊られる。

×　×　×

映画『肉弾』のオープニング・タイトル
あいつ（寺田農）が魚雷を抱えたドラム缶で太平洋を漂う。

×　×　×

佐々木「俺は当時から観始めていた自主映画みたいなものの中で、面白いと思った人間が何人かいると。彼らの作品を作りたいと。そういうものをプロデュースしたい。（ATGから）

〝やってみますか〟って言うから、〝やあ、それはもう是非やりたいですよ〟って。〝ただ、条件が一個ある〟って言われて。〝なんですかね〟って言ったら、〝ATGでプロデューサーをやるってことは社長をやる〟っていう、〝それを引き受けてくれないと困るんだ〟と。人数少ないんだし。〝だけど社長じゃないとこの映画を作る作らないっていう決済できないでしょ〟って言われて。社長をやりたいわけじゃないんだけどな、と思いながら、まあ7、8人の小さい会社だからいいかと思って、ATGの社長を引き受けるわけだね。それで、森田芳光とか大森一樹とかああいう連中だね」

× × ×

ATG時代の佐々木の写真

佐々木「(O・L) そういうものをATGで連続して作るようになるわけだね。ATGの頃は」

『ガキ帝国』１９８１年
監督・原案　井筒和幸
脚本　西岡琢也
主演　島田紳助、松本竜介
製作　ＡＴＧ、プレイガイドジャーナル

佐々木「要するに、唯一のインディペンデントだったからね、ＡＴＧっていうのは。だから、いろんな監督に仕事してほしいと思うんだけど、その監督見つける為には観ないとしょうがないから。一つは自主映画というフィールドかな。もう一つはピンク映画だな。ピンク映画の中で面白いと思ったのは高橋伴明と井筒和幸なんだよ」

×　×　×

映画『ガキ帝国』
所かまわず喧嘩に明け暮れる大阪の不良少年たち。
躍動する紳竜コンビ。

×　×　×

続けて、新人監督の発掘について語る佐々木。

佐々木「あと、仕事はやらなかったけど、面白いと思ったのは滝田（洋二郎）かな。それから後は、唯一撮影所として機能していたのは日活だから、日活の助監督ね。監督じゃなくて、今、助監督。その中で面白いやついないかなって。そこで見つけたのが根岸吉太郎とか、死んじゃったけど池田敏春とか。それからあとになって中原俊とかそういう連中だね。大体三つぐらいのフィールドの人間たちの作品を観る。で、ちょっと飯でも食わないって言って、個人的に交流を始めるっていうことが最初だろうな。だから、根岸なんかも最初は助監督だからね。日活の周辺の人間に聞いたら、〝誰か面白い助監督いないかね〟って言ったら、〝一人すげえ生意気な奴がいる〟〝そいつ会わせてよ〟っていう。そこから始まってんだけどね。話をしてると、面白いんだね。それで、こういうやつにスポットライトを浴びせてやらないといけないんじゃないかというふうに。今、こいつら無名だけどもね、それやらなくちゃいけないんじゃないか？っていうような裏方根性に目覚めるわけだね。そういう人間を仕立ててさ、下から支える仕事がどうも向いてるみたいだなと。その人間が俺と仕事をやって、その作品で認められたりすると、〝なっ〟っていう。プロ野球の二軍の監督みたいにさ。〝なっ。凄かったろ、こいつ〟っていうふうに。そこがとっても嬉しいっていうかな、〝ちょっとしたもんだったろ、こいつら〟っていうね。だから、今でもやっぱり、ちょっと若い人間と仕事やることがなんか多いね、うん。裏方根性の塊みたいなもんだね。明らかに俺から見ると、才能持ってるって思える人間を上に押し出すことが好きだという。ごく最近やったのでは、一つは西川美和で一つは沖田修一なんだが。西川はね」

×　×　×

『夢売るふたり』『キツツキと雨』のチラシ

佐々木「(O・L)筆力があるんだよ。面白いんだよ、シナリオそのものが。それから沖田はね、何日かするとね、俺が例えば、こうすればいいんじゃないのってこととは(違う)、思いもよらぬ方向で」

佐々木「でも意味はそうなの。思わぬことを書いてくるんだよ。はーっていう、その発見があって面白いね。ああ、その手でくるかっていうのがね、うん。それは明らかに俺が考えてることより面白い」

×　×　×

30

タイトル　天野真弓のプロフィール

ＰＦＦスカラシップ
天野真弓
東京都生まれ
【代表作】
『空の穴』『ＢＯＲＤＥＲ　ＬＩＮＥ』
『バーバー吉野』『運命じゃない人』『14歳』
『川の底からこんにちは』
『過ぐる日のやまねこ』

天野「（O・L）たまたま私には4つ上の姉がいて、姉が結構、まあ普通にというか、映画が好きで。よくいろんな映画を観ていて」

31

PFF事務局

渋谷にあるPFF事務局。
陽光が差す会議室。
一言一言を思慮深く話す天野。
自身の映画の原体験と業界に関わる経緯を話し始める。

天野「（ベルナルド・）ベルトルッチ監督の『暗殺の森』を観て、その時は映画を作ってる人を意識したっていうよりは、映像というものをなんかこう……それまで映画って物語で面白かったり、なんか感動したりとか、怖かったりとか、そういうものだったのが、映像という物を意識した初めての映画だったのかな、と思うんですけれども。とにかく〈映画が好きオーラ〉を出していたというか。アピールしていたら、たまたまアルバイト先の知ってる方が、映画を作ってる人を紹介してくれて、もう右も左もわからない、とにかくなんだかわからないけど、なんか映画作ってる所でちょっとアルバイトできるらしいぐらいな感じ、最初はそんな感じだったんですけど。そこで脚本作ってるところから、映画が完成するまでをどっぷり経験させてもらって」

× × ×

タイトル

PFF（ぴあフィルムフェスティバル）

1977年にスタートした自主映画のための映画祭。1984年には長編映画製作援助制度である「PFFスカラシップ」を創設した。

これまでに橋口亮輔、矢口史靖、古厩智之、熊切和嘉、李相日、荻上直子、内田けんじ、石井裕也、廣原暁など現在活躍する個性派監督を多く輩出している。

× × ×

PFFの初期について振り返る天野。

天　野「ぴあと東宝で一緒にPFFを共催した最初の年で、橋口（亮輔）さんが『渚のシンドバッド』っていう、次に撮りたい企画を温めていて、そのプロットがあまりにも素晴らしかったので、これをやろうみたいな。東宝とぴあで予算は少ない、低予算ではあるけども、何か作ろうということになって、その時にぴあ側のプロデューサーとして参加して。それで、橋口亮輔監督の『渚のシンドバッド』と矢口（史靖）監督の『ひみつの花園』というものを二つ作って」

最近のPFFスカラシップの監督との作業について。

天　野「スカラシップを撮る監督っていうのも、それまでのバックグラウンドがみんな同じではないバラバラなので、あんまり困ることがなくなってきた。あの、みんな優等生とかじゃないんですけども、なんかもっとこう、なんて言うんだろ、いやそう言うけど、そうではないんだみたいな。もっとなんかこう理屈じゃないし、理屈じゃない何かみたいなもの。よく説明できないけど、どんどん脚本から、どんどんはみ出ていくくっていう。そういうことを、そういうことをやっぱり私は用意してあげなきゃいけないというか、そういうことを整えてあげなきゃいけない。そういうことが出来る現場にしてあげなきゃいけないなと、すごく思うんですよね」

32 ステューディオ スリー・事務所内

渋谷にあるステューディオ スリー。
大量の物に溢れたオフィス内。
壁に掛けられたポスターだけは綺麗に整列している。
森重が頬杖をつきながら誰かと話している。

× × ×

森重晃のプロフィールタイトルが現れる。
ステューディオ スリー

森重　晃

1955年　山口県生まれ

【代表作】

『稲村ジェーン』『南京の基督』『不夜城』

『ヴァイブレータ』『やわらかい生活』

『さよなら渓谷』『この国の空』『蜜のあわれ』

そこに森重が自身の経歴を振り返る。

ぶっきらぼうな雰囲気だが、温かみを感じさせる口調。

森　重「(O・L) 20代は助手やりつつ、ちっちゃな短編映画のプロデューサーはやってたという」

×　　×　　×

森　重「『パン屋襲撃』とか、長崎(俊一)の『その後』っていう作品とか。そういう短編映画とか『アイコ十六歳』の横で撮った『グッドバイ夏のうさぎ』っていう、今でいうメイキングなんだけど。メイキングはその頃フィルムで撮ってた。映画館でも上映したんだけど。というプロデューサーもやりながら、製作部としては製作主任、担当で5年ぐらい。『ビリィ・ザ・キッドの新しい夜明け』っていう映画が劇映画のプロデューサーとしては初めて」

× × ×

映画『ビリィ・ザ・キッドの新しい夜明け』のオープニング・タイトル
ビリィ（三上博史）が荒野をとぼとぼ歩く。
バーで銃撃戦が繰り広げられ、バイクが天井を突き破って落ちてくる。
『ビリィ・ザ・キッドの新しい夜明け』について話す森重。

森　重「（O・L）（当時は）29歳ぐらい。今や大御所だけど、高橋源一郎さんという原作者の原作があって、セット組み立てる2日前か」

『ビリィ・ザ・キッドの新しい夜明け』1986年
監督・脚本　山川直人
原作・脚本　高橋源一郎
主演　三上博史
製作　パルコ、バップ

×　×　×

森　重「材料を全部用意した2日前に、パルコから連絡があって、〝会いたい〟と言うんだね。うちで全部（金を）出すのは出来ないって。一回止めてくれって。まあ、パルコともう一回、もう一社金集めみたいなことやり始めて。割と1日目か2日目かな、パルコが行ったところがオッケーで。まあ、バップさんなんだけど。見つかりましたって話になったんで、一緒に動いて、それでもう一回組み直して。7000万で作ったんだけど、あの当時。それはそれで最終的に7400万になったの。つまり、400万オーバーしたのね。それで、パルコから言われたのは〝うち200万みるから、君が200万オーバーみなさい〟まあまあ、そういうことですよね」

×　×　×

大森組『ヒポクラテスたち』の撮影現場の写真

森重「（O・L）それは昔も俺たちは同じで、金がなくても参加する作品、ちゃんとギャラをもらう作品があって、そこのバランスが自分で意識してればいいんじゃないですかね」

×　×　×

若いプロデューサーに向けた言葉は何かと聞かれた森重。

森重「同世代の監督と出た方がいいよっていうのは、ずっと言ってるんですけど。やっぱり、最初から監督一人が50、60代のベテランというか、そういうおっちゃんと一緒にやる方がいいのかどうか。やっぱり1本目2本目って同世代の監督とプロデューサーが一緒に組んで、一緒に出てくるっていうのをやるのがいいなって思いますね」

×　×　×

映画『足乃裏から冥王まで』

井筒和幸の自主映画時代の作品。
全身白塗りの若者たちが、ゲロを吐いたり、吊されたり、アングラ演劇の公演の様子が映し出される。

『足乃裏から冥王まで』１９７９年
監督　井筒和生
主演　劇団日本維新派
製作　竹馬企画、フィルムジャック

×　×　×

森重が今後の展開について話す。

森　重「僕はわりと80年代は同じ世代の監督たちとやってきたのが多かったですけど、いろいろとやってると思ってて。日本映画らしい日本映画作りたいなっていうのが、最近はね。思うのは。まあ、だから『この国の空』とかもそうだけど。あそこは荒井（晴彦）さんがやりたいって思いが強かったとこから始まってるのは、そうだろうけど。やっぱり、そういう時代と向き合う……。今の時代と向き合ってるだけじゃなくて、歴史の時代とある種向き合う映画をね。いい年になったからそういうものをやってきたいなと」

33　アルゴ・ピクチャーズ・事務所内

赤坂の路地裏にひっそりと佇むアルゴ・ピクチャーズの事務所。

ソファに深く腰掛けた岡田裕がインタビューに答える。

ゆったりとした口調で、説き聞かせるように話す岡田。

岡　田「プロのプロデューサーというのが非常に少なくなってるんで、ちょっとすいません。（電話に出て）はい、アルゴです」

インタビュー途中、一言断ってから電話に出る岡田。

×　×　×

岡田裕のプロフィールタイトルが現れる。
アルゴ・ピクチャーズ
岡田　裕
1938年　東京都生まれ
元　日活、NCP
【代表作】

『赤ちょうちん』『遠雷』『家族ゲーム』
『ときめきに死す』『櫻の園』
『12人の優しい日本人』
『ベトナムの風に吹かれて』

× × ×

撮影所システムの終焉と人材育成について語る。

岡田「撮影所ってのは非常に非合理的な金食い虫であるから、それを野に出して。作るのは野に出して、そうじゃない管理部門をやってった方が効率がいいっていうので、撮影所システムっていうのは段々崩壊していくんだよね」

× × ×

タイトル
撮影所システム

岡田「すごく映画にとってマイナスになってきた部分っていうのは、人を育てるっていうかな。映画の人を育てる、監督を中心に脚本からスタッフね、そういうものが一本一本単位に今なってきちゃってるから。撮影所システムでは撮影部があり、演出部があり、そこにはさっき言ったようにチーフ、セカンド、サード、フォースとね。そこで養われていく映画とは何かっていうかな。基礎的な映画の技術的にも、あるいは文芸的にもね、そういう人を育てる部分を撮影所が持っていたんだけど、それがなくなったんで。今はそれなりにみんな自分で勉強してね、育っていくだろうけど難しいという」

×　×　×

映画『赤ちょうちん』のオープニングクレジット

電車の轟音がぼろアパートの家具を揺らす。

『赤ちょうちん』1974年
監督　藤田敏八
脚本　中島丈博、桃井章
主演　高岡健二、秋吉久美子
製作　日活

岡田がプロの映画作りとは何かを話し始める。

岡田「(O・L) まあ、テレビとかコマーシャルとか、そういう世界から〝俺だって映画は作るさ〟と言って、こう……なってくるようなね。それはそれでもちろんいいんだけど。いい部分はあるんだけど、ただ彼らに知ってもらいたいのは映画の奥行きみたいなもので、創造性の奥行きみたいなものでね。映画的表現というのはもう、絶対違うものなんだと」

×　×　×

岡田「製作委員会でいろんなとこが入ってくると、要するにコンテンツみたいなこと言うんだよ。コンテンツというのは情報ですわな。情報の中身をコンテンツっていうんだけど、映画ってのはコンテンツプラスワンていうか、プラスアルファ。そのプラスってのは何かっていうと、それはあの観客というものがね、この映画を観て想像力をかきたてる。観客の想像力の方が映画が伝えてることより、もっと上なんだっていうような方法論を。それはプロの方法論なんだよ」

×　×　×

タイトル

ＮＣＰ（ニュー・センチュリー・プロデューサーズ）

日活ロマンポルノで活躍した6人のプロデューサーたちが独立して作った日本で初めてのプロデューサー集団による映画会社。

ＮＣＰ設立の背景と、その後の展開について話す岡田。

岡　田「（Ｏ・Ｌ）ニュー・センチュリーっていうのはね、まず日活のロマンポルノが少し傾き始めて、71年から始まってね80年の初め頃に、ややマンネリ化してきた、という中で当時の根本（悌二）さんて社長がね」

×　×　×

岡田「〝プロデューサーは野に置くべきだ〟と。つまり、会社員として働いている職業ではないんだと。ということで独立しろと」

×　×　×

NCP設立メンバーの集合写真
海野義幸、八巻晶彦、細越省吾、中川好久、岡田裕、結城良熙が並ぶ。

岡田「（O・L）当時一緒にやってた6人のプロデューサーと独立して、ちょうど、この赤坂で。だから、もう赤坂に居着いてこれで何十年経つのか知らんけど、事務所をちっちゃく作って独立したの。ニュー・センチュリー、最初ね」

×　×　×

岡田「それで、ロマンポルノの仕事を会社、日活がわりとくれたし、それ以外に自分たちで営業してって、テレビ局が映画を作り始める、あるいは角川の映画なんかを請けて、下請けして作る、創作集団としてやってきた。それが、80年代の終わり、その時は僕が角川の『天と地と』って映画に出向してたんだけども、その辺の時期から、今度はニュー・センチュリーみたいなプロダクションが集まって、年間に一本ずつでも二本ずつでも作って、それを自分たちのマーケットでやっていくということを、独立のプロデューサー同士で話し合ったの。それで、アルゴ・プロジェクトっていうのを立ち上げて」

× × ×

『マリアの胃袋』『良いおっぱい悪いおっぱい』『櫻の園』『ザ・中学教師』『12人の優しい日本人』『ヌードの夜』のチラシ

× × ×

岡　田「年間何本かを、それぞれみんなで出していって、自分たちで新宿にシネマアルゴ新宿と、梅田にシネマアルゴ梅田っていうのを作って、そこだけで公開していくみたいな方法をやったのね」

34

タイトル

アルゴ・プロジェクト
1989年、伊地智啓、岡田裕、佐々木史朗、増田久雄、山田耕大、宮坂進（ディレクターズ・カンパニー）ら6人のプロデューサーが集まり製作・配給・興行を自分たちで一貫して行うために作られた映画製作システム。
そこに伊地智啓の声がオーバーラップしてくる。

伊地智「アルゴはね89年かな、たぶん88、9年だと思うんだけど。その頃に岡田（裕）と（佐々木）史朗さんがやってきて」

35

タイトル　伊地智啓のプロフィール

伊地智　啓
1936年　兵庫県生まれ
元　日活、キティ・フィルム、ケイファクトリー
【代表作】
『太陽を盗んだ男』『翔んだカップル』
『セーラー服と機関銃』『ションベン・ライダー』
『あぶない刑事』『居酒屋ゆうれい』
『69　sixty nine』

36

鹿児島・城山観光ホテル

鹿児島市内と桜島を一望できるホテルのスイートルーム。

眼光は鋭いが、柔らかい語り口の伊地智。

アルゴ・プロジェクト設立の背景とその崩壊を話し始める。

伊地智「その頃、武蔵野館と私は関係が深かったし、どうしてもね

それは、新しい試みに必要な映画館をまず前提にしよう。しなきゃ話できないよ、という空気の中で、そういうルートを私が持ってるということが前提としてあったんでしょう。（岡田と佐々木が）訪れてきて、やりましょうと。理由は、まだそんなに本数はないけど、作ってくる中でやっぱり、作っても作っても明日へつながっていかない、この作り方はなんとかしなきゃいかんだろうと。マスコミも結構面白がって、こういう船出を喜んでくれたのはいいんだけども、そのポイントは〝メジャーに対して反旗を翻した6人のプロデューサー〟という言い方が、やはり〝メジャーに対して〟は気に入らない。〝一切もう彼らとは我々は関係ありません〟と、門戸を閉ざされてしまった。その瞬間に武蔵野館というのは、今までのお話を反故にしたい。これで、ものの見事に路頭に迷うんですけどね。それから内部的な問題として、我々はディレカンの頓挫するさまを（見ていますから）。我々はそんな同じ轍を踏むことはないだろう。なぜならば、監督なんてまとまりっこねえだろう。まとまるのはおかしいだろう、という言い方の中で、実にプロデューサー群のまとまりに関しては自信を持ったつもりだったんですけどね。それが意外と脆かったという。どっかでみんなのバランスをとるという立場に立った時に、企画そのものがわりと緩いものになったというか、厳しさがないというかね。やっぱり企画というのはどんなことがあってもシビアであらねばならん。ましてやどんな内容であれ、1億5000万という予算を決めちゃってるということの脆さ。そうじゃなくて、弾力性を持たしながらやることで企画というのはむしろ活きてくるんじゃないかという反省をしたけども、それは遅かった。それで、結果30本ぐらい。30本作って、そのシステムは終わりましたね」

×　×　×

タイトル
相米慎二との出会い

×　×　×

『太陽を盗んだ男』1979年
監督・脚本　長谷川和彦
原案・脚本　レナード・シュレイダー
主演　沢田研二、菅原文太
製作　キティ・フィルム

伊地智「私と相米の関係というのはそんなにクローズしているわけじゃないんですよ。というよりも、なんていうんだろう、私の場合は相米が走ってる傍を、なんかこう、一緒に走ってやってるっていう、そんな思いかな。長谷川和彦作品というのができあがるんですけどね、『太陽を盗んだ男』という」

×　×　×

映画『太陽を盗んだ男』
ガムを噛みながら、鋭い目つきで双眼鏡をのぞく城戸誠（沢田研二）。
原子力発電所のシルエットを背景に、『太陽を盗んだ男』のオープニング・タイトル。

伊地智「（O・L）まあこれも、バカバカしく分厚い台本が出来上がった時には、このままクランクインしたらえらいことになるだろう。これはクランクインさせるわけにはいかないだろう、ってふうに一人苦しんだんですけどね」

×　×　×

伊地智「これもオーナーのひと声で〝伊地智さんやりましょう〟ってスタートしたけれども、そらやっぱり現場大変なものでした。沢田研二を起用するってこと自体が、かなりリスキーなわけです。〝伊地智さん、夏は絶対に興行があるから歌で全国回りますからこれはスケジュール無理ですよ〟ということで、クランクインして5月、6月はかかっても、7月いっぱいにはなんとか終わるだろう。しかし、結果届かないわけですよ。約束通り、沢田研二を手放す。スケジュールはその段階でかなり混乱してます。沢田を待って再開するわけですからね。9月の何日ぐらいだろ、結果アップしたのは。その頃はね、スタッフもばらばらになって、一人欠け、二人欠け、三人欠け。それで残ってくれたのが、相米ぐらいだったですね。まるで墓場のような、まさに廃墟の中に、なんか相米が立っているという、感じがありましたね。行く所がなければそこを離れるわけにいかない。それはもう、奴が抜けたら何にも、諸般の繋がりとかそういったことが全部飛ぶわけだし。そのぐらいの責任感はあったわけで。あいつは自分ではね、〝名助監督だった〟って言ってましたけど、何が名助監督なもんかという。評価しないけど、そんなこと当たり前のことなんだから」

続けて、相米作品について話し始める。

伊地智「相米の映画にとって、薬師丸（ひろ子）との出会いってのは、すごく大きかったはずですよね。それも、結構なかなか接近できない環境があるのにもかかわらず、薬師丸と出会えて『翔んだカップル』が実現し、その結果、それが『セーラー服（と機関銃）』までいく」

× × ×

映画『セーラー服と機関銃』のオープニング・タイトル

炎の奥で星泉（薬師丸ひろ子）が合掌する。

『セーラー服と機関銃』1981年
監督　相米慎二
原作　赤川次郎
脚本　田中陽造
主演　薬師丸ひろ子
製作　角川書店、キティ・フィルム

スローモーションで機関銃が乱射され、ビンが砕け散る。

伊地智「(O・L) 僕は未だに疑問だけども、確かにある水準まで行ってると思うけど、それほどのものかなと反面思ったりする」

× × ×

伊地智「でも、あの映画はとにかく輝いてるよなと思うのは、薬師丸がなんといっても良い。それは何が良いかというと、あの子の17歳、薬師丸個人の17歳の青春と相米ってのが、上手くダブってたってことね。相米の『セーラー服(と機関銃)』やろうとする息と、上手くダブってたという。あんなことは仕組んで出来るもんじゃないし、そういう薬師丸との出会いっていうのは、どこか神がかりだと思うんですよ。その出会いにすべてがかかっている。危ういけれども、なんか、そうとしか言いようがないという思いがありますね」

×　×　×

カンヌ映画祭での伊地智と相米の写真

伊地智「（O・L）だから、私が相米と出会ったこと。『太陽を盗んだ男』という、なんかとにかく収拾つかない現場にやつがいたという、こういう出会い。そこが全てのような気がする」

×　×　×

伊地智「それはね、そういう出会いをとにかく作ること。精一杯作ること。それがプロデューサーの極意ではないか」

37　桜島

ホテルからの眺望。
鹿児島市内と桜島をぐるっと見回す。

38

エンドロール

プロデューサーたちの写真が流れる。何人かは若かりし頃の写真が映る。

曲は、遠藤賢司『不滅の男』。

♪今まで何度　倒れただろうか
でも俺はこうして　立ち上がる
そうさ　やる時は　やるだけだ
俺は負けないぜ　そう男
「頑張れよ」なんて　言うんじゃないよ
俺はいつでも最高なのさ　ああ
俺は不滅の男　俺は不滅の男
まるであいつは　勝ち誇ったように
ついに　この俺にこう言った
「おい　お前も頑張れよ」って
冗談じゃないぜ馬鹿野郎
そうすりゃお前みたいになれるのかい

お前はお前　俺は俺
「頑張れよ」なんて　言うんじゃないよ
俺はいつでも最高なのさ　ああ
俺は不滅の男　俺は不滅の男
年をとったとか　そういうことじゃないぜ
俺が何を　欲しいか　それだけだ
そう俺は本当に　馬鹿野郎だ
だから　わかるかい　天才なんだ
「頑張れよ」なんて　言うんじゃないよ
俺はいつでも最高なのさ　ああ
俺は不滅の男　俺は不滅の男

エンドロールが終わって黒味になると、『まあだだよ』のチラシがインサートされる。

39

『まあだだよ』のチラシ

山本洋の声がオーバーラップする。

黒澤明作品の裏側が、雑談混じりに語られる。

山　本「黒澤（明）さんが『まあだだよ』、ぜひ徳間（康快）さんのとこでやってほしいっていうふうに言ってきた」

40　山本邸・リビング

山　本「そこで我々ということになるんだけど。じゃ、とにかくシナリオを読もうじゃないかってことになって。シナリオ読んで徳間さんが、〝おい洋、これなんぼで作れると思う？〟〝普通の監督だったら3億ですね〟〝お前、（黒澤は）松竹に30って言ってるんだぞ。3億で出来るわけないだろう〟って言うから、〝いや、普通の監督だったら3億です〟武田（敦）さんというのもいてね、〝おい武田君、君はどう思うか〟〝そうですね普通の人だったら、かかっても5億ぐらいじゃないですか〟って言うんだよね。〝そうか武田、お前もそう言うか。うーん〟って言って。もちろんキャメラ3台とか、それで回すのは二日に一回とかかって、そういうのをみんな我々わかってるから。そういうのを計算すると、まあどう計算しても、8億以内で作るならばやってもいいんですけども、8億だってこれ回収するの大変ですよって話を実はしてたの。まあ正直いって、もうどうしようもないから、10億で手打ちましょうと。で、徳間さんに。〝わかった、もう10億以上と言ったら、やめようこの企画。最後はもう俺に任せろ〟って言って。行ったら15になっちゃった15。5億上乗せ。ボーンと。で、15億で始めるの」

41 アルタミラ倉庫

その台本が閉じられる。

了

JASRAC出 1702648-701

以下、エンドロール

プロデューサーズ

山本　洋

近代映画協会
新藤次郎

プルミエ・インターナショナル
増田久雄

椎井友紀子

スローラーナー
越川道夫

シネバザール
甘木モリオ

リトルモア
孫　家邦

シグロ
山上徹二郎

神宮前プロデュース
渡辺　敦

ツインズジャパン
下田淳行

山田耕大

アルチンボルド
成田尚哉

レスペ
李　鳳宇

オズラ・ピクチャーズ
一瀬隆重

オフィス北野
森　昌行

オフィス・シロウズ
佐々木史朗

PFFスカラシップ
天野真弓

ステューディオ スリー
森重　晃

アルゴ・ピクチャーズ
岡田　裕

伊地智　啓

主題歌
「不滅の男」
作詩・作曲：遠藤賢司　編曲：遠藤賢司／佐久間正英
歌：遠藤賢司
キングレコード

企画・製作　桝井省志

プロデューサー　山川雅彦

監督
インタビュー撮影・編集　後閑　広

編集　山田佑介

整音　米山　靖

タイトルデザイン　赤松陽構造

台本撮影　大沢佳子

音楽　篠原信彦

録音　城野直樹
河　南逹
坂元　就
伊豆田廉明
撮影助手　平原昌樹
装飾　土本貴生
整音助手　井上久美子
本編集　鈴木裕樹
本編集助手　小川翔平
MA助手　中田　仁
タイトル制作　川口和子

アシスタントプロデューサー　永井　浩

製作デスク　平岡由里可
竹中佐織
勝山侃洋
製作進行　尾形龍一
江本優作
石田晃人
堀江貴大
木戸大地
池本凌太郎
応援　坂本悠花里

製作経理　佐藤尚子
経理　村上光弘
製作助手　吉野圭一
日永尚見
村上美和

ロケ協力
城山観光ホテル　かごしまフィルムオフィス
カリントファクトリー　東宝スタジオ　大和硝子工業

撮影・技術協力
ヒポコミュニケーションズ　日映美術　音響ハウス
kodak　IMAGICA　三交社　アシスト　日本照明

佐藤大輔　牛房修一　田辺順子
金箱里美　工藤佳永　有川奈々絵
小峰昭弘　長田勇市

資料提供
「暴力の街」1950年
監督：山本薩夫　原作：朝日新聞浦和支局同人「ペン偽らず」 脚色：八木保太郎／山形雄策
製作：日本映画演劇労働組合　提供：独立プロ名画保存会

「原爆の子」1952年
監督・脚本：新藤兼人
製作：近代映画協会／民藝　提供：近代映画協会

「沖縄　うりずんの雨」2015年
監督：ジャン・ユンカーマン
製作・提供：シグロ

「ラブホテル」1985年
監督：相米慎二　脚本：石井　隆
製作：ディレクターズ・カンパニー／にっかつ　提供：日活

「勝手にしやがれ!! 強奪計画」1995年
監督：黒沢　清　脚本：安井国穂／黒沢　清
製作：ケイエスエス　提供：Softgarage

「家族ゲーム」1983年
監督・脚本：森田芳光　原作：本間洋平
製作：にっかつ撮影所／NCP ／ ATG　提供：東宝

「ドレミファ娘の血は騒ぐ」1985年
監督：黒沢　清　脚本：黒沢　清／万田邦敏
製作：EPICソニー／ディレクターズ・カンパニー　提供：ダブル・フィールド

「天使のはらわた　赤い淫画」1981年
監督：池田敏春　脚本：石井　隆
製作・提供：日活

「嗚呼!! 花の応援団」1976年
監督：曽根中生　原作：どおくまん　脚本：田中陽造
製作・提供：日活

「星くず兄弟の伝説」1985年
監督・脚本：手塚　眞　原案：近田春夫
製作：〈星くず兄弟の伝説〉プロジェクト　提供：キネマ旬報社

「絞死刑」1986年
監督：大島　渚　脚本：田村　孟／佐々木　守／深尾道典／大島　渚
製作：創造社／ＡＴＧ　提供：大島渚プロダクション

「肉弾」1968年
監督・脚本：岡本喜八
製作：「肉弾」を作る会／ ATG　提供：東宝

「ガキ帝国」1981年
監督・原案：井筒和幸　脚本：西岡琢也
製作：ATG／プレイガイドジャーナル　提供：東宝

「ビリィ・ザ・キッドの新しい夜明け」1986年
監督・脚本：山川直人　原作・脚本：高橋源一郎
製作・提供：パルコ／バップ

「足乃裏から冥王まで」1979年
監督：井筒和生
製作：竹馬企画／フィルムジャック　提供：森重　晃

「赤ちょうちん」1974年
監督：藤田敏八　脚本：中島丈博／桃井　章
製作・提供：日活

「太陽を盗んだ男」1979年
監督・脚本：長谷川和彦　原案・脚本：レナード・シュレイダー
製作：キティ・フィルム　提供：東宝

「セーラー服と機関銃」1981年
監督：相米慎二　原作：赤川次郎　脚本：田中陽造
製作：角川書店／キティ・フィルム　提供：KADOKAWA

独立プロ名画保存会　近代映画協会
プルミエ・インターナショナル　石原プロモーション
「人類資金」製作委員会　スローラーナー　スターサンズ
キングレコード　アスミック・エース　リトルモア　シグロ
日本テレビ　テレビ東京　ヒューマックスコミュニケーションズ
アルチンボルド　レスペ　オフィス北野　バンダイビジュアル
オフィス・シロウズ　ぴあ　PFF事務局　ステューディオ スリー
アルゴ・ピクチャーズ　レジェンド・タレント・エージェンシー
東宝　KADOKAWA　日活
毎日新聞社　読売新聞社　日本経済新聞社
NHK　イカロス

企画協力
東京藝術大学大学院映像研究科 映画専攻プロデュース領域

日本映画製作者協会

助成：　文化庁文化芸術振興費補助金

企画・製作
アルタミラピクチャーズ

08

『プロデューサーズ』を見て、
思ったこと、
思い出したこと

野村正昭

『プロデューサーズ』に登場する20人のプロデューサーのうち、半数以上の方とは、撮影現場での取材や、インタビューなどの機会を通じて面識がある。一度きりしか、お会いしたことがない方もいれば、現在に至るまで、お世話になっている方もあり、そういう意味では、見ながら様々な感慨が湧いてきて、一本の作品として、客観的に見ることができなかった。ああ、あの映画の時は、こんなことがあったんだなあと、次から次へと勝手な思い出に耽り、落ち着かない気分になった。プロデューサーたちの辿ってきた軌跡は、そのまま70年代から現在までの僕自身の映画史とも重なっているわけで、この一文が、しばしば個人的な記述に寄り道することを、予《あらかじ》めお断りしておきたい。

ただ、映画監督の場合は、明らかに映画の中に、その監督独特のタッチが刻印されて、素人目にも分かりやすいという気がするが、プロデューサーの場合は、どうなんだろうか。そのプロデューサーが関わることで、他の誰かがプロデュースする映画と、一線を画することがあるんだろうか。

実は最近、映画監督について、こんなことを考えさせられた。園子温監督『新宿スワン』(15)や『新宿スワンⅡ』(17)を見ながら、途中で、あれ、これはまるで三池崇史監督の映画みたいだなあと、錯覚する瞬間があったのだ。『新宿スワン』二作を貶《けな》しているわけではなく、むしろ『愛のむきだし』(09)や『冷たい熱帯魚』(10)を熱烈に支持した一ファンとしての素朴な感想で、あるいは脚本(水島力也)も兼ねている山本又一朗プロデューサーの色合いが強く出て、こうなったのか、とも。『ひそひそ星』(16)や『ANTIPORNO／アンチポルノ』(17)では、その反動のように園監督らしい過激な演出が全開になっているのも印象的だった。だが、かつて深作欣二や藤田敏八、神代辰巳監督らの作品は、どんな失敗作であっても、しばらく画面を見ていると、その監督の刻印が、そこかしこに押されていたことを思えば、それでいいのかなあという気分になってくる。

失礼な例になるかもしれないが、メジャー系で上映されている難病青春映画を見ていて、もしも監督名が伏せられて当てろと言われたら、三木孝浩や新城毅彦や、ひょっとしたら廣木隆一監督らのうちの誰が撮ったのかと、当てられる自信が、今の自分にはない。監督たちが無個性になったと言うつもりはない。現在の映画の作られ方が、監督の存在すら置換可能になって、何か別の方向に、どんどんずらされているような気がする。それは大手映画会社の意向なのか、あるいは市場を意識して、プロデューサーが監督を、そういう方向に誘導しているのか。監督の顔が見えない。『新宿スワン』二作には、プロデューサーの顔しか見えなかった。『プロデューサーズ』では、文字通りプロデューサーたちが顔を晒《さら》しているが、それぞれの映画の中で、どれだけ顔が見えているのか。そうした思いを踏まえて（そうならないかもしれないが）、監督ではなく、あくまでプロデューサーを意識し、念頭に置きつつ、僕の映画体験を振り返ってみたい。

60年代後半から映画を見るようになったのだが、最初は、もっぱら東宝の青春映画が中心だった。理由は単純で、自宅の近所に東宝系の映画館があったからで、内藤洋子や酒井和歌子の出演作を夢中になって見ていた。東映の任侠映画や日活アクションを見るようになったのは、後年、名画座に通うようになってからで、当時はマドンナたちの追っかけで満足していた。監督は勿論、プロデューサーなど意識するはずもなく、さすがに黒澤明監督の作品には、それなりに圧倒されていたが、まあ、こういう世界もあるんだなと認識していた程度で、偶然の遭遇に近いものだった。

やがて中学生から高校生になり、性に目覚める頃になると、映画への関心も別の方向に進んでいく。

現在のように年齢で分けられたR指定ではなく、「18歳未満お断わり」の成人映画の世界が気になり、何とかして劇場に潜り込みたいという一念で必死。『キッズ・リターン』(96)のエピソードは、身につまされました。文芸映画などには殆ど興味がなく、ハダカとドンパチの映画が見たくてたまらない。高尚な言葉に翻訳すれば、性と暴力になるんでしょうが、そうしたガキにとって、ＡＴＧ(日本アート・シアター・ギルド)の映画が気にならないわけがない。

『初恋・地獄篇』(68)や『新宿泥棒日記』(69)や『無常』(70)は、羽仁進や大島渚や実相寺昭雄監督らの作品以上に、石井くに子や横山リエや司美智子のヌードが見たかった！　今となっては、どうやって映画館に入場したのか定かではありませんが、当時は、いずれ巷《ちまた》にヘアヌードが掲載された雑誌が氾濫することになろうとは夢にも思わず、ホンの少しの露出でも大満足していたガキでした。しかも、アートですからね。芸術が免罪符になっていて、世間への言い訳も成り立つし、難しい理屈もこねることができる。僕にとっての独立プロ映画への目的は、プロパガンダではなく、大手映画会社の作品では見ることができない過激なヌード、これに尽きるのでした。そういう意味では、独立プロの先駆け、近代映協を率いる新藤兼人監督の『本能』(66)とか『性の起源』(67)『触角』(70)あたりにも少し興味はありましたが、世間の掟を破ってまで、見に行こうとは思わず、新藤作品の真価を思い知るのは、ずっとずっと後年のことになります。

思春期ド真ン中の少年にとっては、こうして別の角度から、映画への興味は高まる一方でしたが、世間は、もっともっと広かった。何本か見て慣れるにつれて、ＡＴＧ映画だけでは飽きたりなくなり、ピンク映画というものを見たくなってきた。ヌードシーンを見るために、延々と見せられる、なんだか理解不能な芸術的なんちゃらに我慢できなくなってきたということもあり、よりダイレクトに、それだけを描いている世界は、どんなものか。しかし、どうやら、そこではアートという、こちらにしてみれば最後の国境線は設定されておらず、したがって、劇場に足を踏み入れる度胸もなく、悶々とするばかり。そうこうしているうちに、ピンク映画を巡る状況にも変化があり、池袋文芸坐地下などの名画座で、ぽつぽつと特集上映が行なわれるようになってきました。

どこで見たのかは、今となっては忘れてしまいましたが、その時期に見たのが、大和屋竺監督『荒野のダッチワイフ』(68)で、この衝撃たるや！　街のボスに雇われた一匹狼の殺し屋がターゲットを狙うという物語が一応あるにはあるけれど、途中からシュールというか、妄想に次ぐ妄想の描写の連続で、何が現実で何が悪夢なのか、登場人物にも観客にも分からなくなってしまう。気障《きざ》なセリフが飛び交う前半はともかく、後半は何が何だか、さっぱり分からない。全く理解できない。でも、すごく面白い。驚いたことに、ピンク映画で、裸のシーンは出てくるのに、全然エロくない。一体これは、どうなっているのか。

この前後に見た、同じピンク映画でも、若松孝二監督『犯された白衣』(67)とか『胎児が密猟する時』(66)、それに梅沢薫監督『濡れ牡丹・五悪人暴行篇』(70)、渡辺護監督『㊙湯の町・夜のひとで』(70)などは、実験的であっても、衝撃度とエロスとのバランスは保たれているというのに、『荒野のダッチワイフ』や、同監督の『裏切りの季節』(66)、『毛の生えた拳銃』(69)は、既成の映画会社では絶対に製作されない、いや、できない映画として、こちらの脳裡に強烈に刷り込まれたのでした。こんな映画を製作したのは、それを許したのは誰だろうという疑問から、僕のプロデューサーへの興味は始まったのかもしれません。

それは国映という製作会社で、朝倉大介というプロデューサーの仕事らしいと知り、後年お会いした時には、その正体に仰天したのですが、御本人ができるだけ表に出たくないという理由で、『プロデューサーズ』にも出演されていません。まあ、業界の人間ならば知る人ぞ知る、伝説のプロデューサー朝倉大介氏は、日本映画の独立プロデューサーの草分け的存在として、いずれ誰か一本映画を、いや、一冊評伝が書かれるべき価値は十分あると確信します。

とにかく『荒野のダッチワイフ』を見たおかげで、以後、実験映画や前衛映画を見るようになってから、何とか受け入れることができるようになった基盤ができ、そういう意味では、感謝しても、しきれないほど。しばらくは、大和屋竺という名前さえ読めず、「ヤマトヤ　ジク」と呼んでいたほど無知でしたが、監督作や脚本作、エッセイなどを見るにつけ、読むにつけ、いつかはお会いしたいなあと憧れていました。因みに普段の僕は、恐ろしく人見知りが激しく、基本的に知らない人とは話もできませんが、こと映画人に関しては、一寸《ちょっと》でも気になる監督やスタッフ、役者さんには、あらゆる機会をつかまえて積極的に会いに行き、目標は殆ど達成できましたが、大和屋氏と増村保造監督には、お会いする機会がなく、後悔することしきり。余談ですが、大和屋氏には一度だけ接近遭遇したことがあり、70年代末から80年代前半にかけて、東映洋画宣伝室で働いていた時、東映本社の廊下でバッタリ。おそらく、真崎守監督のアニメーション『浮浪雲』（82）の脚本打ち合わせか何かで来社されたのでしょうが、あまりにも突然の出会いで、こちらは緊張し、体が震えるのみ。ただ一度の出会いに、声をかけそびれてしまい、残念無念です。『荒野のダッチワイフ』の大ファンです、と言いたかったなあ。

『荒野のダッチワイフ』は、音楽・山下洋輔、照明助手・小栗康平と、今、タイトルクレジットを見直しても、新鮮な発見がある傑作ですが、国映では後年、周防正行監督のデビュー作『変態家族・兄貴の嫁さん』(84)も製作され、そうした変な映画(失礼!)を生む土壌は、あったんでしょうね。大和屋監督の『愛欲の罠』(73)も、組織の幹部に翻弄される殺し屋が、組織の正体を探るべく活躍する、まさに通好みのハードボイルド! にっかつ配給の、いわゆるロマンポルノ3本目の外部からの買い取り作品でしたが、この映画を製作したのは劇団「天象儀館」で、主役の殺し屋を演じたのも、その劇団を主宰する、若き日の荒戸源次郎氏でした。

『愛欲の罠』も、安田のぞみや絵沢萠子、中川梨絵ら女優陣が脱ぎまくるわりには、ロマンポルノのくせに、全然エロくなく、観客を唖然とさせる怪作でしたが、『荒野のダッチワイフ』に狂喜した大和屋ファンにとっては、ド真ン中にストライクの一本。やがて荒戸氏は、「シネマ・プラセット」を立ち上げ、鈴木清順監督と組んで『ツィゴイネルワイゼン』(80)を製作、移動式ドーム劇場で上映してヒットさせ、その年の映画賞を総なめすることになります。

シネコン全盛の現在では、映画を、いつどこで見るのかは、あまり話題にもなりませんが、荒戸プロデューサーの功績は、このドーム劇場や、『ゲルマニウムの夜』(05)を上映した、上野国立博物館の敷地内に設営した一角座のように、新たな上映空間の中で、映画興行をした点にも、あると思います。芝居小屋の延長というか、〝見世物〟としての映画の復権であり、荒戸氏が演劇出身という来歴も大きく作用しているのだろうと推測します。

70年代後半では、村川透監督『最も危険な遊戯』（78）との出会いも、大きかったなあ。日活撮影所長を辞任し、東映に移籍した黒澤満プロデューサーの東映セントラル・フィルム第一作目。人気上昇中だったにもかかわらず、大作『人間の証明』（77）では、その魅力が、あまり生かされなかった松田優作が、凄腕かつ微妙にユーモラスな殺し屋・鳴海昌平を演じた絶妙のハードボイルド・アクション。いやあ、滅茶苦茶に面白くて、何度も劇場に通いました。水を得た魚というのは、こういうことを言うんだろうなあと思っているうちに、まさか、その直後に東映に入り、シリーズ化された『殺人遊戯』（78）や『処刑遊戯』（79）のプレスシートやパンフレットの作成を担当することになろうとは、夢にも思いませんでした。

あの頃の東映セントラル・フィルムは、東映という企業内の独立愚連隊のようで、傍から見ても、アナーキーというか、やりたい放題というか。『殺人遊戯』も『処刑遊戯』も脚本完成以前に、劇場公開日に間に合わせるために、ポスターや宣伝コピーを作らざるをえず、舘ひろし主演『薔薇の標的』（80）に至っては、プレスシートを作るのに物語の結末が分からず、周囲にも勧められ、思いあまって、撮影中の村川監督に直接電話で訊ねると「こっちが聞きたいぐらいだよ！」と怒られる始末で、映画って、こういう風にしてもできるものなんだなあと、実践映画塾の教えになりました。角川映画と組んだ『蘇える金狼』（79）や『野獣死すべし』（80）、『探偵物語』（83）では、そんな事件もなく、まあ別の問題があって大変でしたが、それはまた別の話。しかし、直接お話しする機会は、あまりなかったのですが、黒澤プロデューサーは、どんな問題が起きても、泰然自若というか、「何とかなるよ」と言われて、実際に何とかなってしまうところ。プロデューサーの皆さんは、そうしたトラブル対処の専門家なのでしょうが、比較的間近に見て、その凄味を思い知らされました。

相変わらず、ATGの映画は見ていましたが、のちにオフィス・シロウズを設立する、佐々木史朗氏が社長に就任してからは、若手監督と積極的に組み、路線変更して、エロっぽくなくなったなあと寂しかった。そういう需要はロマン・ポルノで充たされていたので、それはそれとして、ビックリさせられたのが、井筒和幸監督『ガキ帝国』（81）でした。まるで自主映画みたいな作りだけど、そうじゃない。キタの街を仕切る北神同盟と、ミナミの街を仕切るホープ会の抗争の狭間にあって、そのどちらにも属さず、ツッパる3人の若者たちを中心にした青春群像ドラマは、とにかくエネルギッシュで、ひたすらパワフル。映画界に殴り込むとは、こういうことなんだなと納得させるだけの勢いがあり、何度も繰り返して見たのを覚えています。

やはりATG配給で、81年に日活出身のプロデューサーたちによって設立されたNCP（ニュー・センチュリー・プロデューサーズ）製作の森田芳光監督『家族ゲーム』（83）も忘れ難い。『の・ようなもの』（81）で商業映画デビューしたとはいえ、まだ知る人ぞ知る存在だった森田監督と、アクションスターとしてのイメージを払拭しようと、家庭教師役に挑んだ松田優作との幸福な出会い。この年の映画賞を独占しますが、この映画に父親役で出演していて、助演男優賞を受賞したのが、伊丹十三。撮影現場で、伊丹氏にインタビューしている時に、「今度、映画を撮ろうと思ってるんだよ」と言われ、翌年完成したのが、監督デビュー作『お葬式』（84）でした。これもNCP製作でしたが、やがて伊丹プロからは、次々とヒット作が送り出されます。『お葬式』の撮影現場にも足繁く通いましたが、伊丹監督は自分へのインタビュー記事に徹底的に手を入れることで有名で、殆ど原形を留めないことも、しばしば。台本の表紙デザインから宣伝活動の細部に至るまで、拘って、拘って、拘りぬくのが、伊丹映画の流儀であり、たぶん成功の要因でもあり、その良し悪しは別にして、教えられることも沢山ありました。

82年には、長谷川和彦監督を中心とする当時の若手新進監督9人が集まって、ディレクターズ・カンパニーが結成されます。フリーになってから、『セーラー服と機関銃』（81）の仕事を通じて親しくなった相米慎二監督とつるむようになり、その縁で、ディレクターズ・カンパニーの事務所にも出入りするようになった僕は、公募した脚本賞の最終選考会にも傍聴記を書くために立ち会うことができました。忘れもしない、84年1月21日深夜から、翌22日早朝にかけて、長谷川、井筒、大森、相米、根岸、高橋、黒沢の7人の監督が出席し、討論は喧々囂々《けんけんごうごう》。13本の脚本が最終選考に残り、結果として、入選作はなく、準入選作として、「RUN」（藤田一朗）、「台風クラブ」（加藤祐司）の二作、特別賞として「ベビー・聖・ベビー」（井口昇）が選ばれました。台風の接近と共に、多感な中学生たちが校舎を祭りの解放区に変える秀逸な青春群像劇「台風クラブ」は、選考でも強く推していた相米監督が、翌年撮り、東京国際映画祭でヤングシネマ部門大賞を受賞。因みに、この時、特別賞を受賞した井口氏は当時14才で中学2年生。現在、役者として、映画監督として活躍中なのは周知の通りです。

ディレクターズ・カンパニーは、発足当時「監督がいくら集まってもダメだ」と言われていたわりには、とにもかくにも10年間活動を続け、『台風クラブ』をはじめ、『人魚伝説』（84）や『逆噴射家族』（84）を送り出したのは偉いなあと感心しますが、92年には、あえなく倒産。『東方見聞録』（92）

の御殿場の撮影現場を訪ねた時、オープンセットに建てられた滝壺の上で、フランキー堺さんが「ここから落ちたら危ないから、みんな気をつけろよ」と言われていたのを思い出しますが、まさに数日後、そこで悲劇が起きてしまい、倒産の引き金になったのは、かえすがえすも残念でした。

翌93年には、配給会社から製作にも舵を切ったシネカノンから、崔洋一監督『月はどっちに出ている』が公開されて、評判になり映画賞を独占しますが、この企画、その前にWOWOWの「J・MOVIE・WARS」で短篇バージョンが作られ、その劇場版として製作されたので、両方に思い入れがあります。開局1年前に、WOWOWから声をかけられ、編成の仕事のお手伝いをしていた縁で、入局したばかりの若いプロデューサーと親しくなり、いずれは劇場用映画を製作したい、その足掛かりとして、いろんな監督と組んで短篇を作りたいと聞かされていたからで、彼——仙頭武則氏が、その後、サンセント・シネマ・ワークスを設立。河瀨直美監督『萌の朱雀』(97)や、緒方明監督『独立少年合唱団』(00)、青山真治監督『ユリイカ』(01)などを製作し、話題を呼びますが、ここも08年に倒産。独立プロの栄枯盛衰の慌ただしさには茫然とするばかり。

そうした点では、日本映画の独立プロデューサーを俯瞰《ふかん》し、網羅した、この『プロデューサーズ』の製作元であるアルタミラピクチャーズの桝井省志氏が入っていないのは、一観客として見れば、かえって客観性を欠くのではないかと思うが、そうした照れが特徴といえるかもしれない。『Shall we ダンス?』(96)などの周防正行監督、『がんばっていきまっしょい』(98)などの磯村一路監督、最新作『サバイバルファミリー』(17)などの矢口史靖監督らの作品を軸にしているアルタミラピクチャーズは、監督の個性を尊重した映画作りをベースに、『タカダワタル的』『ザ・ゴールデン・カップ

ス　ワンモアタイム』（共に04）、『オース！バタヤン』（13）などの音楽ドキュメンタリーを並行して製作し、映画界のみならず、日本の芸能史自体を俯瞰する眼として独自の位置を保っているように見える。

『プロデューサーズ』では、伊地智啓氏が、その極意として「出会いをとにかく作ること」、佐々木史朗氏は「映画の幹事だもんな」と、再録された原稿の中で、それぞれ発言されていますが、それは映画を製作していく過程だけではなく、観客を誘導し、巻き込んでいくことも含めての極意だろうと思います。その映画と、どう出会うのか。出会ってしまった観客は、どう動けばいいのかと、いろいろ考えさせられたりして。個性的なプロデューサーズが、日本映画を牽引してきたことは、この映画を見れば、よく分かりますが、僕としては、前述したように、今の日本映画の中で監督の顔が見えなくなってきたことは恐いし、それ以上にプロデューサーの顔が見えなくなるのは、もっと恐い。さらなる出会いの場に立ち会いたいです。

野村正昭（のむらまさあき）
映画評論家。1954年、山口県生まれ。東映洋画宣伝室、広告代理店勤務を経て現在に至る。毎日映画コンクール、城戸賞、芸術選奨文部科学大臣賞（映画部門）の選考委員を務め、「キネマ旬報」「月刊シナリオ」などに執筆。

09

特別読み物
ある映画プロデューサーの供述調書
Fingerprint File

映画犬

illustration by Louise Louis Kabe

東京の乾ききった冬の晴れた空の下を、つらつら私が今向かっているのは、渋谷の谷間のマンションの一室に居を置く映画製作会社アルタミラピクチャーズだ。

渋谷と言えば忠犬ハチ公だが、私は何を隠そう映画犬である。盲導犬、麻薬犬、テレビCMにはお父さん犬がいるのだから、映画犬がいたってそう不思議じゃない。短縮して映犬、どこかの大学の映画研究会ではないのでお間違えのないように。

そんな誇り高き映犬である私が、何故《なにゆえ》に今、そのしがない映画製作会社に向かっているのかと言えば、そこで映画プロデューサーを名乗る桝井という男に対談の相手になってやくれまいかと依頼されたからだ。そして、それを文字に起こして一編の読み物にしろと言う。聞けば、彼は偉そうにも、この春、『映画プロデューサー入門』なる書物を編むらしい。

そこに、これまでの自分の仕事の遍歴、ちょっと長めのプロフィールみたいなのを書きたいのだが、それを気の置けないお喋り形式でやりたい。有り体《てい》に言えば、文章を書く能力がないか面倒か、そんなところだと私は思っている。

しかも、自分がどういう仕事をしてきたかという客観的事実だけをクールに且つ簡潔に伝えたいだけなので、小難しい余計なことや見解などは聞かないでくれと注文をつけてきた。これも要するに自己韜晦《とうかい》などでもなく、単にこれまで何も考えずにひたすら目の前の仕事をこなすだけで精一杯だった、というのが実のところだろう(まあ、その書物の冒頭あたりに、彼なりの映画プロデューサーについての見解は著したつもりであるらしい)。

だが、その気の置けないお喋り形式の相手に、何故、映犬である私に白羽の矢が立ったのだろうか？　どうやら彼は、私の超鋭い嗅覚《きゅうかく》でリサーチしたところ、無類の犬好きのようだ。子供の頃、プードルをせがんだはずが父親が買ってきたのが竹輪の好きな雑種の白い子犬で、走り出すと赤信号でも飛び出していくような盲滅法《めくらめっぽう》、落ち着きのない犬であったらしい。おそらく飼い主に似たのであろう。これから私が会いに行く男も、小学校の通知票に六年間、「落ち着きが無い」と判で押されたように書かれ続けた。

それにしても、変わりゆく渋谷であるなあ〜。オシャレ犬である犬の私が昔お散歩コースにしていた公園通りも区役所が新築工事中、映画の三本立てのようだった三棟のパルコ群ももうすぐ建て替えのため更地になろうとしている。

そんな暗渠《あんきょ》のようになったパルコパート3の日陰の裏路地に立つ築四十年のマンション。アルタミラピクチャーズは、その十二階の一室に埋没するようにあった。そして、私がインタビューすることになったその男は、企画のためにと買い漁った小説本や漫画本や紙書類の山にさらに埋没していた。「ごめんくだわん」と一声吠えてドアを開け、初対面の挨拶をした私の前足は、近くのつけ麺屋のサービス券を踏んでいた。落ち着きのない子供は、片付けられない男になっていたようである。

「はじめまして、今日はよろしくお願いします」

白髪の長い髪を振るわせ笑いながら、そう言った彼は、自ら私にお茶を入れる気遣いのある男であった。以下は、その彼の入れてくれたお茶を啜《すす》りながらの気の置けないお喋り形式であるわん。

就活

映犬（以下、🐾）「では、月並みですが、まず映画業界へは、どんなきっかけで入ったか教えてくだわん」

桝井（以下、☒）「月並みですね（笑）」

🐾「むかっ！」

☒「あっ、失礼しました。私の仕事経歴を年代を追って客観的に聞いてくれと頼んだのは私でした、すみません」

🐾「そのところ、自覚しておいて下さいね。もしこれが、しょ～もないインタビューになっても、全ての責任はあなたにあるんですから！　では、月並みな質問に答えてくだわん」

☒「まあ、月並みに就活です。もう、35年以上も昔の話になりますが、私も、紺のスーツに身を固めて就職活動に右往左往していた頃があったんですよ。今じゃ、スーツを着るなんて、完成披露試写会か出資者に頭を下げる時くらいですけど……」

🐾「そう言えば、今日も小汚いジーパンに……。あっ、すみません。映画プロデューサーって、もっとビシっとした格好してるのかな？　なんて思ってたものですから」

☒「いいんですよ。私はいっつもこんなです。で、就活……」

🐾「そうそう月並みの就活の話、続けて下さい」

☒「今思えば、何とも世間知らずの軽薄な学生で、何処でもいいから、テレビ局、映画会社、出版社、レコード会社、芸能プロダクションと、漠然とクリエイティブな匂いのする場所で働けないかと目論んでいたんですね。まあ、性格的に自分が堅気《かたぎ》な勤め人にはなれないこともわかっていました。落ち着きないですから」

🐾「B型ですか？　血液型」

⧄「B型です。あなたは？」

🐾「A型です（どうやら相性悪そうだわん）」

⧄「そうですか？　ウマが合いそうだなあ。それで、吉本興業やホリプロなんかの入社試験も受けたかったんだけど、年齢制限があってダメでした。あれは、悔しかったなあ～」

🐾「吉本？」

⧄「ええ、子供の頃から寄席《よせ》や演芸が好きで、小学生の時なんか、授業中に三平や歌奴《うたやっこ》の真似して先生に嫌われていました。やまのあな、あな、アナア～～～」

　確かに嫌われる。男は鼻孔《びこう》を膨らませた。

⧄「でも、私、思うんですよね。笑いとユーモアこそが人間の人間たる所以《ゆえん》でしょ？」

🐾「はあ……（笑いとユーモアは犬が犬たる所以でもあるのを知らんのか？）」

⧄「でも、当時マスコミ業界は縁故採用の時代で、映画業界とて然なり。縁故がない限り、東宝、松竹、東映とみな門戸は閉ざされていました。日活だけが、助監督を試験で採用してたかなあ？　だから、実際、就活してみると、自分に何の能力も無いことを思い知らされるんですね。私のような六年かかって、それも哲学科なんて学科を出た落ちこぼれを採用しようなんていう奇特な会社はなかなかありませんでした」

🐾「哲学科ですか？」

⧄「ええ、まあ、哲学科を卒業したと言っても、講義をさぼって昼間から高田馬場あたりの名画座に入り浸っていた私ですから、偉そうなことは言えないけど、目に見えないものの不可思議さみたいなことはいつも考えます。でも、実利や功利が重視されて、大学から文学部が消えそうな昨今の流れ、困りものですよね？」

🐾「わんわん！」

⧄「あなたも同意してくれましたか？」

🐾「わん！」

⧄「で、何でしたっけ？　そう、それで、思うように就活が進まず、このままじゃ郷里の四国の山奥に帰るしかないと世を呪っていた時です、朝日新聞の紙面片隅に小さな求人広告を見つけました。大映株式会社企画製作室社員募集！　今と違ってネットなんてありませんから、あの新聞広告を見逃していたら、今、私がこうして映画でどうにか糊口《ここう》を凌いでいられるなんてことは無かったでしょうね。もしかしたら、愛媛の田舎町でみかんの行商人をしていたかもしれません」

🐾「数奇ですねえ〜」

⧄「ええ、映画製作自体が数奇の連続ですから……。それで、『羅生門』や『近松物語』を作った会社が企画社員を募集している！　私は、迷うこと無く、試験会場に向かいました。当時、大映は、新橋レンガ通りの、一階に焼肉屋が入った小さなビルの三階にありましたっけ」

🐾「でも確か、その頃、大映は倒産して間もなかったんじゃ？」
▨「ええ、倒産した大映を徳間書店社長の徳間康快が引き継ぎ、山本プロの脚本家であった武田敦氏が専務、元大映労組の委員長だった山本洋さんが取締役、山本洋さんは山本薩夫監督の次男です。それで全社員数えても二十人足らずの会社でした。採用面接では、学生時代は映画を年間三百本観ました、なんて虚実ないまぜにして、ありがちなことを言うしかない。最終の社長面接では、自分の名前を言っただけ。あとは徳間社長の独演会をずっと頷いて聞いているだけでした」
🐾「ほほほ、おもろそうなオッサンですね」
▨「オッサン！　まっ、いいか。とにかく、あんなに面白い人に出会ったのは人生で初めてでした」

大映入社、こんなはずじゃなかった

🐾「それで、めでたくあなたが望んだクリエイティブの匂いがする映画会社に入社ってわけだ？」
▨「ええ、めでたかったのなんのって！　採用が決まったのが、卒業目前の二月。もう何処にも行く当てがなくて下宿のアパートでインスタントラーメンを啜りながら途方に暮れてたところを、ぎりぎり大映という会社が拾ってくれたんですから。これでまだ生きていける。青天の霹靂《へきれき》、もう、めでたいのなんのって！」
🐾「……（私は、そういう意味合いで『めでたく』と言ったのではない。どうも、言わなくてもいいことを言いたがる自虐趣味のある男と見た）……慈悲深い会社だったんですね。で、そこで、赤飯を炊いて喜んだあなたは……」

⧄「赤飯は炊いてませんが……」

🐾「むかっ！　いちいちそういうところに疑問を持たないで下さい。話の流れが止まりますから」

⧄「はあ……」

🐾「で、新入社員時代は、どのような仕事をしていたのだわん？」

⧄「正直、騙《だま》されたと思いましたわん！」

🐾「また、止まる～。真似しないで、真面目に答えて下さいよ」

⧄「すみません、ちょっとやってみたくなっちゃって。私、子供の頃、犬になりたいって真剣に思ってたんです」

🐾「ム、ムムムム……（この男、人間が犬になれると考えるほど身の程知らずのようだ）。……そのお話も実に興味深いですが、さっきから話の腰を折られてばかりで全く前に進みませんよ」

⧄「以後、気をつけます」

🐾「で、正直騙されたとは、どういうことでしょう？」

⧄「はい、実は、企画部員とは名ばかりで。当時、映画会社は自社の旧作のビデオテープを販売することで細々と利益をあげていました。私を待っていた仕事は、そういった旧作ビデオを売りに歩く営業です。信じられないでしょうが、受注生産で一本を四、五万で売っていた時代です。でも、営業はましな方で……。実のところは、来る日も来る日も、社内の一室に篭もりっきり。いつ尽きるとも知れないシュリンク作業の毎日でした。いいですか、耳の穴、かっぽじって聞いて下さいよ！　まずですね、現像場から届いたテープをケースに入れ、あっ、違った、その前にテープの正面とサイドに作品の題名のシールを貼り、そして、そのテープをケースに入れると、そのケースにまた題名のシールを貼って、プラを被せてガシッと止める、これ、アイロン、分かります？　それで、お次はハサミでパッケージの隅に空気穴を開けて、仕上げにドライヤーを持ってシュワシュワ～と真空パック、これで一丁上がり！　それを朝から日が沈むまで、それも、パートのおばさんと一緒にですよ～。で、これにも上手い下手があって、私は結構上手い方で……」

こう身振り手振りを交えて話す男は、いつしか別世界にいた。

🐾「傘張り浪人の内職ですね？」

☑「ええ、今でもできます！　私の隠れたる華麗な早技、お見せしましょうか？」

そう言って、隣室にドライヤーとハサミを探しに行った男だったが、この片付けられない男に探し出せるわけがない。「あれえ。どこ、やったかな？」などと言いながら戻って来た。そんなモノを見ている暇などない私は胸をなでおろした。

☑「お見せできないの、残念ですが、ま、仕方ありませんね。それで、私は、そんな旧作ビデオを売りに卸業者や大手家電メーカーの販社回りの行商人。ビデオデッキの販促用に付けてくれとお願いするわけです」

🐾「あの頃は、まだビデオレンタルショップとか無かったですものね」

☑「ええ。でも、それを知っているあなた、おいくつですか？」

🐾「ドギマギ、ドギマギ、いや、父犬に聞いたんだわん」

「ふっ、ホホホ……」と、男は私を鼻で笑って続けた。小癪《こしゃく》な!!

⧄「あとは、銀座周辺に固まる民放地方局の支社に、放映用の旧作16ミリプリントを台車に載せて納品したり。それが、ロープでちゃんと固定したはずなんですけど、途中で緩んで、積んでたフィルムのケース、銀座のど真ん中で路上にぶちまけちゃうんですね。もう恥ずかしくって、恥ずかしくって。それも、背広着てネクタイしめた男が腰を屈めて、ぶちまけたフィルムをオロオロかき集めて、銀座のど真ん中ですよおおおお!」

それは、さぞかし惨《みじ》めであったろう、姿が目に浮かぶようである。「急《せ》いてはことを仕損《しそん》じる」がわかっていないあわて床屋なのであろう。

🐾「クサリますね?」

⧄「いや、それが全然。人間が単純にできているのか、根が前向きなのか、辞めても何処へ行く当ても無いし、とりあえず給料もらえるし、騙されたと思う反面、信じていました。だって、曲りなりにも企画部です、増村保造の名チーフと異名を持つ崎山周さんや岡本喜八の『ダイナマイトどんどん』のプロデューサーの佐藤正大さんらとデスクを並べていられたのですから。臥薪嘗胆《がしんしょうたん》、いつか自分にも映画企画の仕事が回ってくると信じていたんです」

🐾「臥薪嘗胆、泳げたい焼きくんの精神ですね!」

⧄「やっぱり、あなた、古い!」

その頃の大映という会社

🐾「で、あんたはんのいた、大映さん言わはる会社、その頃、どないな会社でおましたんどすか？」

⧄「な、何で、いきなり、京都弁なんです？」

🐾「あっ、えらいすんまへん。あんたはんのとこの舞妓はんの映画観てから、時々、出てしまうんどす」

⧄「えっ、あれ、観てくれたんですか？」

🐾「だから、私、映画犬だって言ってるでしょ！　早く、話、続けてくいやんせ」

⧄「くいやんせ？　もしかして、それも『舞妓はレディ』の影響……？」

🐾「いや、私は薩摩の出、いやいや、私がこないになってしまった責任、どげん取ってくれはりますのや？」

⧄「責任取れと言われても、映画ってそんなに影響力あるんですね！」

🐾「むかっ、もう、そげん話、どげんしざっもね。早く、次、行っておくれやす！」

⧄「じゃ、お言葉に甘えて、次、行きます。その頃の大映がどんな会社だったかって話でしたね？」

🐾「ええ、手短に」

⧄「私は大映本社所属で、系列に、テレビの二時間ドラマを中心に制作していた大映映像、洋画を主に配給する大映インターナショナル・フィルムがありました。入社時は、みな別の場所にありましたが、何年かして同じ一つのビルに集められます」

🐾「あの焼肉屋が一階に入った雑居ビルから移ったってことですか？」

⧄「ええ。日比谷通り沿いの場所はいい所だったんですが、やっぱりその頃倒産した吉野家の本社が入っていたビルで……」

🐾「牛丼屋の？」

⧄「はい。倒産した会社が倒産した会社の入っていたビルに引っ越し、ってことで、社内ではウケてました」

🐾「………（どこがウケるのだろうか？）共倒れせんとよろしゅうおましたな〜」

⧄「ええ、なんとか……。それで、親会社は徳間書店、その系列で、徳間音工というレコード会社、中国映画を専門に配給する東光徳間がありました。この会社にはあの脚本家の田村孟さんの奥様がいましたっけ。そう言えば、『田村孟先生ってどんな方なんですか？』と恐る恐る奥様に聞いたら、『寝ている時を除けば本を読んでいる姿しか見たことがない』と言ってましたね」

🐾「羨ましいですね。私もそんな生活がしたい」

⧄「映犬さんも読書家で？」

🐾「いや、読書犬です。で、それから？」

⧄「ええ、それから、その頃まだ大映は、京王多摩川に東京撮影所、京都・太秦《うずまさ》には京都撮影所を持っていました」

🐾「ああ、私もあの多摩川辺りは、よく散歩しました」

⧄「そうなんですか。今じゃ、駅前は閑散としてますけどね」

🐾「わん」

▨「それで、当時、大映インターナショナル・フィルムが、その頃ブームになりつつあった、ニュー・ジャーマン・シネマを積極的に配給していたのを思い出します。『フィッツカラルド』や『ことの次第』、『エゴン・シーレ』、『メフィスト』とか、ヘルツォークやファスビンダー、ヴェンダースが威勢のいい頃です」

🐾「ああ、もう三十年以上も前のことですねえ。私も、よく観てました。特に、『フイッツカラルド』、あれ、何故か山頂に座礁《ざしょう》した巨大な船を山から曰く有り気な男達が引き下ろすっていうような話でしたよね。で、確か、主演だったミック・ジャガーが撮影が超シンドイって途中で降りちゃった?」

▨「ええ、その後釜のデビッド・ボウイも降りています。あの頃、ロック界のスーパースター使うの、流行ってました。でも、やっぱりミュージシャンって我儘だから……。あっ、だいぶ横道にそれてしまいましたね?」

🐾「いや、いいんです、いいんです。横道にそれるのこそ、インタビューの妙！　人生の妙！　それで、そのニュー・ジャーマン・シネマはどうなったんです?」

▨「ええ、それで、哲学科でドイツ語を齧《かじ》ったなんてことが知れて、ドイツ語のパンフレットなんかを辞書と首っ引きで翻訳させられたのを苦い経験として思い出します。何せ、Ich liebe dich しか知らない私がですから……。アハハハハハ」

🐾「ニコッ……（アホな男である。こういう過去話を得意そうに話したがる男の話が面白かった例《ためし》はない）」

▱「それから、同じ頃、ニューヨーク在住の葛井克亮《くずいかつすけ》さんが、ニューヨークから最先端のヒップホップ文化を紹介すると言って『ワイルドスタイル』を持って来て、音楽好きの私は、大映にも新しい風を吹かせてくれたと嬉しく感じました」

🐾「そう言えば、『ワイルドスタイル』の上映後、新宿のツバキハウスでブレイクダンスのパフォーマンス、ありましたよね！　なんせ、生まれて初めて見たヒップホップダンス！　紫や黄色のライトの下で床に手をついて踊り回る黒人ダンサー達、エキサイティングでした！　私、あれから、はまっちゃって！」

▱「葛井さんは、その後、パンク・ロックのドキュメンタリー映画やトーキング・ヘッズの『ストップ・メイキング・センス』を日本に持って来たり、奥さんのフランさんが監督した『TOKYO POP』をプロデュースしたり、その仕事の多彩さはここでは話しきれませんね」

私がせっかく、「はまっちゃって！」とダンスに話を振ったのに、かくの如き黙殺された。感度の悪い男である。

▱「『ストップ・メイキング・センス』良かったなあ〜。あなたも音楽好きでいらっしゃる？」

🐾「いや、ダンス好きで。（おっ、やっと、気づくだろうか？）ヒップホップ、ここでちょっと踊って見せましょうか？」

▱「いや、きっぱり、結構です!!」

🐾「むかっ！」

このインタビュー、やはり成り行き任せにせざるを得ないような悪い予感が早くもしてきた。

⧄「そうそう、大映はその頃、インディペンデントの日本映画を預かってその海外セールスを始めていました。その頃の独立プロに、海外セールスまでする余裕はありませんからね。そんな中、ちょっと面白いエピソードがありますよ。大映インターナショナル・フィルムの井岡さんに聞いた話なんですが、ＡＴＧの『逆噴射家族』が海外セールスで大成功を収めて、それに気をよくしたのか、この勢いに乗じようと、次に山本政志監督の『ロビンソンの庭』を海外セールスします。魂をぶち抜くような眼をした町田康主演の変わった映画でしたが、それが面白い感性の傑作で……」

🐾「町田康と言うと、パンク歌手で芥川賞作家で詩人で犬好きの……?」

⧄「えっ、あの人、犬好きなんですか？　どうりで優しい眼をしていると思った」

🐾「あら、今、あなた、魂をぶち破るような眼って言いませんでしたか?」

⧄「魂をぶち破るからこそ、優しいんですよ！　わからない犬だな〜」

🐾「むか、むか、むかっ！　さあ、それでどうしたんですっ?」

⧄「だが、これが全く売れないんです。すると、山本監督が、会社に乗り込んできました。『何で、俺の映画が売れないんだ！　俺の映画が売れないはずがない。俺は宇宙に向けて映画を作ってるんだ！』ってね」

🐾「ほお？　そりゃ、面白い！　世界どころか宇宙に向けて作ってるんだから売れないはずはない！ですよね?」

⧄「そういう理屈になりますか……?　いや、私にとっては、面白いって言うより、監督とはこういうものだと初めて肝に命じた経験なんです。まさに、監督とはこういうものなんです。悪い意味で言っているのではありません。『俺の映画が売れないはずはない！』と言い切れるのが監督なのだということです。それくらいの気持ちと自負がなきゃ、自分の名前を冠してモノを作れるわけがないのです。監督が映画を撮るとはそういうこと、プロデューサーが言える言葉ではありません」

🐾「まさに、プロデューサーは黒子に徹するリアリストですものね」

〼「まさに、ご名答。でもね、山本監督に、『宇宙に向けて作れ！』と言ったのは、プロデューサーである佐々木ベジさんなんですよ……」

生まれて初めての現場

🐾「それで、あなたは、相変わらず、くさらずシュリンク作業と行商人の毎日ですか？」

〼「いや、入社して二年くらい経った頃だったか……。やっと、私にも、実際の映画制作の現場を知る機会が訪れました。紛う方なき生まれて初めての映画制作現場体験です。中国と深いパイプを持つ徳間社長の繋《つな》がりで、中国映画『廖仲愷《りょうちゅうがい》』の日本ロケを大映が受けたんですね。私は、製作進行として現場に入ったのですが、呪いのシュリンク作業からの大いなる自由と喜んだのも束の間、現場はそんな生易しいものではありません。何せ、ただ講義をサボタージュする大義名分で好きな映画を観ていただけの人間、右も左も分からないまま、いきなり現場に放り込まれたんです。それこそ、安い弁当を買いに、車止めにと走りました。怒鳴られることも屡々《しばしば》です。でも、不思議と辛いとは感じませんでした。生まれて初めての映画制作の現場にアドレナリンが出まくっていたのかもしれませんが、先輩の製作担当の土川勉さんのとても優秀な仕事ぶりを間近で見ながら、とにかく懸命なだけだったんでしょうね」

🐾「優秀な仕事ぶりと言うと？」

⧄「そうですね、例えば、細かいことかもしれませんが、ロケで家を借りれば、借りる前より綺麗にして帰りました。養生に細心の注意を払うのはもちろん、その手際の良さや人の気づかない所にまで気を配る細やかさに目を見張りました……。そう言えば、私、内トラで、日本人の丁稚《でっち》の役までやらされましたよ。着物の裾《すそ》をはしょって大きな風呂敷包みを背中に背負った、その時の写真の私は、まだ髪も黒く随分と痩せています」

🐾「えっ、あなたが黒い髪して痩せてたなんて、信じられまへんな～」

⧄「…………むかっ」

企画部員として

⧄「それから徐々に、私も企画部の一員らしい仕事につかせて貰えるようになってはくるんですが……」

🐾「それは、よろしおましたな」

⧄「ちょっと、その京都弁、どうにかなりませんか？」

🐾「どうにかって、あんたはんの映画の影響どすえ。かましまへんやろ」

⧄「………（しばし沈思黙考）わかりました。気にしないことにしますから（イラッ）。それで、その後しばらくして、森村誠一の当時のベストセラー七三一部隊を題材にした『悪魔の飽食』の映画化の企画が持ち上がります」

🐾「ああ、あの頃、ベストセラーと言えば、森村誠一でしたね」

⧄「ええ、監督は山本薩夫、脚本は高橋玄洋。後に、中岡京平に変わりますが……。私は出来上がった脚本を受け取るために高橋先生のお宅通い。応接間で一日中、本が上がるのを待つ毎日でした。本が上がると直《す》ぐに会社に持ち帰り、それを十人分コピー。あの頃は、コピーがのろまのグズの閉口もの、蹴り倒してやりたいくらいで……」

🐾「あなたも、随分、気が短い」

⧄「ええ、短いですよ。じゃ、さっさと行きますと、右翼か何かの圧力で東宝が配給を降りてしまった。大映は自主配給の道を模索したが結局断念、製作自体が中止。どうです、早いでしょ？　でも、私にとっては、山本薩夫監督との打合せに末席とはいえ参加できたんですから嬉しかったですね。しかも、数年後に監督がお亡くなりになって、今思えば監督最後の仕事に立ち会えたわけです」

🐾「それは、貴重な体験でござりまするがな」

⧄「まさか、それ、アチャコとちゃいますか?!」

🐾「わん！」

独映懇事務局

🐾「ところで、わん、ここ掘れわん！　ところで、その頃、徳間社長が、独立映画製作者懇談会を立ち上げましたね？」

⧄「ええ、映画界のドンたらん徳間社長は、独立プロのリーダーシップを執ろうと、自ら独立映画製作者懇談会を立ち上げました。それで、独立プロの代表を集めて定期的に会合を開いたんです。私は会議の事務局で連絡係をやらされて、伊藤武郎さんや絲屋寿雄《いとやとしお》さん、大島渚さんや篠田正浩さん等、大物プロデューサーや大物監督達が一堂に集まって来るんですから、それだけでわくわくものです。それなのに、その会議で何が話されていたのか全く何も覚えていないのが今以て不思議というか……」

🐾「なあ〜んにも、話されていなかったのとちゃいますか？」

⧄「アハハハ……、そんなところかもしれませんね。でも、しばらくして、徳間社長は方針転換するんですよね。独立プロから離れてメジャー路線にシフト。つまるところ独立プロには金が無いから、いつまで一緒に徒党を組んでいても利が無いといったところでしょうか」

🐾「じゃ、自分で言い出しておいて、途中で投げ出した？」

⧄「いや、こういう決断力も時には必要なんですね。というより、徳間社長も思うところあって揺れていたんだと思います。すると今度は、一度倒産して外されていた映連（東宝、東映、松竹、日活）に再加入することを目指し、しばらくして五社体制が復活しました」

アダルトビデオ

🐾「ほお〜。で、『悪魔の飽食』製作中止でも、あなたは、まだ相変わらずくさらずやってた?」

⧄「ええ、でも、アダルトビデオの制作があって、これが唯一、企画部員らしい仕事だったかなあ〜」

🐾「アダルトビデオ? 私もお世話になったにゃん」

⧄「お世話に? にゃん? 今度は猫ですか?」

🐾「いちいち、突っ込まないで下さい。気分転換なんですから!」

⧄「気分転換?」

🐾「にゃんにゃん。それで、そのアダルトビデオ制作とは如何《いか》ようなものであるか?」

⧄「……ものであるか? それも気分転換なんですね?」

🐾「ゲロゲロ」

⧄「わかりました。じゃ、アダルトビデオでしたよね。ええと、それ、一話三十分もので膨大な本数を量産してました。大映の我々が企画発注して、でも、実際の制作は大久保の東音スタジオがやっていました」

🐾「東音スタジオって言えば、ピンクの老舗《しにせ》録音スタジオどすなあ〜」

⧄「ピンクの老舗? ビックリしたな〜、そんなことを知ってるなんて。映犬さん、普通じゃないですよ。普通、誰もそんなこと知らないです」

🐾「犬が人間にインタビューすることが、そもそも普通じゃないです」

⧄「ごもっとも………」

🐾「でも、それじゃ、やっぱり、制作現場はあなたはんから遠のいたままやあらしまへんか？」

⧄「ええ、そうなんです。それで、次第に企画発注するだけでは物足りなくなって、自分たちの手で直接作品を作りたいと思うようになりました。なにせ、制作現場に飢えてましたから。とにかく早く、同世代の監督たちと作品を作りたいという思いが強くなってきたんです」

🐾「じゃあ、大映はんでも、ピンク映画作りはればよろしおましたのに！」

⧄「そこが難しいところで……。私も含めて若いやつらは、こそこそとビデオでやっているんではなく、堂々とピンク映画を作ればいいじゃないか！　と思っていました。でも、やっぱり、格調高き名作を作り続けた大映という会社のプライドが邪魔するんですね。それで、私もこそこそアダルトビデオをやっているうち、ユニット・ファイブのメンバーの水谷俊之監督と出会うんです」

🐾「やっと、同世代の監督とですね。ユニット・ファイブって、確か、磯村一路（＊1）をはじめ、福岡芳穂、水谷俊之、米田彰、周防正行（＊2）の五人の監督が青山に事務所を借りて立ち上げた……？」

⧄「ええ。若松孝二監督や高橋伴明監督の助監督だった彼らが、1982年、高橋伴明監督のディレクターズ・カンパニー参加で高橋プロを解散したのを機に作ったユニットです。そして、その時、水谷監督が持ってきた、ユニット・ファイブからのアダルト企画のひとつに、後に周防監督の『変態家族・兄貴の嫁さん』の原型となる企画がありました。でも、大映ではあっさり無視され、企画の俎上《そじょう》に上ることはありませんでした」

🐾「会社にもあんたはんにも、見る目がなかったんどすな」
☑「そうなりますか。でも、そのお陰で、周防監督はその後、その企画をちゃんと映画として実現し、ピンク映画デビューでしたが、蓮實重彦先生に絶賛され、監督の才能を世間にセンセーショナルに知らしめることができたんですから……」
🐾「まさに不幸中の幸い!! だわん、わ、わわわわわ〜ん」
☑「リバーブ、かかってますね?」
🐾「嬉しいとこうなるんです、わ、わわ、わわああ〜ん」

二時間ドラマの現場はサスペンス

🐾「それにしても、なかなか、先に進みませんね。すっ飛ばして、『Shall we ダンス?』まで行っちゃいましょうか? 映犬の私でも、かっなり、退屈ですよ」
☑「あなたこそ、気が短い。まあ、そこのソファにでも寝そべって聞いて下さい。とにかく、一度、私のこれまでを振り返らせて下さい。エアコンの温度、大丈夫ですか?」
🐾「大丈夫です。じゃあ、次は何じゃ?」
☑「インタビュアーなのに、投げやりだなあ〜。あなたが言うように、退屈な話かもしれませんが、この時期の一歩一歩があってこそ、私の今があるんですから。それに、何故か、この辺の辛かった時期のことの方が後々のことより鮮明に覚えているんですよ」

🐾「…………（私はここでソファに寝そべり、瞼《まぶた》が落ちそうになるのを懸命に我慢した）」

☑「あの頃は、各テレビ局が、土曜ワイドや火サス、水曜グランドロマンと、二時間ドラマ枠を多く持っていた時代です。会社は、そういったテレビ局の二時間ドラマの下請けで食いつないでもいました。だから、新米企画部員にとっては、二時間ドラマの製作部や演出部で呼ばれることが、制作現場で仕事ができる唯一のチャンスだったんです。邦画が斜陽の時代にあって、ベテラン監督や脚本家たちもそういう二時間ドラマで腕を振るうしかありませんでした。でも、現場は現場です。製作進行やプロデューサー見習いのようなものでしたけど、やっと制作現場につかせてもらえたんです。神代《くましろ》辰巳《たつみ》監督や、降旗康男《ふるはたやすお》監督も出入りしていました。私はと言えば、山本迪夫《みちお》監督、小沼勝監督の作品につきました。そして、今でもよく覚えているのは、その時の先輩プロデューサーから、『局プロの靴でも舐《な》めろ！』と言われたことです。下請けとはそういうもんだと……。凄いサスペンスでしょ？」

🐾「（と、言って笑っている男、局プロの臭い靴が好物なのか？　私は、自分の好きな物しか舐めない。悲しい男だ）…………ええ、えらくサスペンスです！」

と、私はお愛想笑いをしながらソファから起き上がった。今の気色悪いサスペンス劇場で一気に眠気が失せたのだった。

犬死にせしもの

🐾「では、もうそろそろ、あなたも本格的に映画製作に入っていくんじゃないですか？」

⍁「ええ、『犬死にせしもの』です」
🐾「うっ、そのタイトルが、犬の私、苦手で、息が荒くなるんです。ハア、ハア、ゼイ、ゼイ、ハア、ダア、ゼイ、カム」
⍁「確かに…………、犬のあなたにとっては。大丈夫ですか？」
🐾「ハア、ダア、ゼイ、カム」
⍁「（わざとらしい……）でも、犬死って、美しい言葉だと思いませんか？」
🐾「犬の死が、うつくしい？」
⍁「いやいや、犬死という言葉です。見境なく乱暴者で、強いようで弱い、いつも貧乏クジを引いてしまって這いつくばって生きるしかない。でも、そういう人間こそ純粋で、犬死なんて死に方はそういう純粋な人間にしかできないですよ。そう思いませんか？　私は、そういう人間を見境なく純粋にタフに描いた映画、好きです」
🐾「わかってますよ。タイトルにはちょっと犬として引っかかる所がありますが、公開当時もちゃんと観てます。最近もフィルムセンターで観て、やっぱりいい映画だと思いましたよ」
⍁「そうですか？　やっぱり、あなた、だてに映犬やってるわけじゃないんですね」
🐾「むかっ、当たり前です。それで、『犬死にせしもの』は、どんなきっかけで始まったんですか？」
⍁「ある日突然、井筒和幸監督が大映にやって来たんです」
🐾「また、監督の怒鳴り込みですか？」
⍁「やだな、違いますよ。井筒監督がディレクターズ・カンパニーを立ち上げたばかりの頃で、監督はプロデューサーとして、西村望の原作『犬死にせしものの墓碑銘』を大森一樹監督、西岡琢也脚本、桑田佳祐主演でやりたいと企画を持ち込んできたんです」

🐾「これまた豪華絢爛《けんらん》な組み合わせじゃないですか！」

⧄「ええ、桑田の所属するアミューズの社長の大里洋吉さんも乗り気になっていて、何度も打ち合せしたんですが……、そういや、その大里さんが声のやたらデカイ人で……」

🐾「ヤホホホホホ、陽気な人だったんですね〜。で、サザンの兄さんの出演は？」

⧄「結局、実現しませんでした。きっと、その頃桑田自身が役者に興味がなかったんだと思います。それで、その後、この企画は、井筒監督が自ら監督することになり、真田広之、佐藤浩市、安田成美、今井美樹らのベストキャストに落ち着くまでに三年以上かかりました」

🐾「三年以上？　犬の私にしたら七年以上ですよ」

⧄「ええ、長いですよね。その間に、監督は『晴れ、ときどき殺人』『㊎(ビ)の金魂巻』『二代目はクリスチャン』などを撮りましたから。その間、私と言えば、一人会社で井筒監督の帰りを待ちながら、会社をゴーと言わせるキャスティング探しの毎日でした。でも、やり甲斐のある毎日で……。実は、井筒監督の『ガキ帝国』は、私の大好きな映画なんです。日本映画じゃ、ベストワンかな？　と言うより、『ガキ帝国』を観て、こういう映画だったら作ってみたい、こういうのが映画なら自分でも映画を作ってみたい、作れるんじゃないか、と思えたんです」

🐾「作れるんじゃないか？　随分、タカピシャに出ますね？」

⧄「あっ、つい、勢いあまって。言い方が悪かったです。そういうことじゃなくて、何と言えばいいのかな？　最近、『ガキ帝国』を観直したんですが、一生かかっても自分には絶対に作れない映画であることを再認識したばかりなのに、ああいう映画ができたこと自体、奇跡に近いと思いました」
🐾「奇跡？　マジック？　ミラクル？」
〼「ええ、最初から最後まで、十代の悪ガキ達が殴り合いをしているだけの映画です。なのに美しい。主演の島田紳助・竜介もまだ出たての頃で、どこか素の感じで、みんな生き生きしていて止まることがない、生き生きと殴り合ってるんです！　片や、大映は溝口健二や増村保造といった監督たちの作品を、謂わば本格派集団で作ってきた。そういうプロの本格派が作った映画を否定などしないし出来ないけど、『ガキ帝国』を観た時、思ったんです。これこそが、我々世代が、若い我々世代が作る、作るべき、作れる映画なんだって!!　だから、『ガキ帝国』は、私の映画作りの原点！　指標になったんです！」

と、男は暑苦しい熱弁をふるい終わると、目の前の冷えきったお茶を飲み干した。
〼「冷えてますね、お茶、入れ替えましょう」
🐾「いや、お気遣いなく（気遣うなら、アルコール飲料でも頂きたいところであるが、それほど私は図々しい犬ではない）。そんな熱い思いがおありなら、さぞかし、『犬死』のキャスティングには力が入ったんでしょうなあ～、アハハハ」
〼「ええ、私は今もこの『犬死』のキャスティングだけは入魂のキャスティングだと自慢に思っています」
………入魂とはよく言ったものである。男の入れ直したお茶には茶柱が力なく横泳ぎをしていた。

🐾「では、そんな入魂のご自慢のキャスティングで、何か大変だったことなんてありますか?」

⧄「そうですね、一番大変だったのは、真田広之の当時のマネージャー・松野充伸《みつのぶ》さんを口説くための、本直しでしたね。主演の真田が決まらなければ、会社のゴーは出ないのですから。映画が実現できるかどうかは、真田、いや松野さんの判断にすべてかかっていました。この世界はいかにマネージャーの力が強いか、つくづく思い知らされました」

🐾「でも、それで、あなたも、少しずつ、プロデューサーらしくなっていくわけでしょ?。ところで、役者サイドからの本直しって、具体的にどんなこと、言ってくるんですか? 映犬の実に興味深いところです」

⧄「具体的にと言われると難しいのですが、例えば、真田のような主演の場合だったら、要するに『主役を立たせろ』ということです。準主役が主役より目立ってはダメなんです。ほら、主役より、脇役の方に思い入れがいっちゃう話ってあるでしょ? それじゃ、主演の役者は首を縦に振らない……。そういや、脚本の打合せで京都の温泉宿に行ったっけなあ〜」

🐾「あらら、安い弁当を買いに走ることにプロデューサーは誇りを持て、なんて嘯《うそぶ》いて、あなた、結構、贅沢してるじゃないですか?」

⧄「痛いところ、突いてきますね。でも、あの頃は、映画会社のそんな古い慣習がまだ残っていたんですね。今じゃ、あり得ない!」

🐾「ほんとかいな?」

⧄「疑り深いなあ、ほんとですよ。それで、その温泉宿に、井筒監督、脚本家の西岡琢也さん、

『ガキ帝国・悪たれ戦争』のプロデューサーでNCPの細越省吾さん、そして私が車座になって、喧々囂々《けんけんごうごう》の話し合いでした。『ガキ帝国』では助監督もしていた西岡さんですが、その後、井筒監督との本直しは遂にまとまらず決裂して降りてしまいます。つくづく脚本作りの難しさを思い知りました。そして、やっと製作の段になると、『お葬式』のプロデューサーだった細越さんが、伊丹十三監督の次回作に引っ張られ井筒組を離れました。その後をバトンタッチしてくれたのが、にっかつ出身の山本勉さん。そして、『犬死』は、大映京都撮影所の最後の作品となります」

🐾「噂では、大映京都撮影所の現場、相当きつい現場だったと聞きますが、今どきのブラック企業や超過残業なんて甘いんとちゃいますか？」

☑「ええ、甘い、甘い、まさにハード！　過酷、凄惨《せいさん》、惨憺《さんたん》、壮絶、悶絶、空前絶後！」

🐾「何もそこまで、言わなくてもよろしおますやろ」

☑「すんまへん、つい、調子に乗りました。でも、現場では、井筒監督と助監督の大谷康之さん、富樫森君、横山浩幸君、美術の若瀬豊さん、山本勉さん、そして私を含むたった七人の東京組VS総勢五十人はいる京都撮影所の職人気質組の壮絶なバトルの毎日が続きました。京都の撮影所組はプライド高き職人、謂わば格調高き大映映画を作った生き証人達だったから、監督を若造扱いして相手にしないんですね。文字通りの戦争状態でした」

🐾「京のお人は、イケズどすからなあ～」

☑「いや、ここじゃ、あんまり詳しく言えないんですけど、イケズの域、超えてましたね……。でも、今じゃ撮影所の職人肌がいなくなっちゃって、皆、フリーのスタッフの時代。撮影中は色々あったけど、あの頃は、映画に、大映なら大映の、東映なら東映のっていう撮影所のカラーっていうものがありましたよね」

🐾「ええ、ほんまでしたなあ。また、それが観る者にとっても映画の魅力の一つで……。あっ、また話が横道に……。で、その壮絶な日々を乗り越え……」

⧄「ええ、それで、夏にクランクインした作品は、年を跨いで、二月にやっとクランクアップにこぎつけました」

🐾「そして、やっと劇場公開。確か、岡本喜八監督の『ジャズ大名』との二本立てでしたよね？」

⧄「よく、ご存知で」

🐾「だって、言ったでしょ、公開当時に観たって。明治通りの渋谷松竹だったかな？」

⧄「ああ、今、ビックカメラになっちゃった……。でも、犬可の映画館、ないでしょ？」

🐾「ないですよ、そんなもん。間違って携帯鳴っても肩身狭いのに、上映中の暗がりで犬が吠え出したらどうするんです？」

⧄「そうですよね……、でも、あなたは？」

🐾「吠えません」

⧄「………まいりました」

🐾「でも、二本立て、よかったですよね。何か得した気分で、一粒で二度美味しいってね、わん、わん。『ジャズ大名』も『犬死にせしもの』に負けず劣らず面白い映画で、凄い組み合わせでした」

⧄「ええ、あれは、大映の後輩、鈴木良紀（ペンネーム・砂本量）君の企画で、彼は、岡本喜八邸で開かれる勉強会に参加してシナリオの腕を磨いていましたっけ」
🐾「そう言えば、鈴木さんは、今や人気ＴＶシリーズとなった『相棒』の最初の企画者の一人で、初期の脚本を書いてますよね？」
⧄「これまた、よくご存知で。あなたも隅に置けないや」
🐾「わわ～ん。でも、私が観た映画館、ガラガラでしたよ」
⧄「ええ、入魂の『犬死』は見事に犬死にしました。無惨な大敗。かなり、めげました」
🐾「最前列は営業マンの昼寝の特等席になってたりして……」
⧄「そういや、あの頃の邦画のかかる映画館って、そんな雰囲気ありましたね。話は飛びますけど、学生の頃、歌舞伎町に大島渚のオールナイト上映なんか観に行くと、最前列を占拠していた客は、映画が始まると一斉に全員、持参の毛布にくるまって寝に入るんです。日雇い労働者達に一夜の宿を提供してたわけで、何か、感動的な光景でした」
🐾「そういや、映画には、そんな社会への貢献の仕方もあったんですよねえ。あの頃、土曜の夜の池袋のオールナイト『若大将シリーズ』なんかは、田中邦衛のタイトルが出ただけで、やんや、わん、わんの大喝采、クラッカーが飛び散る騒ぎでした」
⧄「えっ、あなたもあの池袋のオールナイト、あそこにいたんですか？」
🐾「わん！」
「奇遇ですなあ～」
　と、声を合わせて男と私は、再び、『犬死』が見事な犬死を遂げた話に戻るのである。

🐾「見事な惨敗……。でも、何で客が来ないんだ！　って怒鳴りこみたくても、自分の会社に乗り込むわけにもいかないですよね？」

⧄「仰っしゃるとおりです。でも、あれは、やっぱり今でもいい映画だと思っています。だから、いい映画は当たらない、自分がいいと思う映画は世間は受け入れないんだって心から思いました。あの頃、アルトマンの『ナッシュビル』にも、全然客が入りませんでしたから……」

🐾「つまり、世間がバカなだけだと？」

⧄「そ、そこまで、ここで言っちゃって、いいんですか？」

🐾「いいですよ。ほんとのことでしょ？　売れない小説家や詩人なんかも同じこと考えますね。俺の感性を理解できない世間がバカだと。でも、売れてる私なんかから見ると、恨《うら》めしいだけの一言です」

⧄「あなた、売れてるんですか？」

🐾「売れてます！　でも、それって、裏を返せば、売れているモノは良くない、客が沢山入る映画は良くない、ってことになりますが、何か、矛盾しませんか？　この間、行きつけのドッグ美容院で『千と千尋の神隠し』を観ていないと言ったら、私、美容師の女の子に異星人扱いされました。その子に、本当にいい映画だから一度は観た方がいいと言われました。なのに、私は一向に観る気になれない。いい映画って何なんですか？」

⧄「それは………、それは、皆さん、みんなで考えましょう！」

🐾「ずるいわん！」

⧄「ずるい？　でも、そんなことを語り出したら、ここには収まりきりませんよ」

光る女

🐾「で、あなたはその後、小檜山《こひやま》博《はく》原作の『光る女』の企画に入って、相米慎二監督と出会いますよね?」

▨「はい。上司の佐藤正大プロデューサーの企画で、その助手として就きました。脚本家の田中陽造さんや相米さんとタッグを組めるわけですから、本当にわくわくしました」

🐾「でも、結局、大映では映画にできなかった?」

▨「ええ、相米監督と一緒に仕事をするチャンスを逃したことは、今でも大きな心残りになっています」

🐾「その辺のいきさつ、話してもらえますか?」

▨「はい、まず、飯田橋の旅館に入って再三打合せを重ねました」

🐾「また、旅館かいな?」

▨「すんまへん」

🐾「それで?」

▨「そうだ、その前に、実は、脚本、最初は北村想さんだったんです」

🐾「あの頃、飛ぶ鳥も落とす、岸田戯曲賞を取った演劇の?」

▨「ええ。で、北村さんが上げてきた本、すっごっく面白くって……。北海道の深い森を抜けると主人公の大男の眼下には広大な原野のような東京が広がっているみたいなシーンから始まって、演劇人らしいぶっ飛んだシナリオでした」
🐾「オモシロそうやおまへんか、それなのに、どうして？」
〼「いや、相米さん自身が、急に心変わりして、もっとオーソドックスな映画らしい骨太の作品を作りたくなったみたいです」
🐾「意外でんな〜。それで、田中陽造先生ですか？」
〼「はい、そうなります。打合せでは、新人いびりの好きな相米さんから、毎日からかわれて遊ばれていました。そんなことは懐かしい思い出として残っているんですが、当時、仕事として受けるには受けてくれても、相米監督も田中陽造さんも、正直、乗り気じゃないのがはっきりわかりました」
🐾「何で？」
〼「何でって、そういうこと、あるじゃないですか？　あなたも子供じゃないんだから、わかるでしょ？」
🐾「子供だわん、赤ちゃんだわん」
〼「そうやって甘えて媚びるのって犬の奥の手でしょうが、悪いけど無視しますね」
🐾「むかっ……！」
〼「でも、相米監督には、当時気に入っていた『ディーバ』のイメージと、世間を騒がせた新宿のバス放火事件を一緒にしてストーリーを組み立てようというアイデアがありました」
🐾「『ディーバ』って、黒人の歌姫のオバハンと若い追っかけ郵便配達夫の話でおますな？」

⧄「ええ、あなたが言うと、フランス映画っぽくないですけど……」

🐾「（じゃ、この男が言うとフランスっぽくなるのだろうか？ 怪しいものだ）で、一体、どんな本になりましたのやろ？」

⧄「いやあ、結局一年かかっても本は上がりませんでした。こっちは主役候補の大男を探したり、助監督の榎戸耕史さんや富樫森くんがプロットを書いて準備態勢を整えても、何せ肝心の本が上がって来ないんです、進めたくても何も進みません」

🐾「そりゃ、えらいこっちゃ、執筆のための旅館代だけが増えていく！」

⧄「ええ、えらいことでした。田中陽造先生が使っていた渋谷のホテルに、毎月、ホテル代を支払いにいくのが私の役目で、プロデューサーの佐藤さんからはついでに本の進捗状況を聞いてこいと言われてるんです。で、『先生、本の方は……？』なんて言えば、『キミ、悪いけど、市ヶ谷の囲碁会館行って、囲碁雑誌買ってきてくれる？』なんて言われて、私は市ヶ谷に走るしかないんです」

🐾「それじゃ、なかなか上がらないわけだわん！」

⧄「ええ、本作りは本当に大変で、でも、いいシナリオさえ出来上がれば、映画はもう半分できたようなものなんですけどね。シナリオって、やっぱり基本だと思いますよ」

🐾「映画の要はシナリオですよね、絶対！」

⧄「ええ、映画の要はシナリオです、絶対！」

🐾「で、あなた達がにっちもさっちもいかないでいる、その間隙《かんげき》を縫って、相米監督は、ディレカンのシナリオ公募で自ら選んだ『台風クラブ』の製作に突然入りますよね？」

⧄「ええ、そうなんです。今も思い出します。六本木の日活でディレカンの宮坂進社長に声を掛けられ、たった数名で観た『台風クラブ』の編集ラッシュ。優に3時間以上あったかと思います。私は、観ている間中、『映画よ、終わらないでくれ、終わらないでくれ』と祈るような気持ちで、ずっとスクリーンに釘付けでした。観終わった後は、全身から力が抜けていくような感覚に襲われて、生まれて初めて映画を観せられたような新鮮な感覚があたりいっぱいに溢れ出して……。何か、これで、自分にとっての『光る女』は終わったな、と思いました。そして、その後、『光る女』の制作は大映からディレカンに移り、相米監督が『台風クラブ』で得た東京国際映画祭の賞金で作ることになりました。私は、相米組には遂に参加できなかったんですね……」

シルクロード、敦煌《とんこう》への旅

🐾「それで、あなたは、シルクロードへと傷心の旅に出たわけだ？」

⧄「やめて下さいよ、そんなんじゃありません。仕事です。『敦煌』ロケです！」

🐾「わかってますよ〜。あなたも、シャレのわからない無粋な男だなあ」

⧄「粋な映犬のあなたとは違いますから、プリプリ」

🐾「まあ、まあ。そんなに怒らないで下さい。このとおり、謝りますから」

と、私が尻尾を振ってやると、犬好きのこの男の機嫌はすぐに直る。

🐾「大作『敦煌』、佐藤純弥監督でしたね？」

◪「ええ、でも、最初は確か、小林正樹監督の企画だったんです。それが深作欣二監督に代わり、佐藤監督は三代目」

🐾「そりゃ、また、どうしてだわん？」

◪「映画で監督が変わるのは珍しいことじゃないんです。あまり記憶が定かじゃないんですが、元々は、小林監督が自ら温めていた企画だったと思います。監督には深い思い入れがあったんだと思いますよ。すでにシナリオまで書き上げていましたから。だけど、会社側は、超娯楽大作にしたかったんですね。小林監督の思いはそれとは違った。しかし、井上靖の原作権は大映が持っていました。それで、小林監督は降りざるを得なかったんだと思います。そして、次に大映が白羽の矢を立てた深作監督は、会社の商業的娯楽大作路線にはピッタリだったんですが、これまた深作監督って面白過ぎる人で、スタッフは楽しいんだけど、なかなかうまく進まない。中国側の準備体制が遅れて、深作監督にも別の撮影が控えていて、そんなかんだで、結局、『未完の対局』の佐藤監督に落ち着きました。プロデューサーだって、市古聖智《いちこせいち》さんからＮＣＰの結城良熙《ゆうきよしひろ》さんに変わったし……。大映の社員としてシルクロードの最果て、敦煌に送り込まれたのは、私一人だけでした」

🐾「そりゃ、若造一人で、大変だ。で、敦煌にはどのくらい？」

◪「およそ七ヶ月です」

🐾「ほお〜、七ヶ月、いいじゃないですか。ユーラシア大陸の乾いた風が、赤茶けた砂山に時の波紋を描く。時間の消えた如き世界に時間があるのを知るのは、その砂の残す足跡だけ……みたいな風景なんでしょ？　私も行ってみたいなあ。当時『徹子の部屋』で佐藤浩市さんがそんな敦煌の砂漠の話、してましたよ」

〼「徹子の部屋？　あなたも、チェック、細かいなあ〜。まあ、砂漠は砂漠です、毎日見てたら慣れちゃいますよ。それより、日本と中国のスタッフとキャスト合わせて総勢二百名以上の撮影隊を一年以上に亘って取り仕切るんですから、そりゃあ大変で、そんなプロデューサーや製作部のプロフェッショナルな仕事ぶりを目の当りにしました。製作担当の桜井勉さんの働き者ぶりには、今思い出しても頭が下がります。私は、製作宣伝という立場で入ったのですが、会社の親心ですね、勉強してこい！　ってところだったんだと思います。製作部や照明部、録音部の助手のそのまた助手の手伝いといった感じで、何とか現場での自分の居場所を確保するのに必死で、真っ黒になって働いていました。あとは、敦煌にやって来るマスコミの取材団や平山郁夫さん、瀬戸内寂聴さんといった敦煌に近しい文化人への対応でした」

🐾「そう言えば、いまだにその時のアグネス・チャンとのツーショット、自慢してるそうですね？」

〼「だ、誰に、そんなこと、聞いたんですか？」

🐾「情報ソースは明かせませんね」

〼「あっ、家人ですね？　そんなこと言うのは、家人しかいないんだから」

🐾「明かせません」

〼「いいですよ、家に帰って問い詰めてやるから……」

🐾「ま、そんなことは記事にしませんから安心して下さい」

〼「ほんとですかあ〜？　どうも、信じられないな」

🐾「疑り深い人だな。犬は、嘘つきませんよ！」
⧄「ほんとかなあ？」
と猜疑心《さいぎしん》の塊のような小心者であることがわかった。
🐾「そう言えば、セットの敦煌城、現地に残してきたんでしょ？」
⧄「ええ、紀元前二世紀の仏教文化の花開いた頃の敦煌城、二年がかりで造ったオープンセットです。それが、今では敦煌の観光スポットになってるんですからね。それに、当時、敦煌にはホテルらしいホテルが一軒しかなくて、総勢二百名のスタッフ・キャストが寝泊まりするには用を為さない。それで、我々大映でホテルまで造っちゃったんですよ。それも中国に寄贈しました。現在も立派にホテルとして使われています。大したもんです、三十年も前に造った映画のセットや施設が今も健在なんですから」
🐾「日中友好に一役買ったってとこですね。ところで、七ヶ月も日本を離れて、ストレスたまりませんでしたか？　電話だって繋がるのに交換手が受けて翌日みたいな時代でしょ？」
⧄「ええ、そんな時代でしたね。だから、ストレス解消は、気心の合った製作部の南里ちゃん（甘木モリオプロデューサー）と、日本に帰ったらこんな監督とこんな映画を作りたいとか、好き勝手に盛り上がって語り合うことだけでした」
🐾「何か、他に娯楽になることはなかったのですか？　月夜の駱駝《らくだ》ツアーとか？」
⧄「そんなものありませんよ。仮にあったって、助手の助手のそのまた助手が月夜に駱駝走らせられるワケ無いでしょ！　でも……、そうだ、空いた時間には、柄本明さんが日本から持って来たＶＨＳテープを宿舎で観てました。それが、周防正行監督の『変態家族・兄貴の嫁さん』と、『サラリーマン教室』で……」

🐾「いよいよ、周防正行監督と出会うのだわん！」

☑「ええ、そうなります」

周防正行監督との出会い、プロデューサーとしての初仕事

☑「七ヶ月の敦煌ロケから日本に戻り、さっそく柄本明さんの計らいで周防監督と会うことになりました」

🐾「もしや、周防監督とやりたい企画、敦煌で温めていたのかわん？」

☑「ええ、あの頃は、ともかく早く自分の企画で仕事がしたいと思っていて、大好きだった落語家の林家三平の伝記の映画化を企みました」

🐾「ど〜も、すいませ〜ん」

☑「そう、その三平。敦煌ロケで親しくなった西田敏行さんを主演に、当時柄本さんの劇団東京乾電池で作・演出をしていた岩松了の脚本、そして周防監督で考えていました。岩松さんには、何度も何度もプロットを書いてもらいました。嫌がらずに何度も書き直してくれて。でも、思ったように簡単には西田さんの出演許諾を事務所から得られなくて……」

🐾「焦りまんがな」

☑「ええ、あの頃はなかなか自分の企画が通らないで、焦るというより、少々ツライ時期でした。で

も、あともう一歩っていう企画もあったんですよ。じんのひろあき君が持ってきた企画で、金子修介監督と進めたオムニバス映画『ウルトラQ』もその一つでした。脚本には島田満さんや伊藤和典さんにも参加してもらい、円谷映像も映画化に積極的で今度こそいけると思ったんですが、ある権利の問題で実現しなかったんです。だって、ガラモンを使えなかったら、『ウルトラQ』も骨抜きでしょ？」

🐾「そうどすなあ〜。ガラモン、使えないんじゃ、『ウルトラQ』ならしまへんな。私、子供の頃、ガラモンの貯金箱、持ってましたん。あれ、どこぞの玩具会社が作ってはったんやろ？　で、貯金が楽しくて楽しくて、千円貯まると郵便局に預けにいってました」

〼「子供の頃の貯金って楽しいですよね。私は、鉄腕アトムの貯金箱でした。アトム、いや、手塚治虫先生を尊敬していて！　小学生の時は、鉄腕アトムクラブの会員で、あなたなんか知らないでしょ？　鉄腕アトムクラブ。毎月送ってくる会報誌が楽しみで……」

と、言った男の目が急に輝き出した。これはマズイ！　手塚治虫先生に話を振ると、真夜中になっても帰れなくなりそうな気配が漂う。多忙極まる私は、急いで話題を変えた。

🐾「で、あなたは、企画がますます決まらず焦りまくるわけですね？」

〼「手塚先生の話は、聞いてくれないんですか？」

🐾「で、あなたは、企画がますます決まらず焦りまくるわけですね？」

〼「わかりましたよ。映犬さんもイケズだなあ……」

🐾「で、あなたは企画がますます決まらず……」

〼「ええ、そんな矢先です、周防監督から、少女漫画の話題作『ファンシイダンス』を差し出されたのは……」
🐾「やっと、本題に戻りました。それは、岡野玲子さん原作のお坊さんの修行生活の日常をコミカルに描いた、ユニークな漫画ですよね。なかなかクールタッチの……。あの頃、お寺とか禅寺のお坊さんなんて辛気臭くて誰も目をつけないところに目をつけた」
⧄「ええ、私も、これはイケる！　とすぐに飛びつきました。でもね、それが偶然なんですが、岡野玲子さんのご主人は、何と、私の尊敬する手塚治虫先生のご子息で映画監督の手塚眞さんなんですよ！　映画化にあたっても、手塚眞さんが岡野さんに色々アドバイスしてくれたおかげで、我々も映画化権が取れたんです。それで、私は、手塚先生の話を眞さんに……」
🐾「……し出したら止まらなくなるのでやめて下さい！」
⧄「イケズだなあ～」
🐾「手塚先生のお話はまた改めてお聞きしますから……」
⧄「ホントですか！」
🐾「ええ……」
　男はまだ恨めしそうな顔をしていたが、私は振り切るように話を元に戻した。
🐾「で、あなたは、周防監督の持って来た『ファンシイダンス』に飛びついて、企画を進めていくんですね？」
⧄「はい、世のイメージを逆手に取って、寺の坊主はオシャレな美青年軍団でいこうと考えました。主演は本木雅弘くん！　それで、直接、本人へ電話しました」

🐾「あれれー、役者さんに直接、電話で交渉でっか?」
⧄「いや、普通はないですよね。でも、彼は、当時シブがき隊を解散してジャニーズ事務所からの独立を模索していた頃で、そうでなかったら本木雅弘主演はあり得なかったでしょうね。それで、連絡先がわからなくて、ヘアメイクさんなんかから聞き出して……」
🐾「それで、返事は?」
⧄「結構、前向きで……。会社では若手が自分の企画を通すことはなかなか難しかったんですが、会社は大作『敦煌』のことで手一杯、本木くんの主演と伊丹十三さんの出演という条件をクリアすればということで、会社は映画の決定を出してくれました」
🐾「えっ、でも、『ファンシイダンス』に、伊丹さんは出てませんよね?」
⧄「やっぱり、気づきました?」
🐾「どげんもこげもなか～、気づくとね」
⧄「そうかあ～、気づくかあ? いえね、結局、伊丹さんには断られてしまって。でも、会社は、当時、邦画を席捲《せっけん》していた伊丹映画、その伊丹さんに可愛がられていた周防監督というところに食いついたんですね。『マルサの女』のメイキング『マルサの女をマルサする』を手がけた周防監督の一般映画デビュー作ということで話題作りできるというか……」
🐾「なのに、出演断られて、じゃあ、あなた、往生しはったんと違いますか?」
⧄「ええ、だから、会社にはクランクイン直前まで内緒にしてトボケていました」
🐾「なんや、それじゃ、詐欺ちゃいますか?」

⧄「やはり、あなたもそう思いますか？　映画を観た上司はきっと騙されたと思ったでしょうが、もう、あとの祭りです。でも、細越さんの計らいで、代わりに伊丹さんの奥様、宮本信子さんには出演してもらえて、それで何とか誤魔化し、丸く収まって……」

🐾「丸く？　っていうか、もうどうすることもできへんがな。なんや、優しい会社どすなあ。あんたはん、感謝しなあきまへんで」

⧄「ええ、そのとおりですね。でも、あの時、誰よりも感謝しても感謝しきれないのは、敦煌で夢を語り合った南里ちゃんです。何しろ私は、本格的に映画をプロデュースするのは初めてだったから。二時間ドラマの製作部やアシスタントプロデューサー経験しかないんですから。予算を立てる、スケジュールを組む、ロケハンをする、スタッフ編成をしてギャラを支払う、そういった一切のことを初めて自分が取り仕切らねばならない。困った私は、敦煌で夢を語り合った南里ちゃんに相談しました。彼は私より年下ですが、現場の叩き上げです。既に映画作りの基本を知っています。私にとって、彼は家庭教師のような存在でした」

🐾「それで、あなたは、危なっかしながらも、プロデューサーデビュー？」

⧄「ええ、危なっかしながら。そして、本木雅弘、竹中直人、柄本明、田口正浩、徳井優、宮坂ひろし等今後の周防組レギュラーキャスト陣が生まれます。撮影は長田勇市《ながたゆういち》、照明は長田達也《おさだたつや》、『変態家族・兄貴の嫁さん』で周防監督を支えた謂わば恩人です」

🐾「周防監督の一般映画初作品がやっと世に出たわけですね。そして、その『ファンシイダンス』という作品が、それからのアルタミラの映画作りの手法というか、作り方の原点にもなりましたよね？」

☑「さっすが、映犬さんだなあ、わかりますか?」

🐾「わん！（さっすが、なんて言われるとこそばゆい）すんまへん、耳の裏が痒《かゆ》くて、ちょっと掻いてもらえませんか?」

☑「ここですか?」

🐾「いや、もうちょい、右、あっ、そこ、そこ」

やはり犬好きとみえ、男の掻《か》き方はツボを得ていた。男は、私の耳裏で指をチョイチョイと動かしながら喋り続ける。

☑「そうなんです。誰も知らない、自分達も知らない世界の徹底取材、そして、それを元にストーリーを作る。『ファンシイダンス』での周防映画の作り方が、その後の我々の映画作りの基礎となりました。そして、役者には真似事でなく実際にやってもらう。『ファンシイダンス』では、役者達に実際に禅寺の修行を一通りやってもらいました。一通りじゃないな、経本バラバラやる作法なんて本物の修行僧よりうまくなっちゃった。もちろん、頭は自前のスキンヘッドです。『シコふんじゃった。』の学生相撲、『Shall we ダンス?』の社交ダンス、『がんばっていきまっしょい』の高校女子ボート部、『ウォーターボーイズ』の男子校水泳部シンクロナイズド・スイミング、『スウィングガールズ』の高校生ビッグバンドジャズ、ずっとこの手法は同じです。まさに、現場はレッスン場と化しています。その世界に入り込んでもらう。実際に、長年ダンスをしているダンス愛好家と同じように踊ってもらう、シンクロのきつい練習をしてもらう、サックスを吹けるようになるまで頑張ってもらう。時には役者であること、演技者であることを忘れているくらい。現場は、いつのまにかキツイ練習に耐える男子校水泳部になってるんです。そして、そのもとには、必ず、飽くなき徹底取材から叩き上げたシナリオがあるというわけです」

🐾「そう言えば、『スウィングガールズ』が公開された一時期、映画の女子高校生バンドのメンバーとスタッフや矢口史靖（＊3）監督が実際にジャズバンド組んで、お台場のホテルでコンサートしましたよね？　渋谷のクロコダイルなんかで演奏していたのも知ってるわん！」

⧄「ええ、矢口監督、今でも、時々、サックス吹きますよ」

🐾「ほんと、そういうとこが、アルタミラの映画って感じだにゃん！」

⧄「そう言えば、ホリプロの堀威夫会長、自分もジャズマンだから、一ヶ月かそこらの練習で素人の女の子があんなにうまく演奏できるようになるはずがないって、最後まで替え玉使っているんじゃないかと疑ってましたね。でも、最後は実際の生演奏を聞きに来てくれて、びっくりして帰っていきました。彼女たち、やっぱり女優なんですよね。普通の女子高生だったら、いくら若くて吸収が早いって言っても、やっぱり一ヶ月かそこらじゃあんなにうまくなるのは無理なんです。でも、彼女達は、役者根性でガムシャラに頑張るんです。それで、見事、自分のモノにしてしまう！　さすが、役者です。今までも、そんな役者さん達の凄さ、沢山見てきました。でもね、この後、実を言うと、この作り方に少し飽きてくるんですよね……」

🐾「飽き？」

⧄「ええ、この、誰も知らないというか、一般的にはあまり知られていない世界の取材と役者の生実演というパターンがいつの間にかアルタミラの一枚看板になっちゃって、次はチアガールやらないか？　合唱部やらないか？　競輪やらないか？」

🐾「次は俳句ガールやらないか……ってな具合ですね？」

⧄「ええ、てな具合に企画を持ち込まれるんですが、我々本人達は少々飽きていた。だから、周防さんは『それでもボクはやってない』、矢口さんは『ハッピーフライト』あたりから、知らない世界の徹底取材という点は変わりませんが、ストーリーの立て方が明らかに変わってきてるでしょ？」

🐾「そうですね。もう頑張って練習して大会に出るみたいなワンパターンはなくなりますね。『それボク』なんて、完全な新境地、裁判劇、はまりました」

⧄「ああ、そう言えば、関西じゃ、痴漢冤罪《えんざい》になった時の傾向と対策を知る為に観る人いたなんて話、聞いたことありますね」

🐾「ああ、わかりまっせ。関西人は映画館行ったかて、元取るだけではよう帰りません。うどん屋に入ったって、必ずトイレ借りて家での一回分減らします」

⧄「さすがです。私も見習いたいですね～」

🐾「コホホホコ……。で、この後、『ファンシイダンス』『あさってＤＡＮＣＥ』『Shall we ダンス？』と、ダンス続きですよね？　ずうう～っと後に『ダンシング・チャップリン』なんていうのもあったし……」

⧄「ほんと、そうだ！　何も意図したところなんてなかったのにな～」

🐾「あなたがさっき言った、笑いとユーモアが人間の人間たる所以であるように、ダンスも人間が人間たる所以なのではないでしょうか？」

⧄「ほんとだ！　ほんと、そうですね！　映犬さん、洞察力抜群ですよ！」

🐾「わおお〜ん……（ダンスは犬が犬である所以でもあるのに、この男は気づかない。私は、ここでヒップホップを披露するのを諦めた）」

⧄「それに、『あさってＤＡＮＣＥ』まで知ってるなんて、映犬さん、ツウですね。あれ、Ｖシネマですよ」

🐾「はい、私、ツウ好み映画犬！　私、中野武蔵野ホールで観ました」

⧄「それは、有り難い！　磯村監督との出会いも、私にとっては、大事な財産なんです」

磯村一路監督との出会い

⧄「私は、ずっと、磯村一路監督作品の大ファンでした。なにしろ低予算のピンク映画なのに、品位と知性に溢れたエロチシズムで格調の高い映画を撮る監督なんです。磯村監督がただ者ではないことは、作品を観れば歴然です。他のピンク映画とは明らかに別次元です。日活ロマンポルノの『愛欲の日々・エクスタシー』で衝撃を受けた私は、将来絶対この監督と仕事をするんだと勝手に決めて、一方的に電話をして会ってもらいました」

🐾「そこから、将来、『がんばっていきまっしょい』『船を降りたら彼女の島』『解夏《げげ》』とつながっていくわけですね。『解夏』には、泣いたなあ〜」

⧄「映犬さん、意外に、フツーに素直なんですね？」

🐾「わおお～ん」

ドラマダス

🐾「そう言えば、その頃、あなたは、関西テレビの『ドラマダス』という枠で、気鋭の若い監督達と気のきいた佳作をいくつか作っていますよね？　土方鉄人監督の『ランボー家の人々』の三上寛、好きだったなあ～」

⧄「またまた、ツウぶり発揮ですね！　あれは、関西テレビのプロデューサーの田中猛彦さん、西畠泰三さんが仕掛けた意欲的なテレビドラマ枠でした。関西地区のみでオンエアされた深夜ドラマですが、若手の監督たちにはその頃映画を撮る場がなかなか与えられていなかったから、作品を発表できる貴重な場になっていた。大映、ツインズ、プルミエ、テレビマンユニオン、ディレクターズ・カンパニーなどの制作会社のプロデューサー達が中心となってやっていました。私たち大映が制作したのは、磯村一路『学問ノススメ』、水谷俊之『カプセルマン』、長嶺高文『バンドマンの生活』、それとあなたの言った土方鉄人監督の『ランボー家の人々』。監督協会新人賞をとった岩井俊二監督の『ifもしも／打ち上げ花火、下から見るか？横から見るか？』も、この枠から誕生した作品です」

🐾「ほお～。でも、今、名前のあがった、長嶺高文監督は数年前にお亡くなりになりましたよね？」

⧄「ええ、本当に残念です。長嶺監督は時代の先を行き過ぎてたんですよね。『ヘリウッド』は、『ガキ帝国』と同じくらいに、私に衝撃を与えてくれた作品ですから。ああいうセンスは、持ちたくても誰もが持てるもんじゃありません。私は、こういう映画こそ、お子様からお年寄りまで全国民に観て頂きたい！　それくらい、つまらない常識や価値観を覆《くつがえ》してくれる映画です」

🐾「ええ、衝撃でした。そう言えば、一昨年の夏だったかな。久しぶりに『ヘリウッド』が観れるってんで、フィルムセンターに出かけたんです。そしたら、映画が終わった後の出口で、善良そうな老夫婦に声をかけられましてね。遠慮気味でしたが、茫然自失といった体で、『今の映画、あなた、わかりましたか？　これって、映画なんですか？』って不思議そうに聞くんですよ。私が、わん！と吠えると、寂しそうに肩を落として帰っていきました」

⧄「きっと、老後の楽しみが映画鑑賞で、フィルムセンターだから、昔の名作でも観るつもりでやって来られたんでしょう。その御夫婦にとってはお気の毒なことをしました………」

🐾「ええ、ごもっとも、いや、ごっつあんです」

⧄「ああ、次あたり、『シコふんじゃった。』の話になるんですね？」

🐾「わん！」

シコふんじゃった。

⧄「周防監督とは今度こそ世間を見返す映画を作ろうと必死になっていました」

🐾「見返すというと？」

⧄「『ファンシイダンス』は知る人ぞ知る作品なのかもしれませんが、興行的には、まあ、ボロボロで、ドツボで、玉砕《ぎょくさい》、散華《さんげ》………」

🐾「まあ、そこまで言わなくても……。あれ、あなた、泣いているんですか？」
俯《うつむ》いて話をする男の語尾がヒクヒク引きつっていた。

☑「な、泣いてなんていませんよ。ただね、聞いて下さい。本木雅弘&鈴木保奈美というあの頃じゃトレンディで入魂のキャスティングだったんですよ。それに、主題歌もプリンセス プリンセスとくりゃあ、もうちょっとヒットするかと少しは期待するじゃないですか！」

………また入魂とはよく言ったものである。

🐾「それで、今度こそ、世間をあっと言わせようと、大ヒットする作品を、っていうことですね？」

☑「いや、そういうことではなくて……、何て言うのかな？ とにかく、周防正行ここにあり！ っていうか。とにかく、こんなに面白い映画がここにあるんだぞ！ と声を大にして言えるような映画を作りたかった。それに、ヒットは、自分達が面白い映画だと信念を持って作り続けているうちに、向こうからひょっこりやって来るようなものだと、今では思っています」

🐾「かっこつけますね〜」

☑「すんまへん……。だけど、周防監督には、もう一つ、違う大きな動機がありました。その動機に、私は納得したし、賛同したし、周防さんの人間性に共感しました。そういう動機で、モノを作るのっていいなと思ったし、それが案外、もの作りの上で大切なことじゃないかと思ったんです」

🐾「何か、前フリ長過ぎませんか？」

☑「すんまへん。じゃ、前フリはこのくらいにして……。周防監督には、自分の親にも、周防さんの場合は特にお父さんでしたけど、自分の親にもわかってもらえる映画を作ろう、自分のお父さんにも面白いと言ってもらえる映画を作りたいという思いがあったんですね」

🐾「というと、普通のお父さんやお母さんにもわかるような、誰が観てもわかるような面白い作品を、ということですか?」

⧄「いや、そういうのとはちょっと違うような気もするな。やっぱり、周防監督にとってお父さんは一人だから。それに、親孝行とか、親を安心させたいとか、そういうのとも違う。でも、いいじゃないですか？　自分のお父さんにわかるモノを作りたいというシンプルな動機……」

🐾「ああ、顔の見える身近な人の為に作るって、あなたが言うように、モノ作り、創作の上でもっと一番の動機になってもいいくらいです。そして、そういう動機で一人の身近な人の為に作ったものが、普遍的な説得力を持つ大傑作になったりする……」

⧄「それに関連して言いたいのは、よくいますよね？　誰もわからなくたってかまいやしない、自分だけがわかればいい、自分がわかるモノを作ればいいんだって、作っている人間達だけがわかっていればいい、みたいな独りよがり主義」

🐾「そういう独りよがり主義の映画、たまにありますよね」

⧄「ええ、ありますね。磯村監督と矢口監督も、周防さんとは違うタイプの監督ですが、自分が面白いと思えるモノを作っていても、いつも観る人を意識しています。自分が面白いと思えるモノが、観る人にも面白くてわかるモノじゃなくてはダメなんです」

🐾「サービス精神やね、それ。でも、サービス言うて、なんか媚《こ》びた卑しいもんとちゃう。どんな難解で高尚なものだろうと、本物のモノにはサービス精神あるいうか、サービス精神皆無《かいむ》の作り手は困ったちゃん、っていうか……」

〼「そのとおり！　私達、俄然《がぜん》、気が合ってきましたね！」

🐾「そうですかあ、ホホホン……（と笑ってみせたが、そうだろうか？　笑いとユーモアとダンスが人間だけの専売特許と思っているうちは、まだまだ油断はならない）。それで、周防監督のお父さんにわかってもらえる作品を作ろうとして、あなた達は、誰もが楽しめる痛快コメディ『シコふんじゃった。』を作った。でも、何で、また、相撲に目をつけはったたん？」

〼「『ファンシイダンス』の原作者・岡野玲子さんが、『これから時代はお相撲ですよ』と言ったんです。岡野さんは、『両国花錦闘士《りょうごくおしゃれりきし》』という漫画の連載を始めていて、若貴ブームなんてまだまだ先のことです。だけど、岡野さんの言葉には不思議な説得力があって、私達も、最初は、大相撲の映画を作ろうと決めていました。ところが案の定、大相撲界は閉鎖的で、これを映画の題材にするのは難しいと判断せざるを得なかったんです」

🐾「わかります。いまだに、犬は土俵に上がれませんから」

〼「そうなんですか、相変わらず厳しいな～」

🐾「ええ。まあ……。それはともかく、それで、あなた方は、アマチュア学生相撲に目をつけるんですね？」

〼「ええ、それが却って、大相撲より面白かった。かつて学生相撲のチャンピオンまで出した伝統ある立教大学相撲部が部員不足で困っているというニュースがＮＨＫで取り上げられていて。そりゃそうですよね、花も恥じらう？　大学生の今どきの青年が、幼気《いたいけ》な自分の尻を人前にさらそうっていうんですから。それからは、日大から東大まで各大学の相撲部を訪ね歩きました」

🐾「また、周防監督お得意の徹底取材ですね？」

⧄「ええ、全国の学生相撲大会、学生相撲に関する古今東西の取材を重ねて、オリジナル脚本の『シコふんじゃった。』が生まれるんです」

🐾「お～、今度は、あなた方の映画作りの大きな特徴、オリジナル作品へのこだわりが始まるわけだ？」

⧄「ええ、原作モノも作りますが、やはり、オリジナルにはこだわっています」

🐾「でも、昔のプログラムピクチャーの時代から、原作モノって多いですよね。オリジナルより多いです」

⧄「ええ、実は今に始まったことじゃなくて、商業映画はどんどん毎月新しい作品を量産しなければならなかったから、そう時間をかけてオリジナル作品を作ってばかりはいられないじゃないですか。オリジナル脚本にはどうしても時間がかかるし、その前の取材にも多くの労力と時間が掛かる……」

🐾「それは、じゅうぶん、今までのあなたからのお話でわかります。『犬死にせしもの』や『光る女』みたいな原作のあるものでさえ、シナリオ、大変でしたものね。それを、オリジナルは全くのゼロから作るんだから！」

⧄「ええ、アイデアさえ無かったところからですからね。でも、今は、以前にも増して原作頼みになっていませんか？　小説だったらベストセラー、漫画だったら若者に大人気のコミック、そういうヒット原作に依存しすぎているように思うんです。だから、プロデューサーは、出版社に頭を下げて何とか原作権を得ようと毎日必死です。まあ、うちみたいな弱小プロダクションに原作権取る力も無いんですけど（笑）。もちろん、原作モノを否定したりはしていません。素晴らしい原作モノは多々あるし、私だって作っています。でも、オリジナル企画でこそ、プロデューサーは脚本家や監督とともに、何も無いところから自由に一つの映画を作り上げていく醍醐味を味わえるんです………。あれ、あなた、何だか、だんだん、まともなインタビュアーになってきましたね？」

🐾「むかっ！　初めから、まともです！」

▨「いや、まともって、ありきたりの、って意味で言ったんですけど？」

🐾「余計にむかっ！　でも、意外なご発言、で、そのココロは？」

▨「アルタミラの映画の特徴って、いろんな人からオリジナルだって言われるばっかりで……。実は、面白ければ、オリジナルであろうがなかろうが本当は構わないんですよ。我々の場合は、自分達が面白がれるモノが、たまたま、誰の原作でもなかったってだけなんですね」

🐾「あららら、アルタミラのオリジナルも結構なりゆきまかせだったんですね！　あっ、『シコふんじゃった。』の話を聞いていたのに、まただいぶ横道入ってしまいました。何か、『シコふんじゃった。』で、他に話してもらえること、ありますか？」

▨「そうですね〜。栢野直樹キャメラマンとの出会いもあの作品からだったし、美術の部谷京子さんは『シコふんじゃった。』が美術デザイナーデビューとなりました。本当に、プロデューサーという仕事は、出会いに尽きますから。全てが出会いですよ。でも、撮影現場は、やっぱり、肉体的にも精神的にも辛い撮影の日々の連続だから、あるスタッフからは、クランクアップの日に『もう二度と周防組には参加したくない』と吐き捨てられたこと、今も覚えていますよ」

🐾「でも、その後映画は評価され、映画賞を総なめ、日本アカデミー賞の作品賞も監督賞も取ったじゃないですか。監督のお父さん、喜んだろうなあ～」

〼「ええ、本当にお喜びになったと思います。で、そうなると、現場の辛い記憶は薄れちゃうんですね、『周防作品またやらせて下さい』なんて急に人は寄ってくるんですから、人間って正直なもんです」

🐾「ハロー・グッバイまたハローって歌もあったじゃないですか？」

〼「そんな歌、ありましたね……。でも、お陰様であんなに作品は高い評価を受けたのに、監督と私には立ち直れないことがありました……」

🐾「えええ～、ワン、一体、何があったんですか？」

〼「ええ、作品は高い評価を頂いたと同時に、観客も集めたんです。有楽町スバル座では、連日満員御礼が出る札止め。でも、製作費は回収できませんでした」

🐾「それまた、どして？」

〼「単刀直入に言っちゃえば、その頃まだ周防監督は新人監督で、配給の東宝にとっては海の物とも山の物ともつかなかった、過小評価していたんですね。だから、メインの上映館はスバル座だけだったし、上映館数も少なく、公開規模は小さかった。映画館には人が来て連日満員御礼が出ても、次の作品が控えるために上映は打ち切り。それに、大映と東宝との力関係もありました。大映がもっと大きな会社で力があって東宝にモノが言えれば、もっと状況が変わっていたと思います。そして、もっとヒットしたはずです。こんなバカな話はない！と思いました。翌年、映画賞を総なめすると、周防監督へのまわりの評価は一変しましたけどね……。だけど、その一方で、大映という小さな会社だったからこそ、『シコふんじゃった。』みたいな若手監督の挑戦的な映画を作ることができたのも事実です。大映には、やっぱり、大きな組織と違って既成概念にとらわれない自由なところがあった。独立プロのような、作り手への寛容さ、柔軟さがありました。それに、次回作が控えていれば予定通り上映が終わるのだって、仕方のないこと。そう考えると、怒りを何処にぶつけて良いのやら……。お父さんもわかる映画をやっと作ったはずの周防さんは本当に落ち込んでいました」

アルタミラピクチャーズ

☑「それで、三十四、五歳くらいの時だったかなあ？　そういう節目になる数字を覚えているのがどうも苦手で………。そのくらいになった時、大映を辞めました」

🐾「そりゃまた、『シコふんじゃった。』未回収事件で、会社に謀反《むほん》でも起こしましたか？」

☑「謀反？　やだな、また。そんな気概に満ちたものじゃありませんよ。まあ、正直、従順なサラリーマンを演じることに飽きてはいましたけど……」

🐾「B型ですもんね？」

☑「それはあまり関係ないですけど」

🐾「むかっ！」

⧄「あなたこそ、A型のくせに気分屋だなあ〜。まっ、潮時だったんですね、大映が経営不振となって希望退職を募ったんです。多少退職金を上乗せするという会社の口車につい乗ってしまって。少々、現状に嫌気もさしていたし、このまま会社に残っても将来の展望が全く望めなくて……」

🐾「つまり、このままだと、会社は再び倒産するだろうと？」

⧄「まあ、そんなところだったのかもしれません。でも、独立するったって資金もないし、結構、決断力なくて迷っていました」

🐾「B型にありがちですね。誤解が多いようですが、そういうスパア〜とした決断力、私のようなA型の方があるんですよ。衝動買いなんかもよくするし……。あなた、弁当屋でタルタルソース&ミニサラダ付スペシャルエビフライ弁当五百六十円にするか、単なるエビフライ弁当四百八十円にするかで、十五分は迷うほうでしょ？」

⧄「あなたは、迷わないんですか？」

🐾「迷いません。迷った時は、両方買います」

⧄「私は両方買わずに帰ります。それで、いつも家人に怒られる……。あっ、何を言わせるんですか！」

🐾「あなたが勝手に言っただけ！　でも、それが、まさにA型とB型の違いですね。つまり、人間には二種類ある、スウィングする人間とスウィングしない人間と！」

⧄「何ですか、それ？」

🐾「やだな、知らないんですか？　あなたのプロデュース作品『スウィングガールズ』の中の名セリフじゃないですか！」
☑「そんなの、ありましたっけ？」
🐾「ありましたよ。私は揮毫《きごう》を求められると、いつもこの言葉を書きます。で、あなた、結局、どちらも買わずに帰って来て、会社を辞めること迷い続けるんですか？」
☑「いいえ、それが、当時、東京乾電池オフィスの社長だった小形雄二さんに相談すると、『辞めちゃえ、辞めちゃえ、会社なんか』って、植木等の日本一の無責任男みたいな軽いノリで、ウチの渋谷の事務所に机を置いてもいいよと言われて……」
🐾「それが、このマンションの十一階？」
☑「ええ、そうなんです。それで、その小形さんの言葉に乗せられて、乾電池の事務所の片隅に居候《いそうろう》することになったんです。でも、あの時、小形さんに乗せられなかったら、大映に残って今頃私は何をしていたやら……？　そして、どうにか軌道に乗ってからは、このフロアに移って自分の事務所を持ちました。でも、スタートは、デスク一つに電話一台の居候だったんです」
🐾「まだ、携帯なんかなかった頃ですね……」
☑「そうです、そうです、スマホなんかもちろん、パソコンもなかった」
🐾「あの頃は便利でしたね～」
☑「えっ、不便の間違いじゃ？」
🐾「何、言ってるんですか！　あの頃の方がよっぽど便利だったじゃないですか。今じゃ、スマホをペチャペチャやって一斉送信、ピロロロンって届いたメールを送ってきた相手が今、日本にいるのか海外で遊んでいるのかもわからない。でも、公衆電話の受話器の向こうからは、風の音や騒がしい人の声、相手がアメ玉舐めてる音なんかが聞こえてきたものです。ペチャペチャ、ピロロロンばかりやっていたら、人間の想像力、欠如していきますよ。私は、ラインもツイッターもフェイスブックも意地でもやりません！」

⧄「でも、仕事ともなるとそうもいかないんですよ」

🐾「意気地ないんですね。あっ、またあなたのせいで横道にそれた！」

⧄「私のせい？　そりゃあ、心外だなあ」

🐾「グズグズ言わずに、まさに、古ぼけた机と電話一台だけってところから続けて下さい」

⧄「わかりましたよ、でも心外だなあ〜。で、古ぼけた机と電話一台……」

🐾「そうです！」

⧄「で、スタートはそんなでも、当時独立する上で、唯一希望の星がありました」

🐾「夜空に輝くスターですね？」

⧄「ええ、それは、私にとって、伊丹プロでした。天下の大東宝と渡り合いながら、作家映画を商品として成立させ、堂々たる立ち位置を確保していました。伊丹プロは、伊丹さんとデスクの吉川次郎さん、そしてプロデューサーの細越さん、社長は伊丹さんのスポンサー、松山・一六《いちろく》タルト社長の玉置泰さんのこれだけです。これで勝ち続けていました。映画作りに、大きな組織や余計な人間は必要ないことを証明してくれたんです。プロデューサーと監督がいれば映画はできるんだ。伊丹プロのようになる自信は毛頭ありませんでしたが、勇気と目標は与えられました。大映の上司の池田哲也さんの恩情で、Ｖシネマを一本受けさせてもらい、それで何とか一年を食いつなぎました」

🐾「そして、ある時、『Shall we ダンス?』の企画が生まれるんだわん！」

⧄「ええ、アルタミラを立ち上げて、ちょうど二年目でした」

🐾「今度こそ、親にわかって、回収できる映画だ！」

⧄「はい！」

🐾「わんわんわんわんダーランド！　わわわ〜んダーランド！」

⧄「あなた、大丈夫ですか？」

🐾「わん！」

Shall we ダンス?

🐾「さて、『Shall we ダンス?』は、あなた方の出世作となりましたよね？　っつうか、独立して二年目で、あんな作品と出会えるなんて、ラッキー過ぎますよ、運が良すぎますよ！　わん！」

⧄「ほんと、仰せのとおり。この仕事、運が向くか、運が尽きるかっていうところ、多分にあります。特に、ヒットするかしないかなんて、もう、私達の手の届かないところにありますから」

🐾「でも、ヒットしましたよね。あなたは、そうご謙遜《けんそん》なさるが、やっぱり、あなた達の企画力じゃないですか？（と、たまにはおだてないと……）　良かったら、『Shall we ダンス?』の企画がどのようにして生まれたか教えて下さい」

⧄「ことの発端は、磯村、周防、小形、私のアルタミラピクチャーズ設立者、四人で行った温泉旅行です」

🐾「また、温泉旅館ですか！　それも、男はん四人で？」

⧄「アハハハ、やっぱり、そう、突っ込んできましたね。会社立ち上げてヒィヒィ言ってるのに、そんな余裕ありませんよ。その頃ある企画があって、取材に山形に行っただけです」

🐾「むかっ！　で、その企画って？」

⧄「舞妓です。そのシナハンで、酒田の舞娘の取材をしに行ったんです」

🐾「えっ、それって、わてが京言葉になってしもうた『舞妓はレディ』やおまへんか？　それが実現しはるの、えらい先でしゃっろ。映画を作りはるの、えろう気がなごうないとできまへんな～」

⧄「そうどす～」

🐾「で、その温泉旅行と『Shall we ダンス？』が、どうつながるんどすか？」

⧄「その行きがてらのレンタカーの中で、ほんの余談で、周防監督からプレゼンされたのが、社交ダンスだったんです」

🐾「なんや、つまらん」

⧄「なんや、つまらんって、あなたが話せっていうから……。口はさまないで聞いて下さいよ」

🐾「わん！」

⧄「最初、周防監督が考えたタイトルは、『足踏んじゃった』で、聞かされた時は、思わず座席から滑り落ちそうになりました。シコふんじゃったからアシふんじゃった、ですからね〜。で、満員電車の中で足を踏まれて出会う男女から社交ダンス教室に発展するストーリーで……。正直聞かされた時は、どちらかと言うと、テレビドラマサイズの話なのではと思いました。でも、周防監督の描いた最初の箱書きの段階で、決定稿の八割が決まっていました。監督の中では、もうすでに、『Shall we ダンス？』が出来上がっていたんですね」

🐾「それで、今度は山形から景色が変わって、錦糸町あたりの社交ダンス教室の徹底取材が始まるんですね？」

▨「錦糸町では取材してませんけど……」

🐾「むかっ！　いちいち、細かい人ですね〜。そういう重箱の隅を突っつくみたいなことしてると、面白い物なんか作れませんよ！　ユーモアって、大法螺《おおぼら》をいかに罪なく吹くかって、ことなんですから！」

▨「ああ、やっぱり映犬さん、鋭いですね！」

🐾「で、錦糸町じゃないダンス教室巡りが始まるんですね？」

▨「ええ、錦糸町じゃない、歌舞伎町や鶯谷《うぐいすだに》、恵比寿、有楽町のダンスホール、ダンス教室、ダンスの教師、プロやアマチュアのダンサー達と、どんどん取材を重ねると、誰も知らないような面白いエピソードが抱えきれないほど集まりました。でも、ダンスホールに取材に行くと、歌舞伎町のダンスホールでしたけど、何でこんな今どき流行らないものをわざわざ映画にするのか、止めた方がいいと支配人に真顔で言われました。外に出ると歌舞伎町の街は雑多な人で賑わっているのに、ホールの中は人が疎《まば》らで……。でも、監督も私も、そこがおいしいんだよな、と思ったんです。誰も知らない、普通には忘れられた世界を愉快に描く。もう、これは映画にするしかないと思いました」

阪神・淡路大震災

🐾「ところで、『Shall we ダンス?』は阪神・淡路大震災の翌年に公開されていますよね?」

▨「ええ、あの震災の日は、イギリスのボーンマスにダンス大会の取材に行って日本にはいませんでした。ホテルのテレビで、崩れ落ちた高速道路や燃え続ける神戸の町を見て愕然としました。こんな呑気な映画の取材をしていていいのだろうか。そんな思いが頭をよぎりました。帰ってからも、こんな映画を今作っていいのだろうか。非常時にこんなダンス映画に観客が集まるのだろうか? 本当に悩みました」

🐾「ところが 一年後、作品が公開されると大ヒットした! 邦画が振るわなかった当時のヒットです、大きな話題になりましたよね」

▨「ええ、震災のあった日が一九九五年の一月十七日で、映画の公開が一九九六年の一月二十七日、全くの一年後です。あの当時はあまり考えなかったのですが、近頃、思うんです。何か、この映画が当時の観客の気分に合っていたのだろうと。震災の冷めやらぬ不安感が漂い、多くの人が大切な人を亡くした悲しみの中で、映画がそういう不安や悲しみをしばし忘れさせたのかもしれないと。うちの映画はどうもいつも関西で弱いのですが、唯一、『Shall we ダンス?』は、関西での観客数がずば抜けて多かったんです。第二次世界大戦の只中で、『天井桟敷の人々』が爆発的に観衆に受けたように…………」

アメリカでの反響とリメイク

🐾「日本で大ヒットすると、『Shall we ダンス?』は、アメリカ大陸を横断しますよね?」

〼「ええ、周防監督も、キャンペーンでアメリカ大陸を横断しました。ファーストランだけでも二百万人を動員したんです」

🐾「驚きだわん。普段、ハリウッド映画しか観ないアメリカ人が二百万人ですよ!」

〼「ええ、私も驚きです。日本人がダンスする映画なんて、アメリカ人の誰が観るんだろうか? 観る訳がないと思っていたのは、実はこの私なんです」

🐾「でも、それだけ、国籍を超えて、何か万人の胸に訴えるものがあったんですよ。あの映画を観終わった後って、何だか夢心地になれるんですよ、夢のような音楽に合わせて自分もついさっきまで踊っていたみたいな……」

〼「ええ、そうかもしれませんね。でも、アメリカンフィルムマーケット(AFM)のセールスでは、試写がやけに早朝に組まれていて、私は当時の大映の海外セールス担当の森吉治子さんを、『こんな朝早く試写をして誰が来るんだ!』と罵倒《ばとう》しました。が、その誰も来ないと思った早朝にミラマックス・フィルムズのエイミー・イズラエルが来ていたんです。それで、彼女がとても気に入ってくれて、すぐにミラマックスの社長に電話してくれた。彼女があの早朝の試写に来ていなかったら、ミラマックスが買い付けてくれることもアメリカでの多くの動員もなかったんですね。やはり数奇というか、それより、いかに私に先見の明がないというか……」

🐾「………（どうやら、商売人にも不向きな男であることがわかった）。で、その後、アメリカでリメイクもされましたよね？　リチャード・ギアと、ええ〜と、誰でしたっけ、あの成り上がりの姉ちゃんみたいな……」

⧄「成り上がりの姉ちゃん？　あなたも口さがない犬だなあ。ジェニファー・ロペスですよ」

🐾「ああ、ジェニファー、ジェニファー、ジェニーちゃんねっ」

⧄「また、今度は随分、親しげですね……。リメイクの話、すればいいんですか？」

🐾「わん！」

⧄「まず、ディズニーとミラマックスからリメイクのオファーがありました。当時ミラマックスはディズニーの傘下《さんか》に入っていたので、同じグループ内で取り合いするのも何だから、一本化したらどうですか？　と言ったりしたんですけど。結論から言うと、提示された金額が大きかったミラマックスの方へ売りました。そして、当時、リメイク権は、日本の映画業界ではまだ関心が薄いものだったんですが、アルタミラと大映との契約の際に、リメイク権はアルタミラが保持すると表記しておいたんです。今思うといい判断をしました。さっすが、私でしょ？」

🐾「……（商売人には不向きであると思ったのは早計であったか？）」

　さっすが私でしょ、に答えないでいると男は勝手に続けた。

⧄「『Shall we ダンス？』は、大映の製作です。アルタミラは、制作プロダクション。大映を辞める時、次の周防作品を作る時は、必ず最初に大映に企画を持っていくと、山本洋さんと男の約束をしていました。製作費を出すだけの資金が会社になかったので、そこは大映に頼らざるを得ません。まあ、それでできたのですから感謝はしていました。でも、結果的には、製作費を出資していないので、たとえ周防監督とアルタミラで作り上げたオリジナル作品といえども、映画がいくらヒットしてもその売り上げの配分には与《あずか》れなかったんです」

🐾「悲しいですね……（だが、商売とはいつもかようなもの。資金を持たねばならぬ。金は大事だわん！）」

⧄「だから、あの時のリメイク料は、アルタミラにとって、これから会社を維持していく貴重な資金となったんです」

🐾「それで、それ以後、あなたは、少しでも製作費の一部を自社でも出そうと考えるんですね？　博徒《ばくと》人生に入っていくわけや！」

⧄「博徒！　人聞きの悪いこと、言わないでくださいよ！」

🐾「そやかて、そうでおまっしゃろ！　ヒットなんて、サイコロの目と何も変わらんのとちゃいますか？」

⧄「でも、サイコロの目が半と出るか丁と出るかにだって、博徒にも博徒なりの、ある程度のビジネス的戦略はあるはずですよ」

🐾「でも、最終的には、お客様の読めないお心次第！」

⧄「……………ってことになりますかね?」

🐾「でも、製作にまつわるここまでのあなたのお話を聞いていると、何か、日本の映画業界にも構造改革が必要なように思いますね」

⧄「ええ、そうなんです。どうも、日本の映画業界では、映画製作プロダクションというものがどうしても下請けという立場に甘んぜざるを得ない。企画を監督や脚本家とこつこつと立ち上げても、最終的には出資者である製作者に権利を奪われてしまいます。ヒットしても、出資者でなければ何の見返りもない。その辺の構造改革できないかなあ~なんて思ったりするんですが、当分、変わりそうにありませんね」

🐾「でも、それって、貧乏人の僻《ひが》みとちゃいますか?!」

⧄「恐れ入谷《いりや》の鬼子母神《きしもじん》……」

と、うなだれるこの男に構造改革は永遠にできぬであろう。

徳間社長と

🐾「それで、『Shall we ダンス?』がヒットした後、あなたは、徳間社長を訪ねますね? あの、採用面接の時の独演会のおもろいオッサンです」

⧄「オッサン? ちょっと、あなた、一度ならず二度も言うなんて、失礼ですよ!」

🐾「そんなに偉い方なのか?」

〼「そうですねえ～、偉い方です。まあ、これからの私の話を聞いて下さい。私は、独立したのに、製作費の点などで諸々、徳間大映から完全に巣立ちはしていませんでした。それに、『Shall we ダンス？』のヒットで、ますます大映から離れづらくなっていきそうでした。それで思い切って、自分たちで金を集めて映画を作りたいので勝手にやらせてくれと言いに行ったんです」

🐾「今度こそ、謀反でおまへんか?!」

〼「ええ、案の定、徳間社長の大逆鱗《げきりん》に触れました。そりゃそうです。親の愛情を一身に受けて育った子供がその恩を忘れて、『これからは自分で何とかするから、もうかまわないでくれ』って楯を突いたようなものですから。プライドを傷つけたと思います。社長は、『金を集めるのは俺の仕事だ。お前達は黙って作りたい映画を作っていればいいんだ！』と言いました。今思うと、映画作りの最高のパトロンです。自分は矢面にたって金策に走り、映画の中身には一切口を出さない、作り手の創作の自由を守る、作り手は金の心配などせず思う存分自分のやりたいことをすればいい、そういう人でした。理想的な映画製作者です。そういう社長の一貫した姿勢が、スタジオジブリを生み、中国と日本の映画交流にも大きな功績を残したのだと思います」

🐾「スタジオジブリも？」

〼「ええ、宮崎駿監督の『風の谷のナウシカ』に金を出したのは、徳間社長です。その後、ジブリを作ったのも……」

🐾「ああ、『風の谷のナウシカ』、安田成美が主題歌を歌った、ワテ、あれ、好きで、よう観ましたんや。なんや、おもろいオッサンなんて言うて、謝らなあきまへんな。偉いお人やったんどすなあ。堪忍しとくれやす！」

⧄「わかればいいんです。でも、あなた、『千と千尋の神隠し』は観る気しないって言ったくせに、一貫性ないんですね？」

🐾「あら、そんなこと、言いましたっけ？」

⧄「言いました！　もう、いいですよ。それに、実は、まだあるんです。『Shall we ダンス？』の尺のことで、東宝と揉めたことがあったんです。東宝との契約では、二時間以内の映画を作ることになっていたんですが、二時間を大きく超えちゃって……。映画ってあの頃は二本立て興行を想定するという事情からか、一時間四十分が普通だったんですね。それで、確かに契約違反だったから、社長に何と言われるかと覚悟してたんです。が、その時も、徳間社長が、『作った人間が二時間十六分にしたんだ。それでいいじゃないか』と言ってくれたんですね。それで、自分達が最初に決めたとおり二時間十六分の作品を完成することができたんです」

🐾「徳間社長っていうお方は、あくまで作り手を尊重してくれはったんですね」

⧄「ええ……」

がんばっていきまっしょい

「ぐっしゃわああん、わん！」

私は、男が差し出したティッシュで思いっきり涙まじりの鼻水を拭うと、気を取り直してインタビユーを続けた。

🐾「そして、次の周防監督の力作『それでもボクはやってない』までには時間がありますが、その間にも、アルタミラでは次々と作品を世に送り出します。『がんばっていきまっしょい』も記憶に残る一つですね？」

⧄「ええ、会社を作った動機の一つに、何としても磯村監督の代表作を作りたいという思いがありましたから。あれは、敷村良子さんの原作です。私の生まれ故郷の愛媛が舞台で、一年かけてのオーディションを経て、田中麗奈という原石に出会え、やっと作品を前に進める決断をしました。田中麗奈は、その頃はまだ痩せっぽちの粗削りな山から降りてきた性別も不明な子って感じでしたが、じっと前を見据える両目に強い意志を感じました」

🐾「ほお〜、それで、一年もかけたオーディションというと？」

⧄「ええ、私は、この映画は女子ボート部を立ち上げる主役の女の子にかかっていると思っていました。この主役にビビッ、ビシャーン！　とはまる、ビビビビシャ〜ンと来る女の子が見つからなければ、映画はできないと……。それなのに、一年かかっても、これだ！　と思える子に出会えない。で、もう諦めかけた時だったんです」

🐾「ビビッ、ビシャビシャシャ〜〜〜ン！　が来たんですね！」

⧄「はい！　もう諦めかけた時、キャスティング会社から連絡があったんです。九州、久留米の地元のスーパーなんかで広告モデルをしている女の子がいるけど、会ってみないかって……」

🐾「お多福堂、地元中学学生服のモデルみたいな？」

▱「まあ、そんなとこです。初めは何の期待もなく、ダメモトで会ってみるか、これが最後だ、と思って、田中麗奈を東京に呼び寄せました。それが、それが、後は映犬さんもご存知のとおりです」

🐾「サントリー清涼飲料のなっちゃん！」

▱「ええ、あのコマーシャル出演は、ウチでのオーディションテープを見た広告代理店の目に留まって決まったんですよ。それが、『がんばっていきまっしょい』公開前に、コマーシャルのオンエアが始まっちゃって……」

🐾「世間は、なっちゃんのCMの子を映画に使ったって思いましたね。一年もかけて、やっとあなた達が探しあてた『なっちゃん』でおましたのに……」

▱「ええ、ちょっと悔しかったですね。私としては、本当は、『がんばっていきまっしょい』で不思議な印象を残したまま、それっきり芸能界を去る伝説の田中麗奈でいて欲しかったんですが……」

🐾「でも、そうもいきませんがな。テレビCMにチョコっと出てきただけで、皆に強い印象を残す女の子でした」

▱「そうでしたね」

🐾「そして、『がんばっていきまっしょい』から、フジテレビとの長い付き合いが始まりますね？」

▱「ええ、その頃、フジテレビ映画部では、河井真也氏の後任の宅間秋史プロデューサーがフジテレビ独自の映画路線を模索していて、アルタミラに興味を持ってくれたんです。当時放送枠が無いにもかかわらず、映画に出資を決めてくれたフジテレビとポニーキャニオンには、とても感謝しています」

🐾「興行的にはどうだったんですか？」

〼「知ってるくせに、それ、聞いてくるんですね？　あなたもご存知のとおり、決して興行的には成功はしませんでした。が、作品自体は高く評価されたんですよ。何より、フジテレビ映画部の皆さんが大損をしたにもかかわらず、こぞって作品を評価してくれたのに驚きました。その年、『踊る大捜査線』が大ヒットして、私もホッと胸をなでおろしましたけどね……」

矢口史靖監督との出会い

〼「矢口監督とは、実は、既に大映時代に出会っているんです。うちの堀川プロデューサーに至っては、学生時代に武蔵美の映画仲間を介してずっと昔に知り合っていたというから不思議な縁ですね」

🐾「あなたは、大映時代というと？」

〼「当時、上板東映の名物支配人、小林紘さんから持ち込まれたVシネマ企画で、『オールナイトロング』という作品を作ったんですが、予告編を誰に頼もうかと探す段になって、現場を仕切ってくれた古澤敏文君が矢口監督を推薦してくれたんです、彼は、矢口監督の『裸足のピクニック』のプロデューサーです。その頃矢口監督は、『雨女』でぴあのグランプリを取ったり、大注目の新人監督でした。それで、矢口監督に予告編を頼むと、それが見事な出来なんですね。こっちが頼んだことを的確に理解して、無駄の無い仕事ぶりでした。私が付き合ってきた監督はみなそうですが、頭いいんですね。その時点で、矢口監督の才能ははっきりとわかりました」

🐾「今、『雨女』の話、出ましたけど、私、観てないんですよね。でも、あなたなんかは、そういう新人作品を観て、新しい才能を見つけたりするんでしょ？」

〼「ところが、そうでもないんです。って、いうか、私が怠慢なだけなんですが、『雨女』も実はごく最近やっと観た……。もし、どうしても私が新しい才能をどう見つけるかって言うなら、人柄ですね。人柄が良い監督じゃないと一緒に仕事できませんから。それに、私に限ってかもしれないけど、人柄の良い監督に才能があったってことになります。そして、みんな頭がいい。それに、これ、矢口監督自身から、ほんと最近聞いたんですけど、『雨女』は、友人の鈴木卓爾監督が先年にぴあの審査員特別賞を受賞したので、監督、負けず嫌いですから、自分はグランプリを取ってやるぞと、受賞の傾向と対策を研究しまくって撮ったらしいですよ」

🐾「それは頭いいですねえ」

〼「ええ、映犬さんあたりが、『映画賞受賞のための傾向と対策』なんていう受験参考書、書いたらいいですよ」

🐾「売れまっしゃろか？」

〼「さあ……？」

学校の怪談

〼「でも、そんな出会いの後、『学校の怪談』で矢口監督と再会するまでに十年かかりました」

🐾「『学校の怪談』というと、あの関西テレビのホラーシリーズですか？」

〼「ええ。関西テレビの小中千昭企画で立ち上げられたシリーズです。制作プロダクションは初め宝塚映画でしたが、その後アルタミラが引き継ぐようになったんです。水谷俊之、黒沢清、高橋洋、中田秀夫、緒方明、鶴田法男、斎藤久志、三宅隆太、鴻上尚史、小山薫堂、長谷川孝治、李闘士男、清水崇と、今や錚々《そうそう》たる顔ぶれの監督たちと一緒に仕事ができました」

🐾「日本ホラー映画の巨匠だわん！」

〼「ええ、毎回、黒沢清監督を頼りにして相談に行くと、『またホラーですか？　もう勘弁してよ。もう怖いネタは持ってないですから』と一度は言っても、最終的には引き受けてくれるんですね。プロデューサーにとってこういう時に引き受けてくれる監督ほど頼もしい存在はないんです。ありがたかったです。矢口監督とも十年ぶりに再会できたし楽しい仕事でした」

🐾「それで、やっと、アルタミラが矢口監督と本格的に仕事を始めていくことになるんですね？」

〼「はい、そうなりますかね……」

🐾「わんわんわんわん、わんだーランド！」

ウォーターボーイズ

〼「ある日、テレビを見ながら晩飯を食べていたら、テレ朝のニュース・ステーションで、突然、男子のシンクロナイズド・スイミングが始まったんです。『こりゃ、何だ？』と目を丸くして見ていると、埼玉県立川越高校水泳部の男子のシンクロでした。毎年、文化祭でやっているみたいで、『こりや、面白い！』と、見た瞬間に思いました。それで、さっそく取るものも取りあえず、当時企画の手伝いをしてくれていた、今は映画監督の松永大司君と一緒に川越高校に行ったんです。川越高校は男子の進学校で、そこのたかだか二十五メートルプールで、当時は女子しかやらないと思っていたシンクロを大真面目にやっていたんですからね。と言っても、男子校ですから、近隣の女子高生にウケたいばかりの不純な動機で。いつの時代も男子高校生の考えることって同じなんですね。それで、サザエさんの曲なんか使って。映画でも実際使ったベンチャーズの『ダイヤモンド・ヘッド』は、もうすでに川越高校水泳部の男子達が使っていました。これはセンスがいい！　これは画になる！　と思って、その時『学校の怪談』を一緒に準備中だった矢口監督に話したんです」

🐾「で、監督も面白い！　と飛びついたってわけですね？」

⧄「いやあ、全く興味がなさそうな反応でした。最初はそんなスタートだったんですよ」

🐾「へえ～、それは知らなかったワン。それなのに、いつ、矢口監督の気が変わったんでしょう？」

⧄「いやあ、なかなか。でも、男子校水泳部シンクロを矢口さんの独特のセンスで撮ったら必ず面白い映画になる、私にはそんな確信があって、監督を口説き続けました。そしたら、最初は興味がなさそうだったのに、監督の書いてきたシナリオは、シンプルなんだけどやっぱり妙な面白さがあるんです！　私は、ラストシーンがシンクロであれば、あとは自由に好きに書いてくれ、としか言わなかったんですけどね……」

🐾「それで、痛快で妙ちきりんな青春コメディが生まれるんですね！　アフロヘアが燃え上がるシーンなんて、今でも思い出しただけで笑っちゃいます」

自分が面白がれることを持ち続けるということ

🐾「それで、その後、矢口監督とは、『スウィングガールズ』『ハッピーフライト』『ロボジー』『サバイバルファミリー』とずっとオリジナル脚本一筋で映画を作り続けてますよね？」

⧄「ええ、毎回、企画アイデアのキャッチボールから始まって、矢口流の摩訶《まか》不思議な論理が展開すると、とんでもないストーリーが転がり始めます。模型飛行機を作るのが大好きな少年が、あれでもかこれでもかと、自分だけの飛行機を作っているみたいな……。時々これでいいのかな？　と思うこともあるんですけど、映画が出来上がると見事、有無を言わせない矢口ワールドが出来上がっているんです。矢口監督との作業は楽しいばかりで、私自身が矢口映画の一番のファンなのかもしれません」

🐾「矢口監督と言えば、ワンシーン、ワンカットの短編、自主製作で作り続けていますよね？」

⧄「ああ、『ONE PIECE』のことですか？」

🐾「ええ、その『ONE PIECE』、数年前、私、フィルムセンターでその作品を集めた上映会に行ったんですけど……」

⧄「またですか。あなた、よっぽど、フィルムセンターが好きなんですね？」

🐾「むかっ、映犬ですから！　余計なお世話です、わん！」

⧄「あっ、すんまへん。で、それで、どうしました？」

🐾「ええ、その中で、干からびた排水溝にうっかり落としてしまった飛行機のチケットを、鼻水だか涎《よだれ》だかを垂らしてそれで引き上げるっていう、十分足らずの作品があったんです。それって、超くだらないんだけど、こういう超くだらないことを面白がれるって凄いことだと思ったんですよ。ほんとに、矢口監督が面白がって作っているのがわかって感動しちゃいました！」

⧄「感動？　それまた大袈裟ですけど。そう言えば、その鼻水だったか涎だったかの短編、つい最近矢口さん本人から聞いたんですけど、あの涎の開発に二十年かかったらしいですよ」

🐾「にっ、二十年！」

⧄「矢口さんらしいですよね。あのアイデア、もうだいぶ昔からあったらしいんですけど、どうも、まだその頃は、チケットを釣り上げるだけの粘着力と伸縮性を持った物質が見つからず、苦節二十年、つい最近になって、世の中進歩してるんですね～、やっとそんな粘液が出来上がったというわけだそうで」

🐾「ブブブ、ブラボー、　ワンワンワン、私、そういうの、大好きです！　っていうか、そういうものを面白がれる精神がいいですよね！」

⧄「ええ。ブラボーです。私も、面白がれる精神って、本当に大切だと思います。映画に限らず、モノを作る人間は、どこまで自分が面白がれるモノを持ち続けられるか、にかかっているような気がしますね。『それでもボクはやってない』の周防監督も、裁判のことを知れば知るほど面白くてたまらない、っていう感じでした。いつのまにか、その辺の法学部の教授くらい詳しくなっちゃって」

🐾「そう言えば、『それでもボクはやってない』の上映後の、監督と観客とのティーチ・インは、まるでどこかの法律学科のゼミに出ているような感じで勉強になりました」

⧄「ああ、そんなこともありましたっけ……」

🐾「それで、また矢口監督に戻りますけど、私、『ロボジー』のブルーレイも買ったんですが、それにオマケでついてたメイキング観て目からウロコでした。ラストに近いシーンで、ロボジーが窓から転落しちゃうとこあるでしょ？　あれなんか、CG使えば簡単にできるのに、人の手を使ってあそこまで苦労してロープなんかで引っ張って撮影している。ああ～、こういうことが面白くて作ってるんだなあとまた感動しちゃいました」

⧄「そうですね、『サバイバルファミリー』の高速道路を家族が自転車で走っていくシーンもCG使えばいいのですが、わざわざ実際に高速道路の通行を止めて撮影しました。監督のこだわりです。監督は、いつも、そういう作り方を楽しんでいるし、そういうことをして観客を驚かしてやりたいって考えている………」

🐾「そういうアナログ、太平洋を天幕で覆《おお》って巨大オブジェ作っちゃうみたいなアーティスト感覚ですね。画家が自分の欲しい青という一つの色を、いろいろな絵の具や顔料を混ぜあわせて作っていくような……」

⧄「それで、観る人が驚くんですね。で、思うんですけど、矢口監督は所謂《いわゆる》テーマ主義ではありません」

🐾「テーマがない？　モノを考えないお気楽者だと？」

⧄「また、ヒドイ言い方ですね。テーマはあるんです。ただ、テーマ主義じゃないということです。監督は頭いいって何回も言ってるでしょ！　ちょっと誤解を覚悟でわかりやすく言うとですね、矢口監督にはテーマとかメッセージとか、そんなことよりもっと違ったところに興味がある。『サバイバルファミリー』にしたって、電気が消滅と言ったら、震災とかエネルギー問題とか人の絆とか、普通、そんなとこに頭が行っちゃうじゃないですか？　それが、矢口さんは違う。電気が完全消滅したら、人間どうなるのか？　メチャクチャ困るだろうな、スマホなんて使えなくていい気味だ、面白いじゃないか、そんなオロオロする姿を見せて観客を驚かせたい！　それが一番なんです。私にとっても、矢口さんのそういうところが新鮮なんですね」

🐾「やっぱり、排水溝の涎だわん！」

〼「ええ、面白がりの精神です！　それに、近頃、私も歳を重ねてきて思うんですが、老いというのは面白がれるモノを持てなくなった時に始まるんじゃないか、ってね。若くても、面白がれるモノがない人間はすでに老いている。だけど、老いても、自分に面白がれるモノがあればそうすぐには老いぼれない！」

🐾「そう偉そうに言うあなたは老いてない？」

〼「いや、すっかり老いてます、近頃じゃ、九時過ぎると眠くて眠くて……」

🐾「わん！………（情けない男である。が、もしかして、得意の低姿勢、ご謙遜、照れでもあるのか？　回りくどい男であるなあ～）」

〼「だから、新藤兼人監督なんかは、全く老いることがなかったですよね。自分が面白がれることを死ぬまで持ち続けた人なんだと思いますよ。私が私淑《ししゅく》する淀川長治先生も、そういう人だったなあ～」

🐾「あの、サイナラ、サイナラ、サイナラの映画評論家の淀川先生ですか？」

⧄「はい。私が、学生時代、名画と言われる作品を片っ端から観ようと、三鷹オスカーや並木座とか岩波ホールにせっせっと足を運んだのも、淀川先生が『とにかく一流のものを見なさい。そうすれば、何が一流かがわかります』と言っているのを聞いたからでした。先生の『私はまだかつて嫌いな人に逢ったことがない』という著書にも随分と影響を受けました。『人類みな兄弟』みたいな白々しい標語みたいのとは違いますよ。その人のことをよくも知らないで、すぐに嫌いだって決めつけちゃう人っていますよね？　そういう人って、面白がれるモノと出会うチャンスを自分から放棄してるんじゃないかな？　嫌いな人、自分とはどうもソリが合わない人に会っても、一つでも価値を認めるっていうか、自分の嫌いなモノや自分の趣味に合わないモノの中にも面白がれるところを見つけよう、そうすればモノの見方が広がるぞ！　人生、楽しくなるぞ！　みたいなです」

🐾「ああ、わかります。至極同感です（今、この私こそが、このつまらない男の中にも面白そうなところがないかと必死になって話を聞いているのだ）」

⧄「そうですか、わかってもらえて嬉しいですよ！」

🐾「ほら、あれでしょ？　例えば、病院の待合室で自分の名前が呼ばれるのを飽き飽きして待っている時に、黒眼鏡にパンチパーマに金無垢《きんむく》の腕時計をした絶対にお友達にはなれないような怖そうなオジサンがやって来て、座席の空いた狭い場所に無理やり腰を降ろそうとする。サア～ッと辺りの空気が引いて、みんな目をそらす。でも、私なんか、思っちゃうんですよね。こういう怖そうなオジサンでも病気になるんだ、面白いな、病名は何だろう？　意外と下戸《げこ》の甘党で糖尿病か？　面白いな、尻をモゾモゾさせてるとこ見るとイボ痔か？　面白いな、行きつけの床屋とはどんな冗談話をするんだろう？　床屋の親父は、このパンチパーマの顎《あご》に剃刀《かみそり》あてる時ビビらないのかな、面白いな、って」

〼「ええ、そうすると、長い待ち時間も案外楽しいものになる！」

🐾「やっぱり、人間には二種類あるんですよ、スウィングする人間としない人間と……。でも、何だか、私達、人生哲学しちゃってませんか？　こういうの、嫌われますからやめときましょう」

〼「そうですね、やっぱり、誰にも嫌われたくないですもんね」

🐾「わん！」

音楽へのこだわり

🐾「ところで、私、以前から聞いてみたいことが一つあったんですけど……」

〼「何でしょう？」

🐾「アルタミラピクチャーズが作る映画には、何か、音楽への強いこだわりがあるなあ～ってね。劇中に流れる音楽も、エンドロールに流れる音楽も、すっごいセンスいいじゃないですか！　決して、今流行りのヒット曲や売れ筋の音楽じゃないけど、『Shall we ダンス？』を観て映画館を出てもまだ夢見心地で踊っているみたいな気持ちになれるのも、『王様と私』の『シャル・ウィ・ダンス』がまだずっと耳に残っているからだし、『スウィングガールズ』を観た後、思わず一緒にスウィングしている自分に気づくのは、デューク・エリントンの『A列車で行こう』で始まって、ナット・キングコールの『L-O-V-E』でご機嫌な気分になっているから、『ハッピーフライト』では、ラストに流れるフランク・シナトラの『カム・フライ・ウイズミー』で、まるでちょっと危なっかしいファーストクラスに乗っていたようなリッチな気持ちになりました。『ウォーターボーイズ』のシンクロに使われたシルヴィ・バルタンなんてしびれましたよ！」

⧄「嬉しいですねえ!! そう言ってもらえると、音楽にこだわる甲斐があります」

🐾「やっぱり、こだわっているんですね？」

⧄「音楽の話をし出すと、止まらなくなりますよ。実は、就活のとこで言うか言うまいか迷ったんですけど、本当はレコード会社を目指していたんです。でも、どこにも引っかからなくて……」

🐾「で、もし、引っかかっていたら、今頃、音楽プロデューサーですか？」

⧄「いや、そうなってたら、悲惨だったと思います。音楽はやっぱり趣味に留《とど》めておいて良かったです」

🐾「趣味に留めるって言うわりに、結構、音楽、目立ってますよ！ それに、音楽ドキュメンタリーもやってるくせに！」

⧄「すんまへん」

🐾「じゃあ、手短にお願いしますが、普段はどんな音楽を聞くんだわん？」

⧄「音楽なら、何でも好きです。でも、中学の頃から俄然、ロックに傾倒していきます。ビーチボーイズの『ペット・サウンズ』、バンドの『ミュージック・フロム・ビッグ・ピンク』、ゴールデン・カップスの『スーパー・ライヴ・セッション』、レッド・ツエッペリンの『ファースト』、オールマン・ブラザーズ・バンドの『フィルモア・イースト・ライヴ』、遠藤賢司の『満足できるかな』、キャロル・キングの『タペストリー』、フーの『フーズ・ネクスト』、イエスの『こわれもの』、ボブ・ディランの『ブラッド・オン・ザ・トラックス』、U2の『ヨシュア・トゥリー』、ビートルズの『リボルバー』もいいけど、やっぱりビートルズより私はローリング・ストーンズ派、ストーンズは、アメリカンミュージックの南極点、格調高き『レット・イット・ブリード』が一番と言いたいところだけど、ブリティッシュ・ロックの北極点、崇高なる乞食ぶりの『ベガーズ・バンケット』も上げないわけにいかないし、それよりやっぱりブルースの赤道直下、天下無双の『メインストリート』が死ぬほど好きで、最近のブルースアルバ……」

🐾「シャアーラップ！　手短に！」

　案外、音楽趣味は素直で普通であった。

⧄「だから、音楽の話をし出したら止まらないって言ったじゃないですか……。私、1971年の広島県立体育館でツェッペリン、見てるんですよ！　ツェッペリンを体育館でですよ！　デビッド・ボウイの初来日も広島郵便貯金ホールで見てます！」

🐾「そんなこと、自慢しないで下さい。私なんか、ミック・ジャガーに直にサイン貰ってますから！」

⧄「えええええ〜〜〜、今度、見せて下さい!!」

🐾「まっ、機会があれば……。で、じゅうぶん、あなたの音楽ミーハーぶりがわかりました。それでは質問です。あなたは何問正解できるでしょうか？」

⧄「全問正解目指して、頑張ります！　なんか緊張しますね」

🐾「では、第一問です。そういう音楽への変質的こだわりのあるあなたですが、映画で使う音楽の選曲は、どんな感じでやるんですか?」

〼「変質的は、ヒドイな」

🐾「残り時間、三分ですよ!」

〼「あっ、はい。そうですね、選曲の仕方は、映画によってみな違うから……。どうしようかな?まあ、音楽に特にこだわった作品が、『ウォータボーイズ』と『スウィングガールズ』なんで、その辺の話でいいですか?」

🐾「そうですね、シンクロで使う曲や女子高生が大会で演奏する曲が何かで、あの二作品はまるで違ったモノになりますもんね」

〼「ともかく、最初は、私の趣味でお薦めの曲を何曲か聴いてもらいました。その時、矢口さんが知らなさそうな曲も敢えて加えてみました。シュープリームスなんかも実は選曲していましたが、あまりにも使用料が高額で諦めましたが。私から『この曲がいい』などと強制することはしません。そして後、矢口さんの独特のセンスで選曲が為されたんです。音楽に関して矢口さんは、いいセンスをしてると思いますよ。」

🐾「へえ~。でも、『スウィングガールズ』の選曲、凄いですよね!　D・エリントンの『A列車』『シング・シング・シング』、ナット・キングコールの『L-O-V-E』、サッチモの……」

〼「『What a Wonderful World』!　こんな一流のジャズのスタンダードの名曲を贅沢に使った日本映画なんてあり得ませんよね。でも、私は、この映画は音楽は本物でやりたかったんです。これだけは、妥協したくなくて」

🐾「でも、目の玉が飛び出るほど、使用料、高かったんじゃないですか?」
⧄「それは、秘密です」
🐾「出し惜しみですか?　まっ、いいや」
⧄「でも、それができたのって、出演者みんな、まだこれから売り出しの女の子ばかりだったじゃないですか。役者のギャラがそんなに高くなかったんですね。だから、そのぶん、音楽を贅沢にできたんです」
🐾「なあ〜るほど!　それから、ぜひ、聞きたいと思ってたんですが、『ウォータボーイズ』のシンクロ曲の一つ、『オンリー・ユー』は、何でプラターズじゃなくて、キングトーンズなんですか?」
⧄「嬉しいなあ〜、その質問、待ってたんですよ。しかし、映犬さんも音楽に結構詳しいじゃないですか?　音犬でもいけるんじゃないかなあ〜」
🐾「だから、私、ビル・ワイマンのサインも直に貰ってるんですから!」
⧄「ええええ〜〜〜、こりゃあ、まいった!」
🐾「で、『オンリー・ユー』の方は?」
⧄「あれは、全くの私だけのこだわりです。キングトーンズじゃなきゃだめ!　あの、オンリ〜ユ〜〜ユッ、ユッ、ユ〜〜〜ッッってとこがないと!」
と顔を引きつらせて、餅を喉に詰まらせた駝鳥《だちょう》のような顔をして、男は大きくのけぞった。オンリー、ユウウウウッッ、顔が真っ赤だ。
🐾「(……アホか)大丈夫ですか?」

⧄「うっ、大丈夫です」

🐾「では、大丈夫ということで、次の質問です」

⧄「はい」

🐾「では、音楽の話をし出したら止まらなくなるあなたは、高田渡、ザ・ゴールデン・カップス、遠藤賢司、こまどり姉妹、田端義夫などの音楽ドキュメンタリーを作っていますが、その理由をお答え下さい」

⧄「ええ、死ぬ前に、ただ好きなアーティストに会いたいの一念！　で。あっ、何てこと、言わせるんですか!!」

🐾「あなたが勝手に言っただけ。でも、そのわりには、質のいい骨太な音楽映画を作っています。何か、一連の作品を作るきっかけになったことがあるのでしょうか？」

⧄「もちろん、あります。まず、第一に、彼ら、ミュージシャンを記録に残したいという強い思いがありました。美空ひばりの記録はいくらでもあるのに、田端義夫の記録を残さなくていいのか！　そんな思いです。でも、音楽は趣味に留めておこうとずっと思っていたんで……、でも、そんなある時、ニール・ヤングのライブ映画『イヤー・オブ・ザ・ホース』を観たんです。観てみるとわかったのは、撮影機材はその場にあったＨｉ-８だったり、何でもいいんです。決してプロの機材で撮ったものでなくても、いや、そうじゃないからこそ、ライブ感っていうか、その場の偶発的な瞬間が記録されている。決定的瞬間が映像として残ってしまうんです。犯人が不覚にも現場に残してしまう指紋みたいに。そう思ったら、これでいいんだと思いました！　今撮らないといけないものを、とにかく撮るんだ。それまで封印していた箍《たが》が外れました。堂々と、私の好きなアーティスト達の記録を残すことを始めてやろうと思ったんです。で、ホームビデオを片手に、渡さんやカップスのメンバーの小さなライブハウスでの演奏を撮り始めることから始めて……。そして、ライブ映像やインタビュー撮影の編集を繰り返しながら、作品を完成させて行きました。劇映画の作り方とは全くの真逆。答えの無い、シナリオの無い、設計図の無いスリリングな体験です。まるで編集部とのジャムセッションです」

🐾「でも、長年、劇映画を作って来たからじゃないですか？　単なる音楽ライブものに留まらず、ミュージシャンの人柄っていうか、生き様っていうのが、よく出ている作品になってますよ。でも、一方では、好きなミュージシャンに会って、あなたの日頃の憂さ晴らしになっているって言う人もいますが……？」

⧄「それもまた、家人だな？」

　と男は舌を打った。

🐾「（……しつこい男だ）ところで、オムニバス映画『歌謡曲だよ、人生は』も、音楽にこだわるアルタミラらしい作品ですよね？」

⧄「ええ、あれも、私の昭和歌謡への思い入れから作った作品です」

🐾「全くの映像の私物化ですね」

⧄「そんなこと、ないですよ！　昭和歌謡の名曲へのオマージュです」

🐾「そういうとこで、フランス語使うこと自体が嘘くさいんです。でも、あの中で、漫画家の蛭子能収さんが監督した『いとしのマックス』にはシビレました！　荒木一郎の真っ赤なドレスの君に〜♪

って曲に合わせて、武田真治と真っ赤なドレスの女が踊りまくる、その度に真っ赤な血がドビュッ、ドビュッと飛び散って、最後には血みどろ！」

⧄「ええ、蛭子さんはアーティストですから！」

🐾「それと、アルタミラで作った蛭子さん監督の短編映画『諫山節考《いさやまぶしこう》』も、傑出した作品ですよね。一見ナンセンスでシュールなんだけど、人間にある根源的な不安を思い起こさせるような……」

⧄「ええ、あれは、結構評価してくれる人、多いんです。蛭子さんには短編でなくちゃんとした劇映画の監督をして欲しくて、過去に何度か企画したものもあったんですが、なかなか思うようにいかなくて、未だに残念でなりません。矢口監督なんか『いとしのマックス』観て、嫉妬してましたから」

🐾「矢口さんもアーティストですもんね！」

2017年・アルタミラピクチャーズ

どうやら、この対談とやらも終盤に差しかかってきたようだ。私は、エアコンの温度を若干上げてもらった。少し、寒かった、疲れていた。

⧄「大丈夫ですか？」

🐾「ええ、大丈夫、誇り高き映犬ですから……」

⧄「でも、お疲れみたいだ。ささっとやっつけちゃいましょう」

🐾「そうですね、あともう少しですから」

⧄「だけど、この本、藝大から出すんですよね。映犬さんと、こんなふざけた対談しちゃって良かったのかなあ?」
🐾「ふざけた? 私、全く、ふざけてませんよ。かなり、本質的なとこ、突いたつもりですけど!」
⧄「わかってます。鋭いご指摘、いっぱいでした」
🐾「わん、わん!」
　私はもうひと踏ん張りすることにした……。
🐾「では、まとめに入ります。こうやって、長い時間、お話を伺ってきましたが、詰まるところ、慈悲深い大映という会社に拾ってもらわなかったら、頭が良くて人柄の良い周防監督、磯村監督、矢口監督に出会わなかったら、そして軽いノリで優しい小形さんに背中を押してもらえなかったら、あなたの映画道はあり得なかったということですね」
⧄「はい、それが、私の一番言いたいことです。何度も言うようですが、出会いと運が全てでした。それと、アルタミラ設立時からずっと仕事を共にしてきた、山川雅彦、堀川慎太郎、土本貴生の三人のプロデューサー達。彼らは、製作部は元よりあらゆる業務に精通していて、どのパートも労を厭《いと》わずこなします。私の言うプロデューサーとはまさしく彼らのことです」
　私はここで、もう一人、アルタミラピクチャーズに忘れてはならない人がいたのを思い出した。男が姿勢を正した。
⧄「そして、もう一人、佐々木芳野プロデューサーがいます。彼女は病気で亡くなるその日まで、常に私の心強い片腕としていつも側にいてくれました」

🐾「片腕どころか、両腕、両足でおましたな〜」
⧄「ええ、そのとおり！　彼女は、自分のお葬式までプロデュースしました」
🐾「芳野さんの分まで、おきばりやす！」
　少々、湿っぽくなってしまった。すると、男が立ち上がった。

「お茶、入れ替えましょう」
　これで男が入れてくれたお茶は何杯目だろうか？　目の前に、白い湯気が昇る茶碗が二つ並んだ。それを見て、私は不覚にも尻尾を振ってしまった。
「可愛いなあ〜。子供の頃飼っていたコロちゃんに似ている」と、男も不覚にも言ってしまったのだろう。私は、思い切って聞いてみた。
🐾「あなたは、笑いとユーモアとダンスこそが、人間の人間たる所以だって言いましたね？」
⧄「ええ、言いました。あなたも同感してくれたじゃないですか？」
🐾「ええ、同感しました。でもね、犬だって同じなんです。笑いとユーモアとダンスは、犬の犬たる所以でもあるんですよ！」
　男は慌てて口を開いた。
⧄「そ、そうでした！　犬好きの私としたことが、大事なことを忘れていました。コロちゃんもユーモアの塊みたいなダンス好きの犬だった！」
🐾「落ち着きの無い竹輪の好きな白い雑種ですね？」

▱「ええ、いつもヘロヘロ笑って転がり回っていました」
🐾「じゃ、私のヒップホップ、見ます?」
▱「はい、ぜひ、見せて下さい!」
私は、後ろ足を蹴り上げ、踊り始めた。尻尾を振って、転がった。前足で逆立ちして、ヘロヘロ笑った。歌った。回り続けた。転がった。『Shall we ダンス?』という音楽が聞こえてきた。笑った、歌った、踊った。男も、笑った、転がった……。

私の好きな映画ベストテン

🐾「ハア、ハア、ハア、ハア、ハアダア、ゼイ、カム、ちょっと踊って、息がきれた、わん、わん!」
▱「ハア、ダア、ゼイ、カム。私もです」
男と私は、顔を見合わせて笑った。人間には二種類ある。スウィングする人間とスウィングしない人間と……。
🐾「では、最後に、あなたの好きな映画ベストテンを教えて下さい」
▱「えっ、いきなり言われても難しいですよ」
🐾「じゃ、ベストスリーでもいいですよ。数が多けりゃいいってわけじゃないですから、ベストテンだって多いくらいです。こういうのって、絞り込んだ方が、あなたって人がわかりやすくなるもんなんです」

☑「いや、ベストスリーなんて、もっと難しくて、一生、結論出ません」
そう言って、男が迷いに迷って挙げた十作品である。順は不同である。

ジャン・ルノワール『ゲームの規則』、イングマール・ベルイマン『沈黙』、ロバート・アルトマン『ナッシュビル』、エルマンノ・オルミ『木靴の樹』、ボブ・クラーク『ポーキーズ』、山田洋次『家族』、フェデリコ・フェリーニ『アマルコルド』、ウディ・アレン『マンハッタン』、吉村公三郎『源氏物語』、エミール・クストリッツァ『黒猫・白猫』
☑「あと、ニコラス・ローグの『地球に落ちてきた男』」
🐾「ブーッ！　それは、反則。十一は認められません」
おそらく明日同じことを聞けば、全く違った答えが返ってくるだろう。そのくらい、B型の男は迷いに迷っていた。
🐾「では、ここにあなたの指紋、Fingerprint を頂けますか？」
と、私は、白い紙と青いスタンプインクを男の前に差し出した。
☑「えっ？」
🐾「ここまでのお話、あなたの供述調書ですから……」
☑「それじゃ、まるで犯人扱いじゃないですか？」

🐾「違いますか？」

⧄「……………」

　男は、しばらく黙ってじっと何かを考えていたが、自分の親指を青いインクに大人しく下ろすと、まだ何も書かれていないまっさらな紙にギュッと押しつけた。私は、この青い指紋の滲むまっさらな紙に、男から聞いた話をそのまま書き写すだろう。

　そして、男の出してくれたほろ苦いチョコレートを齧《かじ》り、お茶を飲み干した。私は帰り支度を始めた。

「映犬さん、今日はありがとうございました。あなたのおかげで、なんか、いいインタビューになったような気がします」

「気が……？」

「いや、なりました」

「ええ、私のおかげでね」

「ところで、映犬さんは、普段、何をされているんですか？」

「普段ですか？　普段は、何処にでもいる主婦犬ですよ。落ち着きのない主人の帰りを待って、風呂掃除したり、洗濯したり、夕飯作ったり、皿洗いしたり。毎日、毎日、同じことの繰り返し。昔のあなたみたいな、泳げたい焼きくんです。でも、私にはいつか海に出られる兆《きざ》しもないし、あなたみたいな出会いもありません。だから、映画を観るのかなあ～。じゃ、失礼しますね」

そう言って外に出ると、渋谷の街には夕闇が降りていて、西の空にキラキラ光る金星と細い月がぶらさがっていた、わん。

＊1
磯村一路（いそむらいつみち）
1949年、岐阜県生まれ。早稲田大学第一文学部卒業後、デザイン事務所に営業職として就職するが、半年ほどで退社。その頃から映画製作に興味を持ち、アルバイトをしながら自主映画を作り、ジャズ喫茶などで上映会を行う。77年、若松孝二監督に師事し助監督となる。無給で電話番をするなどの下積みを経て、79年に福岡芳穂、鈴木敬晴と共に、オムニバス映画『レイプゾーン／犯しの履歴書』で監督デビュー。以降、監督業の傍ら神代辰巳、高橋伴明、崔洋一らの作品で助監督や製作主任を務める。82年、若松孝二監督から「そろそろ自分たちで好きなことをやってみたらどうだ」との助言を受け、当時一緒に仕事をしていた福岡芳穂、水谷俊之、米田彰、周防正行と共に青山に事務所を構え映画制作集団「ユニット・ファイブ」を結成。ピンク映画の監督や一般映画の助監督などを行う。83年から87年にわたり新東宝で手がけた作品では北川徹名義で監督。89年、『ギャッピー　ぼくらはこの夏ネクタイをする！』で一般映画の監督デビュー。91年、大映で桝井省志のプロデュースのもと、山本直樹原作『あさってＤＡＮＣＥ』を監督。93年、桝井省志、小形雄二、周防正行と共に「アルタミラピクチャーズ」を設立。98年、『がんばっていきまっしょい』でキネマ旬報ベストテン第3位、文化庁芸術選奨文部大臣新人賞など多数の映画賞を受賞。2002年、『船を降りたら彼女の島』では、アメリカのInternational Family Film Festivalにおいて長編・ドラマ部門賞を受賞。04年に監督した『解夏（げげ）』は大ヒットとなる。その他にも、『群青の夜の羽毛布』（02）、『雨鱒の川』（04）、『瞬　またたき』（10）、戦後70年記念作品『おかあさんの木』（15）と、緻密な演出と深い情感を湛えた作品を発表し続ける。

＊2
周防正行（すおまさゆき）
1956年、東京都生まれ。幼少時代は野球と映画に明け暮れる日々を過ごす。立教大学文学部仏文科在学中に映画評論家の蓮實重彦の講義を受けたのをきっかけに映画監督を志し、自主映画を製作し始める。大学4年生の頃、友人の勤める店の常連だった高橋伴明監督に願い出て『少女情婦』の助監督となる。その後は高橋伴明監督の他にも、若松孝二監督、井筒和幸監督らの作品に助監督として参加し、多忙な日々を送る。82年、高橋伴明監督がディレクターズ・カンパニーに参加したのを機に、磯村一路らと共に「ユニット・ファイブ」を結成。84年、『スキャンティドール　脱ぎたての香り』（水谷俊之監督）で脚本デビュー。同年、小津安二郎監督にオマージュを捧げた『変態家族・兄貴の嫁さん』で念願の監督デビューを果たす。異彩を放つこの作品で注目の人となる。86年、蛭子能収原作のＴＶ『サラリーマン教室　係長は楽しいな』、87年、映画『マルサの女』

（伊丹十三監督）のメイキング『マルサの女をマルサする』を監督。89年、当時大映に在籍していた桝井省志がプロデューサーを務める『ファンシイダンス』を監督。92年、『シコふんじゃった。』で日本アカデミー賞最優秀作品賞を受賞。93年、「アルタミラピクチャーズ」の設立に参加。96年、社交ダンスブームを巻き起こした『Shall we ダンス？』で第20回日本アカデミー賞13部門独占受賞という快挙を果たした。この作品は２００５年にハリウッドでリメイクもされた。07年、『それでもボクはやってない』が公開され、各映画賞を受賞。11年、『ダンシング・チャップリン』が公開。単館上映にもかかわらず、ロングランヒットとなり話題を呼んだ。12年、『Shall we ダンス？』以来16年ぶりのコンビとなる、草刈民代と役所広司を迎え、『終の信託』を監督。14年には長年温めていた企画である『舞妓はレディ』を監督する。その独自なテーマを徹底的に追求する作品は、常に世間から注目される。そして16年には芸術などの分野で功績のあった人に贈られる紫綬褒章を受賞する。

＊3　矢口史靖（やぐちしのぶ）
１９６７年、神奈川県生まれ。86年、東京造形大学に入学。映画研究会に入り、一年先輩にあたる鈴木卓爾に影響を受けて8ミリ映画を作るようになる。美術助手として『TOKYO POP』（フラン・ルーベル・クズイ監督 87）、『THE MASTER OF SHIATSU　指圧王者』（石井聰亙監督 89）、『危ない話』の一編『奴らは今夜もやってきた』（黒沢清監督 89）などに参加。特殊美術助手としてテレビ作品「恐竜戦隊ジュウレンジャー」（92〜93）、「特捜ロボ　ジャンパーソン」（93〜94）も経験する。90年に自主製作した8ミリ映画『雨女』が、ぴあフィルムフェスティバル（ＰＦＦ）のグランプリを受賞。同賞のスカラシップ作品、『裸足のピクニック』（93）で劇場映画デビューを果たす。その後、『ひみつの花園』（97）、『アドレナリンドライブ』（99）では独特なユーモアのセンスが高く評価される。２００１年には男子高校生のシンクロナイズド・スイミングを描いた『ウォーターボーイズ』が大ヒットを記録。一躍注目を集める。その後、女子高校生のビッグバンドジャズを描いた『スウィングガールズ』（04）では日本アカデミー賞最優秀脚本賞を受賞。日本を代表する青春映画の傑作を立て続けに生み出した。続いて『ハッピーフライト』（08）では航空業界の裏側を、『ロボジー』（12）ではロボット業界と独居老人を、『WOOD JOB!〜神去なあなあ日常〜』（14）では林業をと、常にユニークな題材を独自の視点で描き、ユーモアと感動にあふれた優れた作品を生み出し続けている。94年からは鈴木卓爾と共に、ワンシーン・ワンカットの一話完結ドラマ『ONE PIECE』を自主製作映画として手がけ、現在も継続的に作り続けている。17年には電気が消滅した世界を描いた最新作『サバイバルファミリー』を監督した。

10

桝井省志
アルタミラピクチャーズ
フィルモグラフィ

桝井省志（ますいしょうじ）

映画プロデューサー。1956年、愛媛県生まれ。上智大学文学部哲学科卒。大映を経て、アルタミラピクチャーズ、アルタミラミュージックを設立。東京藝術大学大学院映像研究科映画専攻プロデュース領域教授。

犬死にせしもの（1986）

アシスタントプロデューサー　桝井省志☆
プロデューサー　山本勉
監督　井筒和幸
原作　西村望
脚本　西岡琢也　井筒和幸
撮影　藤井秀男
照明　山下礼二郎
美術　下石坂成典　若瀬豊
録音　神戸孝憲
整音　福島信雅
音楽　武川雅寛
編集　谷口登司夫
助監督　大谷康之
製作主任　足立源一郎
出演　真田広之　安田成美
製作　大映　ディレクターズ・カンパニー
配給　松竹（公開時）／KADOKAWA
受賞歴　ヨコハマ映画祭（主演女優賞＝安田成美／最優秀新人賞＝今井美樹）

敦煌（1988）

製作宣伝　桝井省志☆
プロデューサー　結城良熙　馬万良　佐藤正大
監督　佐藤純彌
原作　井上靖
脚本　吉田剛　佐藤純彌
撮影　椎塚彰
照明　梅谷茂
美術　徳田博
録音　橋本泰夫
音楽　佐藤勝
編集　鈴木晄
助監督　桃沢裕幸
製作担当　桜井勉
出演　西田敏行　佐藤浩市
製作　映画「敦煌」製作委員会
配給　東宝（公開時）／KADOKAWA

受賞歴　日本アカデミー賞（最優秀作品賞／監督賞）

ファンシィダンス（1989）

プロデューサー　桝井省志☆
プロデューサー補　南里幸
監督・脚本　周防正行
原作　岡野玲子
撮影　長田勇市
照明　長田達也
美術　大橋実
録音　米山靖
音楽　周防義和
編集　菊池純一
助監督　松本泰生
製作担当　森賢正
出演　本木雅弘　鈴木保奈美
製作　大映
配給　大映（公開時）／KADOKAWA

あさってDANCE（1991）

プロデューサー　桝井省志☆
監督　磯村一路
原作　山本直樹
脚本　香川まさひと
撮影　長田勇市
照明　豊見山明長
美術　田澤博
録音　川嶋一義
音楽　渡辺勝
編集　菊池純一
助監督　山川元
製作担当　佐々木芳野
出演　中嶋朋子　石橋保
製作　大映
配給　大映（公開時）／KADOKAWA
受賞歴　日本映画プロフェッショナル大賞（主演女優賞＝中嶋朋子／ベストテン第3位）

ヤンキー愚連隊 なんぼのもんじゃい！（1991）

プロデューサー　桝井省志☆　八木隆
監督　長嶺高文
原作　どおくまんプロ
脚本　平野靖士　平野美枝
撮影　志賀葉一
照明　白石宏明
美術　手塚常光

録音　鈴木昭彦
音楽　国本佳宏
編集　荒井真琴
助監督　横田修一
製作担当　小谷圭
出演　古本新之輔　大森嘉之
製作　大映

シコふんじゃった。（1992）

プロデューサー　桝井省志☆
監督・脚本　周防正行
撮影　栢野直樹
照明　長田達也
美術　部谷京子
録音　米山靖
音楽　周防義和
編集　菊池純一
助監督　高野敏幸
製作担当　佐々木芳野
出演　本木雅弘　清水美砂
製作　大映　キャビン
配給　東宝（公開時）／KADOKAWA
受賞歴　日本アカデミー賞（最優秀作品賞／最優秀監督賞／最優秀脚本賞／最優秀主演男優賞＝本木雅弘／優秀助演男優賞＝竹中直人／優秀助演女優賞＝清水美砂）　毎日映画コンクール（日本映画大賞）　キネマ旬報ベストテン（委員選出日本映画部門第1位／読者選出日本映画部門第2位／監督賞）　ブルーリボン賞（作品賞／監督賞／主演男優賞＝本木雅弘）　報知映画賞（最優秀作品賞／最優秀主演男優賞＝本木雅弘／最優秀主演女優賞＝清水美砂）　高崎映画祭（最優秀作品賞／最優秀監督賞／最優秀新人賞＝清水美砂）　日刊スポーツ映画大賞（作品賞）　日本映画監督協会新人賞（周防正行）

オールナイトロング（1992）

プロデューサー　桝井省志☆　小林紘
監督・脚本　松村克弥
撮影　村川聡
照明　伊藤寛
美術　小林正巳
録音　中村裕司
音楽　秋山勝彦　岩永龍則
編集　矢船陽介
助監督　桧垣雄二
製作担当　古沢敏文
出演　角田英介　家富洋二

製作　大映映像

特攻レディース 夜露死苦！（1994）

プロデューサー　和泉吉秋　佐々木芳野
監督　磯村一路
脚本　田村真冬　磯村一路
撮影　長田勇市
照明　豊見山明長
美術　細石照美
録音　茶畑三男
編集　菊地純一
監督補　山川元
出演　山内麻揶　佐藤忍
製作　大映
製作プロダクション　アルタミラピクチャーズ

Shall we ダンス？（1996）

プロデューサー　桝井省志☆　小形雄二
監督・脚本　周防正行
撮影　栢野直樹
照明　長田達也
美術　部谷京子
録音　米山靖
音楽　周防義和
編集　菊池純一
監督補　山川元
製作担当　渡井敏久
出演　役所広司　草刈民代
製作　大映　日本テレビ放送網　博報堂　日本出版販売
配給　東宝（公開時）／KADOKAWA
製作プロダクション　アルタミラピクチャーズ
受賞歴　芸術選奨優秀映画作品賞　毎日映画コンクール（日本映画大賞／監督賞／脚本賞／男優主演賞＝役所広司／女優助演賞＝草村礼子／日本映画ファン賞）　日本アカデミー賞（最優秀作品賞／最優秀監督賞／最優秀脚本賞／最優秀主演男優賞＝役所広司／最優秀主演女優賞＝草刈民代／最優秀助演男優賞＝竹中直人／最優秀助演女優賞＝渡辺えり子／優秀助演女優賞＝草村礼子／最優秀音楽賞／最優秀撮影賞／最優秀照明賞／最優秀美術賞／最優秀録音賞／最優秀編集賞／優秀新人俳優賞＝草刈民代）　アメリカ放送映画批評家協会賞（外国語映画賞）　ブルーリボン賞（男優主演賞＝役所広司）報知映画賞（作品賞／主演男優賞＝役所広司／助演女優賞＝渡辺えり子）　高崎映画祭（最優秀監督賞／主演男優賞＝役所広司／最優秀助演女優賞＝草村礼子）　日刊スポーツ映画大賞（作品賞／主演男優賞＝役所広司／助演女優賞＝渡辺えり子）　キネマ旬報ベストテン（日本映画第1位／脚本賞／

男優賞＝役所広司／助演女優賞＝草村礼子／新人女優賞＝草刈民代） 芸術選奨新人賞（周防正行）

目を閉じて抱いて（1996）
プロデューサー 小西啓介 代情明彦 公野勉 佐々木芳野
監督 磯村一路
原作 内田春菊
脚本 本調有香
撮影監督 長田勇市
美術 中島順子
整音 茶畑三男
音楽 坂口博樹
編集 菊池純一
助監督 七字幸久
製作主任 平岡由里可
出演 武田久美子 髙橋和也
製作・配給 東北新社
製作プロダクション アルタミラピクチャーズ

卓球温泉（1998）
プロデューサー 桝井省志☆ 有重陽一
監督・脚本 山川元
撮影 喜久村徳章
照明 白石宏明
美術 金勝浩一
録音 米山靖
音楽 岩代太郎
編集 大永昌弘
助監督 田胡直道
製作担当 鈴木勇
出演 松坂慶子 牧瀬里穂
製作 大映 日本テレビ放送網 博報堂 日本出版販売
配給 東宝（公開時）／KADOKAWA
製作プロダクション アルタミラピクチャーズ

がんばっていきまっしょい（1998）
プロデュース 桝井省志☆ 宅間秋史
製作 周防正行
監督・脚本 磯村一路
原作 敷村良子
撮影 長田勇市
照明 豊見山明長
美術 磯田典宏
録音 郡弘道
編集 菊池純一
音楽 リーチェ with ペンギンズ

助監督　七字幸久
製作担当　濱岡貴史
出演　田中麗奈　中嶋朋子
製作　フジテレビジョン　ポニーキャニオン　アルタミラピクチャーズ
配給　東映（公開時）／アルタミラピクチャーズ
製作プロダクション　アルタミラピクチャーズ
受賞歴　毎日映画コンクール（日本映画優秀賞）　日本映画批評家大賞（スターライト賞）　全国映連賞（監督賞）　文化庁優秀映画作品賞　朝日ベストテン映画祭（第1位）　日本インターネット映画大賞（日本映画部門作品賞）　報知映画賞（新人賞＝田中麗奈）　日本映画プロフェッショナル大賞（監督賞／主演女優賞＝田中麗奈）　芸術選奨新人賞（磯村一路）

ウォーターボーイズ（2001）
エグゼクティブプロデューサー　桝井省志☆
プロデューサー　宅間秋史　関口大輔　佐々木芳野
監督・脚本　矢口史靖
撮影　長田勇市
照明　長田達也
美術　清水剛
録音　郡弘道
音楽　松田岳二　冷水ひとみ
編集　宮島竜治
助監督　片島章三
製作担当　大西洋志
出演　妻夫木聡　玉木宏
製作　フジテレビジョン　アルタミラピクチャーズ　東宝　電通
配給　東宝
製作プロダクション　アルタミラピクチャーズ
受賞歴　毎日映画コンクール（日本映画優秀賞）　日本アカデミー賞（優秀作品賞／優秀監督賞／優秀脚本賞／優秀主演男優賞＝妻夫木聡／新人俳優賞＝妻夫木聡／最優秀音楽賞／優秀録音賞／優秀編集賞）　ヨコハマ映画祭（日本映画ベストテン第2位）　ゴールデン・アロー賞（映画新人賞＝妻夫木聡）　日本映画プロフェッショナル大賞（特別賞＝妻夫木聡&ボーイズ）　藤本賞・奨励賞（桝井省志）

黄昏流星群　同窓会星団（2002）
企画協力　桝井省志☆　竹内夕紀
プロデューサー　八木廣　岡本晃一
監督　山川元
原作　弘兼憲史
脚本　磯村一路　山川元
撮影　北澤弘之

照明　蜂谷芳昭　和栗一彦
装飾　陣野公彦
録音　益子宏明
音楽　百石元
編集　石川浩通
助監督　山口晃二
製作担当　土本貴生
出演　神田正輝　原日出子
製作　弘兼憲史シネマ劇場製作委員会
配給　日本ビクター
製作プロダクション　アルタミラピクチャーズ

黄昏流星群 星のレストラン（2002）

企画協力　桝井省志☆　竹内夕紀
プロデューサー　八木廣　岡本晃一
監督・脚本　富岡忠文
原作　弘兼憲史
撮影　佐々木原保志
照明　安河内央之
美術　澤路和範
録音　深田晃
音楽　百石元　西村ヒロ
編集　石川浩通

助監督　山口晃二
製作担当　鈴木嘉弘　土本貴生
出演　石橋蓮司　鳥羽潤
製作　弘兼憲史シネマ劇場製作委員会
配給　日本ビクター
製作プロダクション　アルタミラピクチャーズ

ドッジGO！GO！（2002）

製作　大里洋吉　山本久　宮下昌幸　桝井省志☆
プロデューサー　市毛るみ子　佐々木芳野
監督　三原光尋
原作・脚本　相良敦子
撮影　柴主高秀
照明　長田達也
美術　磯田典宏
録音　郡弘道
音楽　上野洋子
編集　宮島竜治
助監督　山口晃二
製作担当　鈴木嘉弘
出演　筧利夫　田島有魅香
製作　アミューズ　サイダス　アミューズコリア
配給　アミューズ

製作プロダクション　アルタミラピクチャーズ

諫山節考（２００２）

プロデューサー　長井信也　廣瀬哲　島崎房夫　千葉信介
アソシエイトプロデューサー　小形雄二　佐々木芳野　堀川慎太郎
監督・脚本　蛭子能収
撮影　高瀬比呂志
照明　赤津淳一
装飾　佐藤孝之
録音　関根光晶
音楽　諫山実生
編集　杉崎聡
助監督　山口晃二
製作担当　土本貴生
出演　ベンガル　伊佐山ひろ子
製作　東芝ＥＭＩ
製作プロダクション　アルタミラピクチャーズ　東京乾電池オフィス

船を降りたら彼女の島（２００３）

プロデューサー　桝井省志☆　小形雄二　佐々木芳野
監督・脚本　磯村一路
撮影　柴主高秀
照明　長田達也
美術　新田隆之
録音　郡弘道
音楽　押尾コータロー
編集　菊池純一
助監督　吉村達矢
製作担当　土本貴生
出演　木村佳乃　大杉漣
製作　えひめ映画製作委員会
配給・製作プロダクション　アルタミラピクチャーズ
受賞歴　IFFF（International Family Film Festival）長編・ドラマ部門賞（アメリカ）

解夏（２００４）

製作　亀山千広　見城徹　島谷能成　遠谷信幸　桝井省志☆
プロデューサー　関口大輔　瀬川ネリ　佐々木芳野
監督・脚本　磯村一路
原作　さだまさし
撮影　柴主高秀
照明　豊見山明長
美術　小澤秀高
録音　横溝正俊

音楽　渡辺俊幸
編集　菊池純一
助監督　山口晃二
製作担当　毛利達也
出演　大沢たかお　石田ゆり子
製作　フジテレビジョン　幻冬舎　東宝　電通　アルタミラピクチャーズ
配給　東宝
製作プロダクション　アルタミラピクチャーズ
受賞歴　日本アカデミー賞（優秀主演男優賞＝大沢たかお）
ヨコハマ映画祭（撮影賞）

タカダワタル的（2004）

製作　桝井省志☆　小形雄二
企画　柄本明
プロデューサー　土本貴生
監督　タナダユキ
撮影　長田勇市
録音　郡弘道
音楽　高田渡
編集　三橋寿美代
出演　高田渡　柄本明
製作・配給・製作プロダクション　アルタミラピクチャーズ

受賞歴　ヨコハマ映画祭（助演男優賞＝柄本明）

スウィングガールズ（2004）

エグゼクティブプロデューサー　桝井省志☆
プロデューサー　関口大輔　堀川慎太郎
監督・脚本　矢口史靖
撮影　柴主高秀
照明　長田達也
美術　磯田典宏
録音　郡弘道
音楽　ミッキー吉野　岸本ひろし
編集　宮島竜治
助監督　片島章三
製作担当　前村祐子
出演　上野樹里　平岡祐太
製作　フジテレビジョン　アルタミラピクチャーズ　東宝　電通
配給　東宝
製作プロダクション　アルタミラピクチャーズ
受賞歴　日本アカデミー賞（優秀作品賞／話題賞作品部門／優秀監督賞／最優秀脚本賞／最優秀音楽賞／最優秀録音賞／最優秀編集賞／新人俳優賞＝平岡祐太）　ヨコハマ映画祭（脚本賞／撮影賞／最優秀新人賞＝上野樹里）　日本映画・テ

レビ録音協会（録音賞奨励賞）　日本映画批評家大賞（作品賞）　毎日映画コンクール（スポニチグランプリ新人賞＝上野樹里）　日本レコード大賞（企画賞）　日本ゴールドディスク大賞（サウンドトラック・アルバム・オブ・ザ・イヤー）
エランドール賞・奨励賞（桝井省志）

ザ・ゴールデン・カップス ワンモアタイム（2004）

製作　桝井省志☆
プロデューサー　土本貴生
監督　サン・マー・メン
撮影　長田勇市
録音　郡弘道
編集　宮島竜治
音楽　ミッキー吉野
出演　ザ・ゴールデン・カップス（デイヴ平尾　ケネス伊東　エディ藩　ルイズルイス加部　マモル・マヌー　ミッキー吉野）
製作・配給・製作プロダクション　アルタミラピクチャーズ
受賞歴　ヨコハマ映画祭（審査員特別賞）　東スポ映画大賞（ビートたけしのエンタテイメント賞　話題賞受賞＝ザ・ゴールデン・カップス）

不滅の男 エンケン対日本武道館（2005）

製作　桝井省志☆
プロデューサー　土本貴生
監督・脚本・音楽・出演　遠藤賢司
撮影　長田勇市
照明　湯浅康正
舞台美術　森正
録音　郡弘道
編集　村上雅樹　遠藤賢司
製作・配給　アルタミラピクチャーズ
製作プロダクション　アルタミラミュージック

それでもボクはやってない（2007）

エグゼクティブプロデューサー　桝井省志☆
プロデューサー　関口大輔　佐々木芳野　堀川慎太郎
監督・脚本　周防正行
撮影　栢野直樹
照明　長田達也
美術　部谷京子
録音　阿部茂
音楽　周防義和
編集　菊池純一
助監督　片島章三

製作担当　毛利達也
出演　加瀬亮　役所広司
製作　フジテレビジョン　アルタミラピクチャーズ　東宝
配給　東宝
製作プロダクション　アルタミラピクチャーズ
受賞歴　日本アカデミー賞（優秀作品賞／優秀監督賞／優秀脚本賞／優秀主演男優賞＝加瀬亮／最優秀助演女優賞＝もたいまさこ／優秀音楽賞／優秀撮影賞／優秀照明賞／最優秀美術賞／優秀録音賞／最優秀編集賞）　毎日映画コンクール（日本映画大賞／監督賞）　報知映画賞（最優秀邦画作品賞／最優秀主演男優賞＝加瀬亮）　日刊スポーツ映画大賞（監督賞／作品賞）　キネマ旬報ベストテン（日本映画第1位／作品賞／監督賞／脚本賞／主演男優賞＝加瀬亮）　ブルーリボン賞（監督賞／主演男優賞＝加瀬亮）　東京スポーツ映画大賞（監督賞／助演男優賞＝正名僕蔵）　ヨコハマ映画祭（作品賞／監督賞／主演男優賞＝加瀬亮）　日本映画プロフェッショナル大賞（作品賞／主演男優賞＝加瀬亮／ベストテン第1位）　報知映画賞（作品賞／主演男優賞＝加瀬亮）　日本インターネット映画大賞（日本映画部門監督賞／日本映画部門主演男優賞＝加瀬亮／助演女優賞＝もたいまさこ）　山路ふみ子映画賞（周防正行）　芸術選奨文部科学大臣賞（周防正行）　エランドール賞・プロデューサー賞（桝井省志）　SARVH賞【年間最優秀プロデューサー賞】（桝井省志）

歌謡曲だよ、人生は（2008）
製作　桝井省志☆
プロデューサー　佐々木芳野　堀川慎太郎　土本貴生
監督・脚本　磯村一路　七字幸久　タナカ・T　片岡英子　三原光尋　水谷俊之　蛭子能収　宮島竜治　矢口史靖　おさだたつや　山口晃二
撮影　小川真司　永森芳伸　斉藤幸一　池内義浩　栢野直樹　長田勇市　芦澤明子　志賀葉一　柴主高秀　釘宮慎治
照明　長田達也　中村裕樹　大沢佳子　佐々木英二　白石宏明　松本竜司　鈴木康介　舘野秀樹
美術　新田隆之　池谷仙克
録音　笠原秀樹　郡弘道　小川武　土屋和之　永峯康弘　滝澤修
音楽　林祐介　マーティー・フリードマン　荒木将器　松田幸一　羽毛田丈史
編集　宮島竜治　菊池純一　森下博昭　小林由加子　村上雅樹
助監督　毛利安孝　吉田亮　山川雅彦　菅原丈雄　谷口正晃　藤澤浩和
製作担当　齋藤玉恵　井手浩一朗　前村祐子
出演　妻夫木聡　吉高由里子
製作　アルタミラピクチャーズ　ポニーキャニオン　ザナドゥー
配給　アルタミラピクチャーズ

製作プロダクション　アルタミラピクチャーズ

タカダワタル的ゼロ（2008）

製作　桝井省志☆
企画　柄本明　高田友恵
プロデューサー　土本貴生
監督・撮影　白石晃士
撮影　長田勇市
整音　郡弘道
音楽録音　原島正治　鳥光浩樹
音楽　高田渡　泉谷しげる
編集　森下博昭
出演　高田渡　泉谷しげる
製作　アルタミラミュージック
配給・製作プロダクション　アルタミラピクチャーズ

ハッピーフライト（2008）

エグゼクティブプロデューサー　桝井省志☆
プロデューサー　関口大輔　佐々木芳野　堀川慎太郎
監督・脚本　矢口史靖
撮影　喜久村徳章
照明　長田達也
美術　瀬下幸治
録音　甲斐匡
音楽　ミッキー吉野
編集　宮島竜治
助監督　山口晃二
製作担当　荒木正人　齋藤玉恵
出演　田辺誠一　綾瀬はるか
製作　フジテレビジョン　アルタミラピクチャーズ　東宝
電通
配給　東宝
製作プロダクション　アルタミラピクチャーズ

こまどり姉妹がやって来るヤァ！ヤァ！ヤァ！（2009）

製作　桝井省志☆
プロデューサー　土本貴生　山川雅彦
監督　片岡英子
撮影　長田勇市
録音　郡弘道
編集　村上雅樹　宮島竜治
出演　こまどり姉妹（長内栄子　長内敏子）
製作・配給・製作プロダクション　アルタミラピクチャーズ
受賞歴　キネマ旬報ベストテン（文化映画第7位）

キラー・ヴァージンロード（2009）
プロデューサー　中町有朋　岡田有正　土本貴生
監督・脚本　岸谷五朗
原案　片岡英子
脚本　川崎いづみ
撮影　江原祥二
照明　吉角荘介
美術　清水剛
録音　志満順一
音楽　大崎聖二
編集　宮島竜治
助監督　伊藤良一
製作担当　前村祐子
出演　上野樹里　木村佳乃
製作　「キラー・ヴァージンロード」製作委員会
配給　東宝
製作プロダクション　アルタミラピクチャーズ

瞬　またたき（2010）
製作　細野義朗　桝井省志☆
プロデューサー　岩倉達哉　堀川慎太郎
監督・脚本　磯村一路
原作　河原れん
撮影　柴主高秀
照明　豊見山明長
美術　新田隆之
録音　滝澤修
音楽　渡辺俊幸
編集　菊池純一
助監督　安達耕平
製作担当　髙橋誠喜
出演　北川景子　岡田将生
製作　「瞬」製作委員会
配給　S・D・P
製作プロダクション　アルタミラピクチャーズ

七つまでは神のうち（2011）
プロデューサー　髙橋樹里　土本貴生　山川雅彦　堀川慎太郎
監督・原作・脚本　三宅隆太
撮影　長野泰隆
照明　児玉淳
美術　福田宣
整音　杵山京一
音楽　遠藤浩二
編集　村上雅樹
助監督　井上雄介

製作担当　内山亮
出演　日南響子　霧島れいか
製作　スターダスト音楽出版
配給　S・D・P
製作プロダクション　アルタミラピクチャーズ

ダンシング・チャップリン（2011）
プロデューサー　佐々木芳野　土屋健　関口大輔　稲葉直人
桝井省志☆　堀川慎太郎
監督・構成　周防正行
撮影　寺田緑郎　西村博光　高岡ヒロオ
照明　長田達也　中山安孝
録音　坂上賢治
整音　杉山篤
音楽　C・チャップリン　F・カルピ　J・S・バッハ　周防義和
編集　尾形竜太
出演　ルイジ・ボニーノ　草刈民代
製作　フジテレビジョン　東宝　アルタミラピクチャーズ　電通　スオズ
配給　アルタミラピクチャーズ　東京テアトル
製作プロダクション　アルタミラピクチャーズ
受賞歴　読売映画・演劇広告賞（映画部門＝アルタミラピクチャーズデザイン部）

ロボジー（2012）
エグゼクティブプロデューサー　桝井省志☆
プロデューサー　稲葉直人　堀川慎太郎　土本貴生
監督・脚本　矢口史靖
撮影　柳島克己
照明　長田達也
美術　新田隆之
録音　郡弘道
音楽　ミッキー吉野
編集　宮島竜二
助監督　山口晃二
製作担当　花岡佐知子
出演　五十嵐信次郎　吉高由里子
製作　フジテレビジョン　東宝　電通　アルタミラピクチャーズ
配給　東宝
製作プロダクション　アルタミラピクチャーズ
受賞歴　おおさかシネマフェスティバル（新人男優賞＝五十嵐信次郎）

終の信託（2012）

エグゼクティブプロデューサー　桝井省志☆
プロデューサー　土屋健　稲葉直人　堀川慎太郎　土本貴生
監督・脚本　周防正行
原作　朔立木
撮影　寺田緑郎
照明　長田達也
美術　磯田典宏
録音　郡弘道
音楽　周防義和
編集　菊池純一
助監督　片島章三
製作担当　島根淳
出演　草刈民代　役所広司
製作　フジテレビジョン　東宝　アルタミラピクチャーズ
配給　東宝
製作プロダクション　アルタミラピクチャーズ
受賞歴　毎日映画コンクール（日本映画大賞）　日本アカデミー賞（優秀主演女優賞＝草刈民代）　キネマ旬報ベストテン（監督賞）　全国映連賞（監督賞／男優賞＝役所広司／女優賞＝草刈民代）　日本映画批評家大賞（助演男優賞＝大沢たかお）　三浦賞（新人賞＝寺田緑郎）　山路ふみ子映画賞（周防正行）

バルーンリレー（2012）

プロデューサー　土本貴生　山川雅彦
監督・脚本　藤村享平
原案　馬場大介
撮影　志賀葉一
照明　赤津淳一
美術　高橋努
録音　日下部雅也
音楽　濱﨑明寿
編集　伊藤伸行
助監督　石井晋一
製作担当　高橋誠喜
出演　刈谷友衣子　大久保祥太郎
製作　SKIPシティ彩の国ビジュアルプラザ
配給　東京テアトル　デジタルSKIPステーション
製作プロダクション　アルタミラピクチャーズ

オース！バタヤン（2013）

製作　桝井省志☆
プロデューサー　山川雅彦
監督　田村孟太雲
撮影　長田勇市　大沢佳子
録音　郡弘道

編集 鈴木理 菊井貴繁
出演 田端義夫 浜村淳
製作・配給・製作プロダクション アルタミラピクチャーズ
受賞歴 日本映画批評家大賞（ドキュメンタリー賞） 日本映画ペンクラブ（文化映画部門第1位）

オシャレ番外地（2013）

プロデューサー 磯村一路 堀川慎太郎 土本貴生
監督・脚本 髙谷昂佑
撮影 柳島克巳
照明 長田達也
美術 池谷仙克
録音 米山靖
音楽 永田太郎
編集 宮島竜治
助監督 山口晃二
製作担当 前村祐子
出演 高良亘 小林高鹿
製作・配給 映像産業振興機構（VIPO）
製作プロダクション アルタミラピクチャーズ

舞妓はレディ（2014）

エグゼクティブプロデューサー 桝井省志☆
プロデューサー 土屋健 土本貴生 堀川慎太郎
監督・脚本 周防正行
撮影 寺田緑郎
照明 長田達也
美術 磯田典宏
録音 郡弘道
音楽 周防義和
編集 菊池純一
助監督 片島章三
製作担当 島根淳
出演 上白石萌音 長谷川博己
製作 フジテレビジョン 東宝 関西テレビ放送 電通 京都新聞 KBS京都 アルタミラピクチャーズ
配給 東宝
製作プロダクション アルタミラピクチャーズ
受賞歴 日本アカデミー賞（最優秀音楽賞／優秀助演女優賞＝富司純子／新人俳優賞＝上白石萌音） 毎日映画コンクール（音楽賞） おおさかシネマフェスティバル（音楽賞） 山路ふみ子映画賞（文化賞＝周防正行／映画功労賞＝富司純子／新人女優賞＝上白石萌音）

おかあさんの木（2015）

製作統括 木次谷良助 桝井省志☆

プロデューサー　岡田真　栗生一馬　堀川慎太郎　土本貴生
監督・脚本　磯村一路
原作　大川悦生
撮影　喜久村徳章
照明　豊見山明長
美術　磯田典宏
録音　郡弘道
音楽　渡辺俊幸
編集　菊池純一
助監督　吉村達矢
製作担当　島根淳
出演　鈴木京香　奈良岡朋子
製作　「おかあさんの木」製作委員会
配給　東映
製作プロダクション　東映東京撮影所　アルタミラピクチャーズ
受賞歴　日本映画復興奨励賞（映画スタッフ）

鉄の子（2016）
プロデューサー　桝井省志☆　土本貴生　山川雅彦
監督　福山功起
脚本　守山カオリ　福山功起
撮影　谷口和寛
照明　森紀博
美術　塚本周作
録音　米山靖
音楽　三宅彰
編集　鈴木理
助監督　山口晃二
製作担当　島根淳
出演　田畑智子　裵ジョンミョン
製作　埼玉県　SKIPシティ 彩の国ビジュアルプラザ
配給　KADOKAWA
製作プロダクション　アルタミラピクチャーズ

ハッピーウエディング（2016）
プロデューサー　藏方和雄　土本貴生　堀川慎太郎
監督　片島章三
脚本　国井桂　片島章三
撮影　柳島克己
照明　根本伸一
美術　磯田典宏
録音　米山靖
音楽　ミッキー吉野
編集　宮島竜治
助監督　山川雅彦
製作担当　前村祐子

出演　吉岡里帆　ミッキー・カーチス
製作　シュウソン
配給・製作プロダクション　アルタミラピクチャーズ

プロデューサーズ（2016）
企画・製作　桝井省志☆
プロデューサー　山川雅彦
監督　後閑広
撮影　後閑広　大沢佳子
整音　米山靖
音楽　篠原信彦
編集　後閑広　山田佑介
出演　伊地智啓　岡田裕　佐々木史朗
製作・配給・製作プロダクション　アルタミラピクチャーズ

サバイバルファミリー（2017）
エグゼクティブプロデューサー　桝井省志☆
プロデューサー　小川英洋　土本貴生　堀川慎太郎
監督・脚本　矢口史靖
撮影　葛西誉仁
照明　豊見山明長
美術　中澤克巳
録音　滝澤修
音楽　野村卓史
編集　宮島竜治
助監督　片島章三
製作担当　島根淳
出演　小日向文世　深津絵里
製作　フジテレビジョン　東宝　電通　アルタミラピクチャーズ
配給　東宝
製作プロダクション　アルタミラピクチャーズ

SYNCHRONIZER（シンクロナイザー）（2017）
プロデューサー　桝井省志☆　山川雅彦
監督　万田邦敏
脚本　小出豊　竹内里紗　万田邦敏
撮影　山田達也
照明　玉川直人
美術　栗田志穂
録音　河南逵
音楽　長嶌寛幸
編集　万田邦敏　小出豊
助監督　石井晋一
製作担当　吉野圭一
出演　万田祐介　宮本なつ

製作　万田邦敏
配給　SYNCHRONIZER
製作プロダクション　アルタミラピクチャーズ

ダンスウィズミー（2019）
エグゼクティブプロデューサー　桝井省志☆
プロデューサー　関口大輔　土本貴生
監督・脚本　矢口史靖
撮影　谷口和寛
照明　森紀博
美術　磯田典宏
録音　郡弘道
音楽　Gentle Forest Jazz Band　野村卓史
編集　宮島竜治
助監督　井上雄介
製作担当　山岸秀起
出演　三吉彩花　やしろ優
製作　ワーナー・ブラザース映画　電通
フジパシフィックミュージック
イオンエンターテイメント　ＫＤＤＩ　東京テアトル
日本映画専門チャンネル　朝日新聞社　SHOWROOM
ひかりＴＶ　ポニーキャニオン
アルタミラピクチャーズ
配給　ワーナー・ブラザース映画
製作プロダクション　アルタミラピクチャーズ

カツベン！（2019）
企画　桝井省志☆
プロデューサー　天野和人　土本貴生
監督　周防正行
脚本　片島章三
撮影　藤澤順一
照明　長田達也
美術　磯田典宏
録音　郡弘道
音楽　周防義和
編集　菊池純一
監督補　片島章三
製作担当　島根淳
出演　成田凌　黒島結菜
製作　東映　木下グループ　テレビ朝日
ソニー・ミュージックエンタテインメント　電通
東映ビデオ　朝日新聞社　アルタミラピクチャーズ
配給　東映
製作プロダクション　アルタミラピクチャーズ

ホテルニュームーン（2020）

プロデューサー　ジャワド・ノルズベイギ
ショーレ・ゴルパリアン　桝井省志☆
監督　筒井武文
脚本　ナグメ・サミニ　川崎純
撮影　柳島克己
美術　サナ・ノルズベイギ
録音　バーマン・アルダラン
音楽　ハメッド・サベット
編集　ソーラブ・ホスラビ
監督補　モーセン・ガライ
出演　マーナズ・アフシャル　ラレ・マルズバン
製作　ガーベアセマン　アルタミラピクチャーズ
Small Tark
配給　コピアポア・フィルム
製作プロダクション　アルタミラピクチャーズ

作品名の後ろの（西暦）は公開年。
劇場公開作品を中心にまとめ、テレビ作品は除きました。

附録01

独立プロダクションリスト

独立プロダクションリスト

（プロダクション名／代表者名／設立年）

○アークエンタテインメント
川村英己
2007年

○アールグレイフィルム
佐伯寛之
2007年

○アジアピクチャーズエンタテインメント（★）
上野由洋
2013年

○アグン
井上潔
2004年

○アスク・コミュニケーションズ
原口一
2011年

○あすなろ
須賀丁輔
1977年

○アスミック・エース（★）
長澤修一
1985年

○アットムービー
森谷雄
2000年

○アニメフィルム
熊谷正弘・古林一太
1998年

○荒木事務所
荒木正也

○荒戸源次郎事務所
荒戸源次郎
1989年

○アルゴ・ピクチャーズ（★）
岡田裕
1990年

○アルタミラピクチャーズ（★）
桝井省志
1993年

○アルチンボルド（★）
成田尚哉
2003年

○イエス・ビジョンズ
竹中功
1997年

○イーハーフィルムズ
田久保正之

○石原プロモーション
渡瀬道彦
1963年

○石森史郎プロ
石森史郎

○今村プロダクション
今村昌平
1966年3月

○インディーズ（★）
小室皓充

○ウィルコ
渡辺直樹
1991年

○映画同人社
黒木和雄
2015年

○エースピクチャーズ
山田良雄

○エース・プロダクション（★）
岩城レイ子
2009年

○エキス・プロダクション
八木功
1966年

○エクセレントフィルムズ（★）
伊藤秀裕
1991年

○エッセン・コミュニケーションズ
松井久子
1985年

○N&N PROMOTION
那須俊昭

○エネット（★）
藤本俊介
1991年

○エンジンネットワーク
安田匡裕
1991年

○大島渚プロダクション
大島渚
1975年

○オールインエンタテインメント
山田浩貴
1995年

○オフィス・シロウズ（★）
佐々木史朗
1993年

○オフィス北野
森昌行
1988年

○オムロ（★）
西田宣善
1992年

○オプトコミュニケーションズ
石川晴彦
1991年

○オメガ・プロジェクト
近藤宜彰
1976年

○オンリー・ハーツ
奥田真平
1991年

○勝プロモーション
奥村玉緒
1967年

○キティ・フィルム
伊地智啓
1982年

○喜八プロダクション（★）
岡本真実
1974年

○共同映画（★）
藤野戸護
1950年

○キリシマ1945
金森保
2001年

○近代映画協会（★）
新藤次郎
1950年

○グループ・タック
田代敦己
1968年

○グループ風土舎
瀬藤祝
1978年

○黒澤プロ
黒澤久雄
1959年

○クロスメディア
佐倉寛二郎
1998年

○ケイファクトリー（★）
鈴木聡
1995年

○劇団俳優座（★）
古賀伸雄
1944年

○現代映画社
吉田喜重
1966年

○現代ぷろだくしょん（★）
山田火砂子
1951年

○幻燈社
前田勝弘
1977年

○コイズピクチャーズ（★）
鯉渕優
2003年

○行動社
藤井浩明
1972年

○神山プロダクション
神山征二郎
1988年

○光和インターナショナル
鈴木光
1976年

○ゴーゴービジュアル企画（★）
桂荘三郎
1994年

○コクーン
松本朋丈
1990年

○コダイ
池谷仙克
1970年

○コトプロダクション（★）
田中雄之
2013年

○こぶしプロダクション
大澤豊
1981年

○コンティニュー（★）
坂本忠久
1998年

○サイバーツ
原田泰
2000年

○サクセス・ロード
中田新一
1988年

○ザフール（★）
古賀俊輔
2007年

○サンク・アール
高渕勇人
1964年

○サンセント・シネマ・ワークス
仙頭武則
1998年

○サンダンス・カンパニー
古澤利夫

○C&Iエンタテイメント
内藤修
2003年

○G・カンパニー（★）
内槻朗
1988年

○シグロ（★）
山上徹二郎
1986年

○仕事（★）
小野伸一
1985年

○疾走プロダクション
小林佐智子
1972年

○シナノ企画
宮川昕也
1968年

○シネカノン
李鳳宇
1991年

○シネバザール（★）
和田倉和利
1994年

○シネマ・クロッキオ
山下健一郎
1995年

○シネマ・プラセット
荒戸源次郎
1980年

○シネムーブ（★）
臼井正明
2004年

○ジョーカーフィルムズ
小池賢太郎
2014年

○ジョリー・ロジャー
大橋孝史
2007年

○神宮前プロデュース
辻本好二
2005年

○新城卓事務所
新城卓
1995年

○新日本映画
持丸寛一郎

○スーパービジョン（★）
八木欣也
1984年

○スールキートス
木幡久美
2008年

○スタイルジャム
甲斐真樹
2005年

○スタジオ古留美
石田康実

○ステアウェイ
木村俊樹
2002年

○ステューディオ スリー
梅川治男
1995年

○スプーン
大桑仁
1988年

○スプラッシュ
西田裕二
1996年

○スペース映像
瀬戸義昭

○スローラーナー
越川道夫
1997年

○青銅プロダクション
橘祐典
1966年

○西友
黒井和男

○セディックインターナショナル（★）
中沢敏明
1995年

○ゼアリズエンタープライズ
日下部孝一
1986年

○ゼロ・ピクチュアズ
奥田瑛二
1998年

○全国農村映画協会
吉田憲治
1949年

○前進座
中村梅之助
1931年

○セントラル・アーツ
黒澤満
1980年

○創造社
大島渚
1961年

○タイムズイン（★）
伊藤満
1994年

○ダックスインターナショナル
丹野雄二
1971年

○ダブ（★）
宇田川寧
1996年

○ツインエム・カンパニー
溝上潔
2008年

○築地企画特撮プロ
築地米三郎
1966年

○円谷エンターテインメント
木谷裕介
2004年

○円谷プロダクション
大岡新一
1963年

○ティーエムシー
矢羽田昭彦
1996年

○ディスティニー
小滝翔平
1989年

○勅使河原プロダクション
勅使河原宏
1964年

○鐵プロダクション
村野鐵太郎

○トータルメディア開発研究所
澤田敏企
1970年

○東京シネ・ビデオ
横川元彦
1968年

○東京スパイラル倶楽部
木下敦仁
1995年

○東京ユー・ティー
大髙正廣
1985年

○トライストーン・エンタテイメント
山本又一郎
1993年

○トルネード・フィルム
叶井俊太郎
2005年

○ドラゴンフライ エンタテインメント（★）
鈴木嘉弘
2010年

○永井プロジェクト（★）
永井正夫
2011年

○中山映画
中山節夫

○ナス・プロモーション
那須俊昭

○日本アート・シアター・ギルド
草野茂雄
１９６１年

○日本アニメーション
石川和子
１９７５年

○日本映像
瀬島光雄
１９６０年

○日本映像事業協同組合
澤田隆治
１９９４年

○ニュー・センチュリー・プロデューサーズ
岡田裕
１９８１年

○ニューウェーヴ
石野憲助
１９９０年

○NONBORDER ARTIST（★）
米田孝一
２０００年

○ハイビジョン映像
水野清
１９６４年

○パイプライン
篠田学
２００７年

○バサラ・ピクチャーズ
石原真
１９９６年

○橋本プロ
橋本忍
１９７３年

○ハピッツ
藤原奈奈代
１９８８年

○パル企画（★）
鈴木亘
１９８１年

○ピクチャーズネットワーク（★）
平形則安
１９９９年

○ビデオプランニング
三木和史
１９８８年

○百米映画社（★）
ジョン・ウィリアムス
１９９９年

○ヒューマンライフシネマ
梅村葉子

○表現社
篠田正浩
１９６７年

○Fire Works
林弘樹
２００３年

○ファインエンターテイメント（★）
森川真行
1997年

○ファム・ファタル
石井隆
1997年

○フィルムヴォイス
鈴木隆一
1994年

○フィルムクレッセント
相澤徹
1982年

○フイルムフェイス（★）
進藤淳一
1985年

○ブースタープロジェクト（★）
中林千賀子
2006年

○フェローピクチャーズ
藤田義則
1978年

○フォータックス
高山由紀子

○フォートパイン
松永好訓
1997年

○フォーロードプロダクション（★）
高山由紀子

○プラネットエンターテイメント
相原英雄
1991年

○ブリッジヘッド
小川真司
2012年

○プルミエ・インターナショナル
増田久雄
1976年

○フレッシュハーツ（★）
櫻井一葉
1993年

○プロダクション群狼
柳町光男
1974年

○プロダクション12
後藤幸一
1978年

○プロデュースセンター
岡村光雄

○文学座映画放送部
江守徹
1937年

○ヘラルド・エース
原正人
1981年

○ベンテンエンタテインメント
倉谷宣緒
1989年

○ホイチョイ・プロダクションズ
馬場康夫
1984年

○ホネ・フィルム
椎名誠
１９９１年

○ボノボ
笹岡幸三郎
１９９４年

○ポップトゥーン

○マーズ・プロダクション
石野憲助
１９９７年

○マウンテンゲート・プロダクション
戸山剛
２００９年

○マジックバス（★）
出崎哲
１９７２年

○ミュージアム
中島仁
１９８７年

○ミコット・エンド・バサラ
三宅澄二
１９９７年

○ＭＩＲＡＩ（★）
神品信市
１９９５年

○MILO FILMS
髙畠久

○劇団民藝
滝沢修
１９５９年

○ムービーステーション
上野由洋

○ムービーブラザース
木俣堯喬
１９９５年

○虫プロダクション（★）
伊藤叡
１９７７年

○メリエス
小林壽夫

○モンキータウンプロダクション（★）
小林政広
１９９６年

○ユーロスペース
堀越謙三
１９８６年

○四騎の会
黒澤明、木下恵介、市川崑、小林正樹
１９７０年

○ユニークブレインズ（★）
川崎隆
２００５年

○ライト・ヴィジョン
鍋島寿夫

○楽映舎（★）
前田茂司
１９９８年

○ランブルフィッシュ
仙頭武則
２００１年

○リアルプロダクツ
長澤佳也

○ＲＩＫＩプロジェクト（★）
永井拓郎
１９９７年

○リトルモア（★）
孫家邦
１９８９年

○リクリ
鈴木ゆたか
１９９６年

○リベラルプロモーション

○龍影
張怡
１９９３年

○レジェンド・ピクチャーズ（★）
利倉亮
１９９６年

○レスペ
李鳳宇
２０１１年

○ロックウェルアイズ
岩井俊二
１９９５年

○ロボット
加太孝明
１９８６年

○若松プロダクション
若松孝二
１９６５年

（★）が付いているのは、協同組合日本映画製作者協会の２０１７年現在の会員。

このリストは、日本独立映画製作者協議会会員名簿（１９９３年）、日本映画テレビプロデューサー協会会員手帳（13年）、日本映画製作者協会会員名簿（17年）をもとに作成しております。

2017年以降に協同組合日本映画製作者協会に加わったプロダクション

○アニモ・プロデュース
成宏基
2010年

○コギトワークス
関友彦
2008年

○ジャンゴフィルム
由里敬三
2007年

○スターサンズ
河村光庸
2008年

○ハーベストフィルム
近藤貴彦
2014年

○平成プロジェクト
益田祐美子
1991年

○ヨアケ
吉村知己
2009年

○ランプ
大竹真二
2013年

（五十音順）

附録02

映画『プロデューサーズ』宣伝チラシ

赤松陽構造
堀田弘明
山川雅彦

映画を作らずに死ねるか！

プロデューサーズ

不滅の男たちの血と汗と涙

独立プロ 映画プロデューサーたちの真実の記録

山本洋　新藤次郎　増田久雄　椎井友紀子　越川道夫　甘木モリオ　孫家邦　山上徹二郎　渡辺敦　下田淳行　山田耕大　成田尚哉　李鳳宇　一瀬隆重　森昌行　佐々木史朗　天野真弓　森重晃　岡田裕　伊地智啓
（出演順）

主題歌：『不滅の男』遠藤賢司（キングレコード）

企画・製作：桝井省志　監督・撮影・編集：後閑広
プロデューサー：山川雅彦　編集：山田佑介　整音：米山靖
タイトルデザイン：赤松陽構造　オープニング撮影：大沢佳子　音楽：篠原信彦
企画協力：東京藝術大学大学院映像研究科映画専攻プロデュース領域／日本映画製作者協会／助成：文化庁文化芸術振興費補助金
製作・配給：アルタミラピクチャーズ

2016年／16：9／ステレオ／119分

独立愚連隊20人のインタビュー完遂!!
これは映画製作に挑む男たちの仁義なき戦いであり、
日本映画史の悶絶！どんでん返しである！

日本では戦後間もない1948年に“来なかったのは軍艦だけ”と言われた東宝争議において大手映画会社を追われた映画監督の山本薩夫らが独立プロを設立した。その次男の**山本洋**は映画の終わりはまあだだよと言わんばかりに父の背中を見てプロデューサーとなった。そして1950年には大手映画会社では絶対に作れない映画を作ろうと新藤兼人らによって近代映画協会が作られ、その次男の**新藤次郎**は父から午後の遺言状を受け取って今も会社を引き継いでいる。その頃、大手映画会社では既得権確保に重点をおいた五社協定なるものが存在して、所属監督や俳優らの自由な活動を縛っていたが、それは自分たちの首を絞めることにもなっていた。そんな中、日活から飛び出した俳優・石原裕次郎に声を掛けられ、石原プロに緊急呼出しされたのが**増田久雄**である。日活もまた経営不振により路線変更を余儀なくされており、1971年にロマンポルノを開始する。しかしその中から新たなる人材が生まれた。大胆にも太陽を盗んだ男・**伊地智啓**、赤ちょうちんのもと企画を練る**岡田裕**らだ。決められた枠の中でより良い企画を生み出す力は後輩にも受け継がれ、企画部の嗚呼!!花の応援団の団長である**成田尚哉**や企画会議は家族ゲームである**と山田耕大**らが生まれた。その後、彼らは日活から野に放たれ、岡田裕がロマンポルノで活躍したプロデューサーらとともに日本で初めてのプロデューサー集団であるニュー・センチュリー・プロデューサーズ（ＮＣＰ）を作ったのをはじめとして、各自がインディペンデントのプロデューサーとして活躍することになる。1979年、前衛的な作品の製作で勢いに乗っていたＡＴＧに新風を吹き込んだのはガキ帝国の若手映画監督たちを束ねる**佐々木史朗**であった。また自主映画界から台頭してきた**森重晃**は足乃裏から冥王まで幅広く活躍する。そして業界内で俄然注目を集めたのが1982年に設立されたディレクターズ・カンパニーであるが、監督たちの集団という中でプロデューサーとして脚本の重要さを熱くしゃべれどもしゃべれども繰り返す**濱辺敦**がおり、そこから勝手にしやがれ!!とばかりに**下田淳行**が巣立って行った。1989年にはインディペンデントのプロデューサーが集まり、製作・配給・興行を一貫して行う映画システムを作ろうとアルゴ・プロジェクトを立ち上げたが、その夢のシステムは数年で終わりを迎えてしまった。後にその月はどっちに出ていると新たなるシステムを模索したのが**李鳳宇**である。そしてドキュメンタリーと劇映画というジャンルを縦横無尽に行き交いながらまひるのほしのごとく**山上徹二郎**は孤軍奮闘して映画を作り続けている。また一方で異端のプロデューサーとして登場した荒戸源次郎のもとで映画作りを学んだのが、映画製作と共に出版業で舟を編む**孫家邦**や映画スタッフと言う人類資金を大切にし阪本順治と組んで多くの作品を手掛けて来た**椎井友紀子**である。1990年代後半、仄暗い水の底から現れJホラー映画ブームの立役者となったのが**一瀬隆重**であり、今もって運命じゃない人はいないと自主映画の作家たちを応援し続けているのが**天野真弓**である。その一方**甘木モリオ**は独立プロが遭遇して来たローレライをうまく切り抜け大手映画会社の大作を一手に引き受ける。そんな傍ら俺たちに明日は無いッスと言いながら、明日に向かって映画を作り続ける**越川道夫**がいる。そして北野武と組んで映画界で大きなHANA-BIを打ち上げているのが**森昌行**である。プロデューサーたちはわが青春に悔い無しと自らの手で日本映画史を日々塗り替えている。

企画・製作の**桝井省志**にとって、独立プロ・プロデューサーたちは、常日頃シンパシーを抱くサバイバルファミリー。彼らへのリスペクトから、この作品を製作した。そのもとで監督・撮影・編集を務めたのは本作が劇場映画デビュー作となる**後関広**で、黒沢清と北野武から薫陶を受けた若手注目株である。「プロデューサーズ」でプロデューサーを名乗るというのもおこがましい**山川雅彦**はその後地獄の警備員となり、編集の**山田佑介**は話す犬、放すかどうか迷うよりも前に迅速に作業を行い、小三治のように声と耳に定評のある**米山靖**が整音を務めた。そして、タイトルデザインの**赤松陽構造**は手書きの題字でうなぎのぼりに活躍し、オープニング撮影の**大沢佳子**は小川プロの遺産である16mmカメラを担いでモンスターのごとく現場を駆け回った。音楽はフラワー・トラベリン・バンドでSATORIの境地の**篠原信彦**。主題歌は『不滅の男』。これを歌うのは現在闘病中も棚に上げ相も変わらず元祖・不滅の男を具現する**遠藤賢司**。そして、製作・配給はShall we ダンス?、Shall we ムービー？の**アルタミラピクチャーズ**。

プロデューサーズ

映画『プロデューサーズ』宣伝チラシ

映画『プロデューサーズ』宣伝チラシ裏面

独立愚連隊（＊1）20人のインタビュー完遂!!

これは映画製作に挑む男たちの**仁義なき戦い**（＊2）であり、

日本映画史の**悶絶！どんでん返し**（＊3）である！

日本では戦後間もない1948年に〝来なかったのは軍艦だけ〟と言われた東宝争議において大手映画会社を追われた映画監督の山本薩夫らが独立プロを設立した。その次男の山本洋は映画の終わりは**まあだだよ**（＊4）と言わんばかりに父の背中を見てプロデューサーとなった。そして1950年には大手映画会社では絶対に作れない映画を作ろうと新藤兼人らによって近代映画協会が作られ、その次男の新藤次郎は父から**午後の遺言状**（＊5）を受け取って今も会社を引き継いでいる。その頃、大手映画会社では既得権確保に重点をおいた五社協定なるものが存在して、所属監督や俳優らの自由な活動を縛っていたが、それは自分たちの首を絞めることにもなっていた。そんな中、日活から飛び出した俳優・石原裕次郎に声を掛けられ、石原プロに**緊急呼出し**（＊6）されたのが増田久雄である。日活もまた経営不振により路線変更を余儀なくされており、1971年にロマンポルノを開始する。しかしその中から新たなる人材が生まれた。大胆にも**太陽を盗んだ男**（＊7）・伊地智啓、**赤ちょうちん**（＊8）のもと企画を練る岡田裕らだ。決められた枠の中でより良い企画を生み出す力は後輩にも受け継がれ、企画部の**嗚呼!!花の応援団**（＊9）の団長である成田尚哉や企画会議は**家族ゲーム**（＊10）であると山田耕大らが生まれた。その後、彼らは日活から野に放たれ、岡田裕がロマンポルノで活躍したプロデューサーらとともに日本で初めてのプロデューサー集団であるニュー・センチュリー・プロデューサーズ（ＮＣＰ）を作ったのをはじめとして、各自がインディペンデントのプロデューサーとして活躍することになる。１９７９年、前衛的な作品の製作で勢いに乗っていたＡＴＧに新風を吹き込んだのは**ガキ帝国**（＊11）の若手映画監督たちを束ねる佐々木史朗であった。また自主映画界から台頭してきた森重晃は**足乃裏から冥王まで**（＊12）幅広く活躍する。そして業界内で俄然注目を集めたのが１９８２年に設立されたディレクターズ・カンパニーであるが、監督たちの集団という中でプロデューサーとして脚本の重要さを熱く**しゃべれどもしゃべれども**（＊13）繰り返す渡辺敦がおり、そこから**勝手にしやがれ!!**（＊14）とばかりに下田淳行が巣立って行った。１９８９年にはインディペンデントのプロデューサーが集まり、製作・配給・興行を一貫して行う映画システムを作ろうとアルゴ・プロジェクトを立ち上げたが、その夢のシステムは数年で終わりを迎えてしまった。後にその**月はどっちに出ている**（＊15）と新たなるシステムを模索したのが李鳳宇である。そしてドキュメンタリーと劇映画というジャンルを縦横無尽に行き交いながら**まひるのほし**（＊16）のごとく山上徹二郎は孤軍奮闘して映画を作り続けている。また一方で異端のプロデューサーとして登場した荒戸源次郎のもとで映画作りを学んだのが、映画製作と共に出版業で**舟を編む**（＊17）孫家邦や映画スタッフと言う**人類資金**（＊18）を大切にし阪本順治と組んで多くの作品を手掛けて来た椎井友紀子である。１９９０年代後半、**仄暗い水の底から**（＊19）現れＪホラー映画ブームの立役者となったのが一瀬隆重であり、今もって**運命じゃない人**（＊20）はいないと自主映画の作家たちを応援し続けているのが天野真弓である。その一方甘木モリオは独立プロが遭遇して来た**ローレライ**（＊21）をうまく切り抜け大手映画会社の大作を一手に引き受ける。そんな傍ら**俺たちに明日はないッス**（＊22）と言いながら、明日に向かって映画を作り続ける越川道夫がいる。そして北野武と組んで映画界で大きなＨＡＮＡ－ＢＩ（＊23）を打ち上げているのが森昌行である。プロデューサーたちは**わが青春に悔なし**（＊24）と自らの手で日本映画史を日々塗り替えている。

企画・製作の桝井省志にとって、独立プロ・プロデューサーたちは、常日頃シンパシーを抱く**サバイバルファミリー**（＊25）。彼らへのリスペクトから、この作品を製作した。そのもとで監督・撮影・編集を務めたのは本作が劇場映画デビュー作となる後閑広で、黒沢清と北野武から薫陶を受けた若手注目株である。「プロデューサーズ」でプロデューサーを名乗るというのもおこがましい山川雅彦はその後**地獄の警備員**（＊26）となり、編集の山田佑介は**話す犬を、放す**（＊27）かどうか迷うよりも前に迅速に作業を行い、**小三治**（＊28）のように声と耳に定評のある米山靖が整音を務めた。そして、タイトルデザインの赤松陽構造は手書きの題字で**うなぎ**（＊29）のぼりに活躍し、オープニング撮影の大沢佳子は小川プロの遺産である16㎜カメラを担いで**モンスター**（＊30）のごとく現場を駆け回った。音楽はフラワー・トラベリン・バンドでＳＡＴＯＲＩ（＊31）の境地の篠原信彦。主題歌は『不滅の男』。これを歌うのは現在闘病中も棚に上げ相も変わらず元祖・**不滅の男**（＊32）を具現する遠藤賢司。そして、製作・配給は**Shall we ダンス?**（＊33）、Shall we ムービー?のアルタミラピクチャーズ。

＊1　『独立愚連隊』（１９５９年　岡本喜八監督）
＊2　『仁義なき戦い』（１９７３年　深作欣二監督）
＊3　『悶絶！どんでん返し』（１９７７年　神代辰巳監督）
＊4　『まあだだよ』（１９９３年　黒澤明監督）
＊5　『午後の遺言状』（１９９５年　新藤兼人監督）
＊6　『緊急呼出し　エマージェンシー・コール』（１９９５年　大森一樹監督）
＊7　『太陽を盗んだ男』（１９７９年　長谷川和彦監督）
＊8　『赤ちょうちん』（１９７４年　藤田敏八監督）
＊9　『嗚呼!!花の応援団』（１９７６年　曽根中生監督）
＊10　『家族ゲーム』（１９８３年　森田芳光監督）
＊11　『ガキ帝国』（１９８１年　井筒和幸監督）
＊12　『足乃裏から冥王まで』（１９７９年　井筒和生監督）
＊13　『しゃべれども　しゃべれども』（２００７年　平山秀幸監督）
＊14　『勝手にしやがれ!!』シリーズ（１９９５～９６年　黒沢清監督）
＊15　『月はどっちに出ている』（１９９３年　崔洋一監督）
＊16　『まひるのほし』（１９９９年　佐藤真監督）
＊17　『舟を編む』（２０１３年　石井裕也監督）
＊18　『人類資金』（２０１３年　阪本順治監督）
＊19　『仄暗い水の底から』（２００１年　中田秀夫監督）
＊20　『運命じゃない人』（２００４年　内田けんじ監督）
＊21　『ローレライ』（２００５年　樋口真嗣監督）
＊22　『俺たちに明日はないッス』（２００８年　タナダユキ監督）
＊23　『ＨＡＮＡ-ＢＩ』（１９９７年　北野武監督）
＊24　『わが青春に悔なし』（１９４６年　黒澤明監督）
＊25　『サバイバルファミリー』（２０１７年　矢口史靖監督）
＊26　『地獄の警備員』（１９９２年　黒沢清監督）
＊27　『話す犬を、放す』（２０１６年　熊谷まどか監督）
＊28　『小三治』（２００９年　康宇政監督）
＊29　『うなぎ』（１９９７年　今村昌平監督）
＊30　『モンスター』（２０１３年　大九明子監督）
＊31　「ＳＡＴＯＲＩ」作詞・作曲＝石間秀機
＊32　「不滅の男」作詞・作曲＝遠藤賢司
＊33　『Shall we ダンス？』（１９９６年　周防正行監督）

赤松陽構造（あかまつひこぞう）　タイトルデザイン

タイトルデザイナー。1948年、東京都生まれ。69年、急逝した父親の跡を継いで映画タイトルデザインの仕事を始める。これまで『ゆきゆきて神軍』（原一男監督 87）、『Shall we ダンス?』（周防正行監督 96）、『HANA-BI』（北野武監督 97）など、400本以上の作品を手掛ける日本映画界を代表するタイトルデザイナーである。また、映画の他にも吉田修一の小説「路」やNHK大河ドラマ「八重の桜」の題字なども手掛け幅広いジャンルで活躍する。2014年には東京国立近代美術館フィルムセンターで「展覧会 赤松陽構造と映画タイトルデザインの世界」が開催された。第66回毎日映画コンクール特別賞、12年度文化庁映画賞［映画功労部門］、全国映連15年特別賞、第40回日本アカデミー賞協会特別賞を受賞。

堀田弘明（ほったひろあき）　デザイン

1978年、広島県生まれ。WEB制作、映画宣伝デザイン、映像合成、助監督まで幅広くこなす器用貧乏。

山川雅彦（やまかわまさひこ）　文

映画プロデューサー。1965年、愛知県生まれ。好きな独立プロの映画3選。『日本解放戦線・三里塚の夏』（68）、『エロス+虐殺』（70）、『さらば愛しき大地』（82）。

附録03

製作部　三十箇条

土本貴生

タイトルには「製作部　三十箇条」とあるが、ここには製作部のみならずプロデューサーを志す者にとっても絶対に知っておかなければならない、まさに基礎の基礎となる事柄を記している。プロデューサーは、製作部の動きを知っておくことが非常に大切なのである。本文は本書の巻末に掲載しているものの、本来は巻頭にでも置くべき事柄であるのかもしれない。

製作部（制作部とも書く）は、プロデューサー直轄の現場管理・進行の責任を負うパートである。撮影の全ての基礎となる準備を司るパートであるがゆえに製作部の業務を通して映画製作の流れをどのパートよりも客観的に理解することができる。

通常は、ロケ予算の管理とロケ進行全体を責任統括する〈製作担当〉、そのもとでロケ現場の選定と運営、その他のパートとの調整を行う〈製作主任〉、それに基づく車輛の手配や食事の手配など現場の進行をスムーズに進める〈製作進行〉によって製作部は構成、任務分担される。

ここでは、一見〝雑用〟〝見習いの窓口〟として捉えられがちな製作部の多岐にわたる豊かな業務内容を紹介する。

1　自分は一番目の観客である

シナリオは映画作りの設計図。スクリーンに映る完成形を想像して精読する。

2　香盤表を作らなければ仕事が始まらない

香盤表《こうばんひょう》は、柱（シーンの場所）ごとに登場人物、小道具などを一覧で見渡せるスケジュールの元となる基礎資料。シナリオを分解して理解することができる。これを作れば、並べ替えて場所別の香盤表に転用できる。準備に際して最初に必ず作ってみる。

3　自分が監督だったら

自分が監督だったら「こんな場所で撮影したい」と思う場所をイメージしてみる。画作りのベースとなる場所を空想することで、作品への想いも深まる。

4　イメージを飛躍させる

イメージするロケ地を探す上で、事前に情報を集めて整理する。昨今は、インターネットの普及で自在になったが、書籍やガイドブックを眺めてみるのもイメージトレーニングになる。また、フィルムコミッションからの情報もチェックしてみると良い。ただ、情報過多になっても迷うだけ。イメージ外のものは、どんどん切り捨てれば良い。

5　監督のイメージを探る

実際にロケハンに行く前にロケ場所については、監督、カメラマンと事前にイメージの擂《す》り合わせをしておくと良い。監督によっては、特定の場所をすでに想定していることもあるし、自分の思惑とは全く違ったイメージをしていることも多々ある。事前収集した資料などでじっくり希望を聞き出す時間があっても無駄にはならない。また、監督にこちらのイメージを提案できる機会でもある。

6　ロケハンは、〝歩くこと〟とおぼえたり

いよいよ実際にロケ場所を選定していく。インターネットやGoogleマップで画像を見ることができる昨今、直接足を運ばずに決める例もある。時間がなければ一見合理的でもある。ただ、絶対にそれはやめたほうが良い。必ず実際にその場所に行って現地を確認してほしい。実際に行ってみてわかることもある。周囲の音の状況や陽当りの状況、近隣の住人の顔まで見えてくる。写真や画像で好印象でもロケには向いていないことも多々ある。また、目的のものだけ見るのではなくその周辺を必ず歩くことをお勧めする。別のシーンで使える思わぬ景色との出会いが転がっていることがしばしばある。

7　ロ八丁、手八丁

ロケ交渉は、コミュニケーション修練の場でもある。当然、撮影の可否が全てだが、そこに至るまでに作品の説明、撮影内容の説明、料金のことなどこちらの手練手管で口説かないといけない。相手の顔色を見て押したり引いたりする術をまずここで学ぶ。

8　記憶力だけに頼らない

些細なことでもメモをとる癖をつける。贅沢でも1日1ページの割り付けでオリジナルノートを作っておく。ロケ交渉の時のやり取りなど意外に立ち話が多いので必ずメモをとっておく。撮影が近づくと他のパートとの調整など多くのスタッフとのやり取りが膨大な量になる。些細なことでもすべて記録して片付けていく習慣をつける。

9　メインロケハン

監督、カメラマン、照明、美術、録音、助監督などメインスタッフでのロケハン。すでに交渉した場所や候補地を回りロケ地を決定していく。ここでさらにロケ場所のイメージを監督と煮詰めていく。ここで、撮影するカメラポジションや照明の位置、細かくは発電機の置き場所など実際のロケーション時に必要なことが次々に要求される。その情報を持って最終的にロケ地、ロケ場所の方と相談し段取りをツメていくことになる。各パートの要求や疑問をきっちり汲み上げる（ただ、次の〈10〉に出てくる予算との兼ね合いや、ロケ先との条件によっては、監督、スタッフに断念してもらう事項も出てくる）。

10　百歩の道も一円から

プロデューサーから提案されるロケ費の総予算の枠に沿って予算を立てる。まず、ロケハンに動き出す前に、〈想定予算〉を組む。次にロケ場所が決まりロケ地との条件が詰まったら〈第2次予算〉

を組む。さらに総合スケジュールが出たら〈最終予算〉を組む。ロケ地の情報や他のパートの動きが正確になればなるほど正確な予算となる。ただ、決められた予算を超える訳にはいかないので、高額なロケセットの使用を見合わせたり、撮影方法の再検討をカメラマンに要求したり、各パートとの調整により予算を調整しなければならない。

11 現金は製作部の銃弾、無駄遣いは止せ

予算の大枠が決まれば、実際にかかる経費を現金で出金してもらわなければならない。製作会社によって出金のシステムは違うが、概《おおむ》ねロケ準備開始からロケ終了までの出金予定表を作りそれに基づいた出金を要求する。

12 仮払いの財布と自分の財布は分ける

細かな出金が多い製作部だけに仮払い金の財布と自分の財布は、必ず分けておくこと。ロケ後の精算で帳尻を合わせるのは、結果、自分の財布に負担をかけるハメになる。公私混同をしないということ。

13 チーフ助監督は、製作部の後ろ盾

撮影スケジュールは、チーフ助監督が作成する。製作部は、ロケ場所の候補場所、決定場所の使用条件を密にチーフ助監督に報告する。チーフ助監督は、その条件とその他の条件（俳優のスケジュールなど）を組み合わせ総合スケジュールを組み上げてゆく。チーフ助監督および演出部との緊密な連

携が必要となる。

14　ロケ先の懐に飛び込め

総合スケジュールによっては、ロケ先に条件の拡大交渉（日程や、日数、撮影できるエリア）を余儀なくされる。ロケセットに無理を言うことが多くなる。先の〈7〉の段階からコミュニケーションが上手くとれていれば、こちらの要望も伝えやすくなる。ただ、先方に無理強いはできない。無理なことは、スタッフ側にはっきり差し戻すようにする（その上で監督の要求を達成できなければ決まったロケセットを変更することもやむを得ない）。

15　一に確認、二に確認、三、四がなくて五に確認

ロケ場所がなくなれば撮影はできない。スケジュールに致命的な穴を開けることになる。予定通りスムーズに撮影が進行できるようロケ先とは密にコミュニケーションをとり撮影当日までのタイムテーブルをしっかり伝えておく。

16　道路は誰のものか？

公道で撮影する際には、必ず警察の道路使用許可を受けておく。また、固有のロケセット周辺で積み下ろしなど道路を狭くしたり、撮影中、車の出入りが多い場合なども道路使用を提出しておくことが望ましい。警察署によって申請が受理される日数が異なる場合があるので注意する。

17　華麗な〝車さばき〟は製作部の見せ場

ロケ先に大量の車輌が押し寄せる映画撮影において、駐車場確保は最優先課題。コインパーキングや空き地など臨機応変に対応しなければならない。実際に稼働する車輌を掌握し、事前に駐車する場所を確保、下見しておくこと。これを怠るとロケ当日の朝、大混乱を招くことになる。

18　ロケ場所は、撮影のみにあらず

俳優の着替えやメイクに欠かせないのが控室。ロケセットが家屋などの建造物なら部屋を確保しやすいのだが、屋外のロケの場合は、別に探しておかなければならない。公民館やホテルなど近隣の調査もロケハン時にしておきたい。

19　みんなを導く道標

ロケ先に導くのが、ロケマップ。住所さえあればナビが誘導してくれると思ったら大間違い。ナビは近くになったら〝音声案内〟を中止してしまう。ロケマップには車輌の駐車場所、控室の場所、トイレの場所などすべて書き加えることができこれ1枚でOK。現場での車輌の誘導もスムーズになる。手書きが主流だが、今はＩＴの進歩でＰＣで地図をトレースして作る製作部も多い。いずれにしてもその作品のためだけのオリジナル地図を作ろう。それは、製作部が何回もそのロケ地に足を運び、その場所に精通したかの証明書でもある。

20　車輌部は、製作部の心臓

ロケバス、機材車などを運転する車輌部は、ロケ隊を運ぶ重要なパートである。〈19〉のロケマップは、プロのドライバーにとっても必須で、必ず要求される。製作部がどこへ導きたいのかをつぶさに汲み取ってくれる。ここのコミュニケーションが崩れると製作部は手足をもぎ取られたも同然。スタッフのコントロールすらできなくなってしまう。また、車輌部は、道路状況に精通しているので車止めや車輌の整理などをヘルプしてもらうこともある。このパートとの連携は製作部にとってロケのスムーズな進行の生命線である。

21　〈製作進行〉の面目躍如

ロケ隊は、撮影規模にもよるが、常時少なくとも30人以上のスタッフ・キャストが出入りする。ロケ先に集合場所まで車輌で移動することが基本である。一人でも乗り切れなかったりすると撮影にはならない。また、美術部や俳優の支度で先発して準備に当たるスタッフもいる。つまり段階的に現場をめざしてスタッフが動き出す。また、撮影現場以外に美術部などが後日の準備のために別動していることもある。これらを予定通りに進行するために製作部は、日々〈配車〉を考える。ロケ終了後の帰りの便もまた別の〈配車〉によって集合場所までスタッフを帰還させる。製作部は、常にスタッフ全体の動きを想定していなければならない。

22　スタッフは製作部の掌中にある

製作部は、スタッフ表を作る。スタッフ名簿である。これによって今回出入りするスタッフの数を把握する。弁当の数、配車の基礎となる。また、レギュラースタッフ以外の単発スタッフ（例えば特殊効果や、アクションなど必要な場面に応じて参加するスタッフ）ももれなく名簿化する。

23　大手を振ってロケをするために

ロケセットやその周辺で控室や駐車場を探すことやロケセットとの最終調整を〈仕込み〉という。住宅密集地や近隣の商店などに事前に挨拶しておくことも忘れてはならない。住宅街などロケ隊が押し寄せて騒然とすることもある。ましてや早朝や夜の撮影となると道路使用許可を取っているからといって安心してはいけない。近隣の理解がないと撮影できないと思え。ロケ日程や内容を書いたチラシを持参し、事前に挨拶して歩くのが原則。

24　〝メシ〟は、現場の最大のイベント

撮影所時代の名残だと思うが、映画製作の現場では、昼食休憩の定時は12時。夕食休憩の定時は17時という暗黙のルールがある。撮影時間が押したり、巻いたりすることも考えられるので少なくともその1時間前には食事を準備しておきたい。また、撮影が押してその時間に休憩が取れない場合は、〝メシ押しコール〟なるものを製作部が現場に伝達する習慣がある。食事は、重労働をするスタッフにとっては楽しみのひとつでもある。たかが弁当、されど弁当である。べつに大盤振る舞いする必要

はない。予算に合わせた弁当を注文すればよいのである。温かい味噌汁の一杯でも付けばスタッフはそれだけでも有難いものである。弁当に命をかける製作部もいるが、みんなが食通なわけでもない。迷った時は、自分がいちばん食べたいものを頼めばよい。

25　自分の命も忘れずに守る

路上で撮影する際、車の通行や人の通行を一時的に止めることが必要となる。画面の中に入っては困る時、シンクロ録音の妨げになる時に〝車止め〟をする。道路使用許可を取っていても実際に通行を遮断することは、厳密には〝通行止め〟許可を取っていなければやってはいけない。ただ、実際には車止めをする。これは矛盾して、法規違反に見えるが、撮影に集中しているスタッフと車、歩行者が接触事故を起こさないよう安全のために一時停止をお願いしているということ。安全に進めるには、ここそこと止めてはいけない。堂々と止める。

また、ロケセットなどでシンクロ録音の妨げとなる電気製品（冷蔵庫やコピー機、空調など）のコンセントを抜いて音を止めることがある。元通りにすることを忘れて立ち去ることがしばしばある。復旧を忘れることなかれ。

26　的確な指示、落ち着いた指示

あちこちに散らばる製作部を結ぶトランシーバーは必携。特に車止めなど安全を優先する業務には欠かせない。指示を出す側は、ゆっくり話す。交信は、簡潔にしゃべることを考えてから発信せよ。

27 挨拶、号令ははっきりと大きな声で

撮影現場は、集団行動である。今、何が行われているか、お茶やお弁当がどこにあるかなどの些細なことに至るまで大きな声で告知する場面が多い。伝達するだけにとどまらず、小気味良い声出しは、現場のアクセントとなり現場に活気をもたらす。

28 ロケセットは、来た時より綺麗にして立ち去れ

家屋などのロケセットは、撮影が始まると混沌とした状況になる。片付けを想像すると暗澹《あんたん》たる気分になる。製作部はロケセットを傷つけないように撮影の騒ぎから守らなければならない。撮影機材や照明機材で傷つかないよう養生をする。毛布やダンパネ（プラスチックの板）の出番である。ロケ後の清掃も手を抜いてはいけない。スタッフが立ち去った後も細心の注意で損傷がないか、忘れ物がないかチェックする。これでロケハンから続いてきたロケ先の担当者や貸主さんとの信頼関係は強固なものになる。次回、何かの折で再訪するチャンスができるのである。

29 〝ゼニカネ〟は、人間の鏡

過酷な現場で小さなレシートや領収書は、ぐちゃぐちゃになってしまう。そこは、余裕を持って大切に扱うこと。製作部は、お金を扱う大切なパートである。領収書は、製作部があくせく走り回って現場を回すために貯まった労働の証であるとともに製作部の日記である。

ロケが終わっても製作備品の片付けとともに精算が残っている。精算は、集中して一気に片付ける

のが一番。製作会社によって精算の仕方が違うが、科目別、日毎に整理していく。基本は、領収書に裏書（何に使ったものか）をし、精算書に書き込んでいく。精算時に何に使ったか思い出せないことが結構あるので、裏書はお金を使った時に即、書き込む癖をつける。仮払いの窓口は、通常、製作担当が一括し、製作主任、製作進行に配られることが多いので、そのやり取りした金額を必ずお互いが記録しておくことも大切である。出金伝票などでやり取りすることある。精算業務の精度は、製作部の優劣をつける最後にして重要なファクターとなる。

30　製作部の絶対条件

とはいうもののすべての仕事をそつなくやってのけるには、何年もの経験とキャリアが必要である。みんな最初から仕事ができるわけではない。ただ、何もわからくても次のことだけは誰にでもできるはずだ。

一、遅刻をしない
一、挨拶をする
一、節約に努める

まず、ここから始めよう。

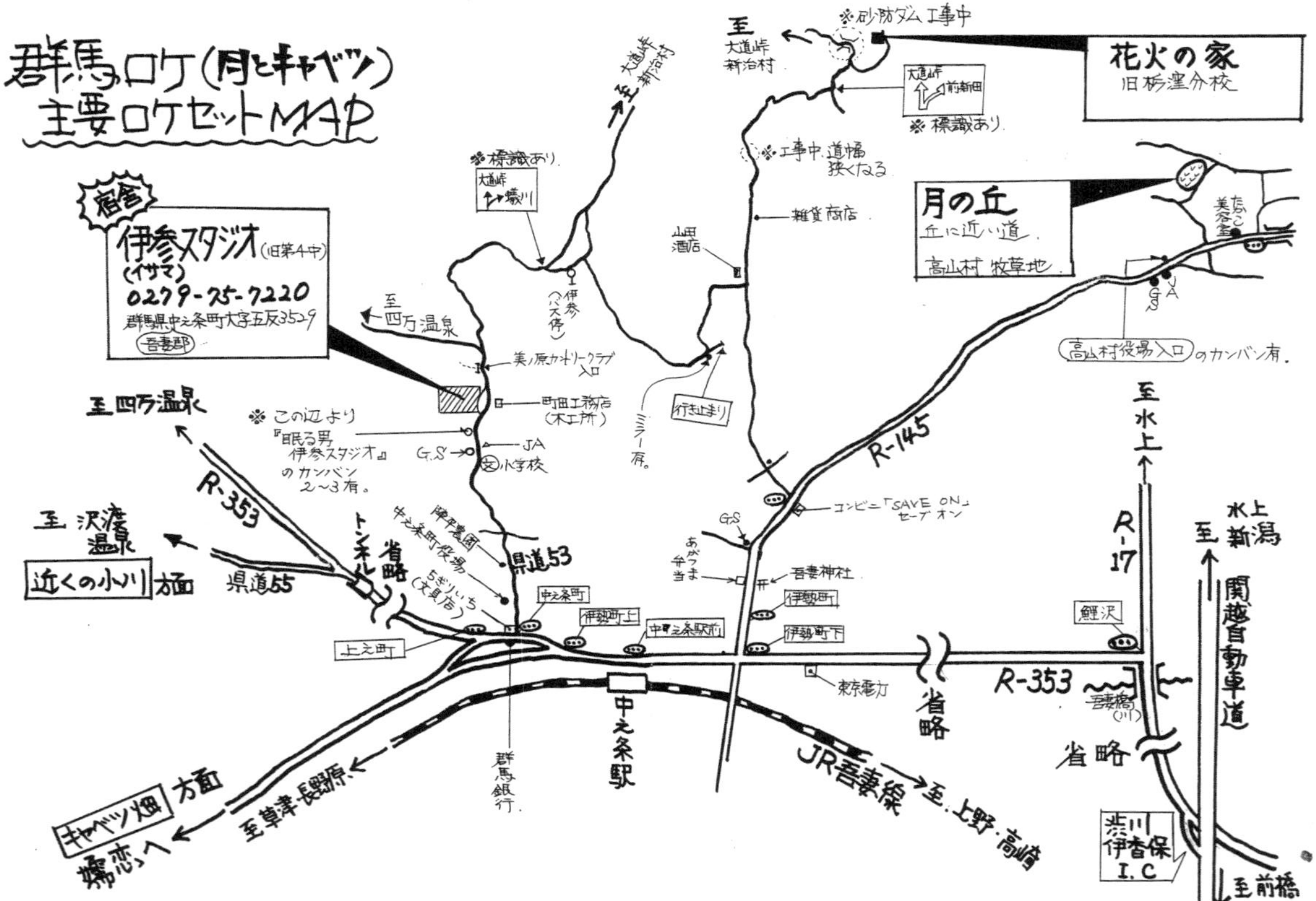
群馬ロケ（月とキャベツ）
主要ロケセットMAP
宿舎
伊参スタジオ（旧第４中）
（イサマ）
0279-75-7220
群馬県中之条町大字五反3529
吾妻郡
至 四万温泉
至 四万温泉
※ この辺より
『眠る男
伊参スタジオ』
のカンバン
２～３有。
R-353
至 沢渡温泉
近くの小川 方面
県道55
トンネル
省略
上之町
キャベツ畑 方面
婦恋へ
至 草津 長野原
群馬銀行
中之条駅
JR吾妻線
至 上野・高崎
※ 標識あり
大道峠
蟻川
伊参（バス停）
美ノ原カントリークラブ入口
町田工務店（木工所）
JA
G.S
小学校
障子亀園
中之条町役場
ちぎりいち（文具店）
県道53
中之条町
伊勢町上
中之条駅前
東京電力
ミラー有。
行き止まり
山田酒店
至 大道峠 新治村
※ 砂防ダム 工事中
至 大道峠 新治村
花火の家
旧栃窪分校
大道峠
前新田
※ 標識あり
※ 工事中 道幅狭くなる
雑貨商店
月の丘
丘に近い道
高山村 牧草地
美たご室
JA
GS
高山村役場入口 のカンバン有。
R-145
コンビニ「SAVE ON」セーブ オン
GS
あがつ弁当ま
吾妻神社
伊勢町
伊勢町下
省略
R-353
吾妻橋（川）
至 水上
R-17
鯉沢
省略
渋川伊香保 I.C
至 前橋
水上
至 新潟
関越自動車道

土本貴生（つちもとたかお）

映画プロデューサー。1964年、京都市生まれ。地図だけはうまい製作部として数々の名作ロケマップを残す。製作主任時代に描いた『月とキャベツ』（96）のロケマップ（右ページ）は、ロケ地（群馬・伊参スタジオ）に展示され、ファンの聖地巡礼のバイブルとなっている。現在はアルタミラピクチャーズに所属し、糞尿処理もいとわぬプロデューサーとして数々の作品にかかわる。主な作品は『舞妓はレディ』（14）、『おかあさんの木』（15）、『サバイバルファミリー』（17）など。

Special Thanks to

東京藝術大学大学院映像研究科映画専攻プロデュース領域修士課程修了

牛久保 舞　尾形龍一　永井 浩　石田晃人　江本優作
竹中佐織　木戸大地　勝山侃洋　池本凌太郎　小林のんき（研究生）

アルタミラピクチャーズ

堀川慎太郎　吉野圭一　前村祐子　日永尚見　村上美和

野村正昭　和泉吉秋　田中慎一

協同組合日本映画製作者協会　清水香奈
共同映画株式会社　藤野戸護
株式会社IMAGICA　鈴木裕美

東京藝術大学出版会

成田太佑　田村恭平　大宮みのり

編・著者
桝井省志（ますい・しょうじ）

映画プロデューサー
1956年、愛媛県生まれ。上智大学文学部哲学科卒業。大映を経て、アルタミラピクチャーズ、アルタミラミュージックを設立。代表作に、『Shall we ダンス？』『がんばっていきまっしょい』『ウォーターボーイズ』など。2013年から、東京藝術大学大学院映像研究科映画専攻プロデュース領域教授として後進の育成に当たる。

書名　映画プロデューサー入門
発行日　2017年3月31日　第1刷発行
　　　　2021年2月16日　第2刷発行

編・著者　桝井省志
発行　東京藝術大学出版会
〒110-8714　東京都台東区上野公園12-8
TEL　050-5525-2026
FAX　03-5685-7760
URL　https://www.geidai.ac.jp/

編集　山川雅彦
編集協力　平岡由里可　後閑　広
校正協力　髙田園子
本文デザイン　堀田弘明
題字・表紙デザイン　赤松陽構造
印刷・製本　シナノ印刷株式会社

定価はカバーに表示してあります。
乱丁・落丁本はお取り替えいたします。

Printed in japan　ISBN978-4-904049-54-9　C0074